AF537465

Erinnerungen von Ilse an Colonia Dignidad

Emma Sepúlveda Pulvirenti
Übersetzt von Mathias Sasse

Emma Sepúlveda Pulvirenti

ERINNERUNGEN VON ILSE AN COLONIA DIGNIDAD

Übersetzt von Mathias Sasse

Fritz Bauer Bibliothek, herausgegeben von Irmtrud Wojak, Band 8.

Veröffentlicht im Rahmen des Förderprogramms für Übersetzungen von ausländischen Verlagen der Abteilung für Kulturen, Kunst, kulturellem Erbe und öffentlicher Diplomatie (DIRAC) des chilenischen Ministeriums für auswärtige Angelegenheiten.

Obra editada en el marco del Programa de Apoyo a la Traducción para Editoriales Extranjeras de la División de las Culturas, las Artes, el Patrimonio y la Diplomacia Pública (DIRAC) del Ministerio de Relaciones Exteriores de Chile.

Weitere Informationen zur Colonia Dignidad und den Personen finden Sie auf der Webseite des Buches im Internetshop des Fritz Bauer Forums (www.fritz-bauer-forum.de).

Originalausgabe

Coverbild: ©Reinhold Spratte, Witten an der Ruhr
Covergestaltung & Satz: Thomas Auer, Innsbruck

Gedruckt in Deutschland (Europäische Union)
ISBN 978-3-949379-17-8

www.buxus-edition.de

Inhalt

Zur Erinnerung an Ángela Pulvirenti Salinas.
Für Chloe Emma Mulligan Piquer.
Für die Vergangenheit.
Für die Zukunft.

„Am Ende werden wir uns nicht an die Worte unserer Feinde erinnern, sondern an das Schweigen unserer Freunde.“
Martin Luther King

Dies sind die Memoiren, die Ilse, meine Adoptivmutter, nach der Verhaftung von Paul Schäfer, dem Gründer der Colonia Dignidad im Süden Chiles, geschrieben hat. Sie schrieb sie auf Deutsch, und ich habe sie ins Spanische übersetzt. Ich habe versucht, die Form ihrer einfachen Worte zu wahren, als kindliche und unschuldige Frau, die in den Jahrzehnten, in denen sie als Gefangene der Sekte in diesem Konzentrationslager lebte, nur vier Jahre Grundschulbildung erteilt bekommen sollte.

Ilse starb im Januar 2010 und kämpfte bis zu den letzten Monaten ihres Lebens für Gerechtigkeit. Damit eines Tages die Tore der Colonia Dignidad (Villa Baviera) geschlossen werden. Der makabre Ort also, an dem Kinder, Frauen und Männer, sowohl Deutsche, Chilenen, als auch viele andere Nationalitäten, von Paul Schäfer und der Führungsriege der Sekte gemartert wurden.

Sarah Schulte

Erinnerungen von Ilse an Colonia Dignidad

Als ich elf Jahre alt war, erfanden sie eine Familie für mich und zwangen mich zu glauben, dass ich drei Väter hätte. Den *Onkel* Paul, meinen Vater aus der Colonia Dignidad; meinen göttlichen Vater, der im Himmel war; und Holger, meinen leiblichen Vater, der in Deutschland lebte. Aber nur eine Mutter, die sich kurz nach der Ankunft in Chile von ihren sieben Kindern trennte, und damit die Befehle dieser drei Väter befolgte.

Die Geschichte dieser angeblichen Familie begann nicht mit meiner Geburt, sondern an dem Tag, als ich 1961 im Hafen von Genua in Italien auf ein Schiff gebracht wurde. Ich unternahm diese Reise mit meiner Mutter Waltraud, mit Sieglinde, meiner Großmutter väterlicherseits, und mit meinen sechs Geschwistern. Wir schifften uns in Richtung eines schmalen, fernen Landes ein, das wir nur auf einer alten Karte in dem kleinen Ort Gronau in Norddeutschland grün eingezeichnet gesehen hatten. Wir fuhren auf Befehl unseres Vaters Holger, um Gott sowie seinem Glaubens- und Geschäftspartner, dem Baptistenpastor Paul Schäfer, zu dienen.

Wir waren Teil einer Gruppe von Kindern und Frauen, die den Traum – und den Auftrag – der religiösen Führungsriege erfüllen sollten, welche eine zweite Mission gründen wollten, ähnlich der, die sie in Deutschland geschaffen hatten. Diese Einrichtung sollte Patin für Kinder und Jugendliche sein – und diese auch ausbilden –, die nach dem verheerenden Erdbeben 1960 in Chile zu Waisen geworden waren. Wir würden Opfer aufnehmen, aber auch dem Herrn dienen, geleitet von den Worten der *Bibel* als einzige Verpflichtung und schlussendlich als Ziel. Dies erzählte uns unser Vater, nachdem er am Tag vor der Reise in unserem Haus in Gronau, im Kreis Borken, das Gebet beendet hatte. Vor jener Nacht wurde uns gegenüber nie erwähnt, dass wir diese Reise ohne ihn antreten sollten.

Holger, mein leiblicher Vater, wurde in der Ukraine geboren. Nachdem die deutschen Truppen den „Großen Krieg" begonnen hatten, beschloss die Familie, nach Sibirien auszuwandern. Die Eltern entkamen mit sieben Kindern, und die Mutter kehrte allein mit den drei Kindern, die sie retten konnte, in die Ukraine zurück. Mein Vater war einer derjenigen, die – im göttlichen Auftrag – überlebten, wie die Familiengeschichte erzählt. Er schloss sich den Anhängern von Adolf Hitler an, und begann im Alter von sechzehn Jahren, das Wort Gottes zu predigen, um die Ausrottung der Juden unter den Deutschen zu unterstützen. Ein Jahr zuvor hatte er sich zusammen mit seinem Bruder, nach baptistischem Ritus durch Untertauchen, taufen lassen. Er erzählte uns immer, dass seine glorreiche Tätigkeit als Prediger leider unterbrochen worden war, als er an die Front gerufen wurde, um gegen den Kommunismus zu kämpfen, der für ihn eine satanische Ideologie darstellte.

Mein Vater war der einzige Überlebende der Schlacht um Frankreich. Seinen Erklärungen zufolge wurde er nicht getötet, da das Göttliche ihn während des Feldzuges schützte und die auf ihn gerichteten Kugeln eine nach der anderen abwehrte. Dasselbe göttliche Eingreifen rettete ihn später, als die Amerikaner ihn gefangen nahmen und kurz darauf wieder freiließen, ohne ihn gefoltert zu haben … etwas, das bei diesen aggressiven Soldaten wohl sehr unüblich war. Mit diesen Präzedenzfällen, die als wahre Wunder erklärt wurden, kehrte er nach Deutschland zurück, um direkt an einem Priesterseminar zu studieren, obwohl er seine Grundschulausbildung nie abgeschlossen und in seinem ganzen Leben nur ein einziges Buch gelesen hatte: die *Bibel*.

Meine Mutter wurde 1932 in Wiedenest (Nordrhein-Westfalen, Deutschland) geboren. Sie war eine schöne Frau, wie die Fotos aus dieser Zeit zeigen. Sie erzählte uns gerne, dass sie meinen Vater kennengelernt hatte, als er als Internatsschüler in ihr Elternhaus kam, während er am Priesterseminar studierte. Ihrer beide Leben wurde an dem Tag, an dem sie der wundersamen Heilung meiner zukünftigen Großmutter väterlicherseits beiwohnten, auf Lebenszeit miteinander verbunden. Während sie die Erscheinung von Engeln beobachteten, die vom Himmel herabkamen, um jene zu retten, wurde ihnen klar, dass ihr Schicksal von einer höheren Macht bestimmt war, die ihnen sagte, dass sie heiraten müssten. Und zwar so schnell wie möglich. Sie sollten ihre Verbindung vor Gott und der Welt segnen lassen, bevor die Mutter starb. Die Macht dieser erleuchtenden Kraft, die sie weder überblicken noch verstehen konnten, beherrschte sie für den Rest ihres Lebens. Und leider auch das Leben aller ihrer Kinder.

Meine Eltern haben 1949 geheiratet. Genau neun Monate später wurde ich geboren. Und eine Reihe von Kindern folgte eins auf das andere. Jahr für Jahr kamen Dorothea, Henrietta, Peter, Ruth, Magdalena, Ingrid und viele andere Kinder zur Welt, die Gott ganz genau auswählte, um sie – laut meinen Eltern – entweder vor oder nach der Geburt in sein Reich zu holen. In Deutschland verbrachte meine Mutter ihr ganzes Eheleben mit einem geschwollenen Bauch, schwanger, in Erwartung eines Kindes. In Chile hingegen tat sie dies in Erwartung des ewigen Lebens, der Ankunft unseres Vaters und der Wiederkunft Jesu auf Erden. Das ist es, woran ich mich bei meiner Mutter am meisten erinnere. Auch leben in meiner Erinnerung noch ihre Worte, als sie mir erzählte, dass sie zu studieren versucht hatte, um Diakonin in Deutschland zu werden, dass aber mein Vater und der Rest der Familie sie davon überzeugt hatten, dass der Platz einer Frau im Haus sei, um Kinder zu gebären, zu arbeiten und zu beten, und nicht wie die Männer in den Kirchen oder auf den Straßen zu predigen. Sie gab ihnen absolut Recht bei ihren Verboten und hat den Weg, den sie gewählt hatte, nie bereut. Meine Mutter war ein Beispiel, dem ich dachte, nie folgen zu wollen.

Wir wuchsen mit meiner Mutter und meiner Großmutter Sieglinde auf, die den Rest ihrer Tage bei uns verbrachte, nachdem Gott sie vor dem Tod bewahrt hatte. Das war eine große Hilfe, denn mein Vater verbrachte die meiste Zeit damit, zu reisen, zu predigen und an religiösen Konferenzen teilzunehmen, um jungen Menschen zu helfen, die auf die schiefe Bahn geraten waren, anstatt sich um seine sieben Kinder zu kümmern. Und so kam es, dass er während einer dieser vielen Abwesenheiten einen evangelischen Pastor traf, der sein Schicksal für immer verändern sollte.

Dieser junge Pastor – immer mit geschickten Worten und großer Überzeugungskraft – schlug ihm vor, ein Haus auf einem Stück Land zu bauen, das mein Vater unter großen Opfern und in monatlichen Raten in der Nähe von Siegburg gekauft hatte. Ich erinnere mich, dass meine Mutter und meine Großmutter nichts von dem begriffen, aber die Ereignisse überschlugen sich, und innerhalb weniger Monate übergab mein Vater alles, was wir besaßen, um den hirnlosen Traum dieses befreundeten Pastors zu verwirklichen. Unmittelbar nach der Eröffnung des Vereins *Private Sociale Mission* in Siegburg beschloss mein Vater auch, zusammen mit seinen beiden neuen Partnern eine Reise in die arabischen Länder und nach Israel zu unternehmen: mit Pastor Paul Schäfer und einem anderen Prediger namens Dieter Wolf. Ich habe nur noch in Erinnerung, wie sich meine Mutter eines Morgens von ihm verabschiedete, bevor er nach einer kurzen Umarmung als Lebewohl mit einem Köfferchen ins Auto stieg. Zum Abschied hatte er uns, wie es üblich war, am Abend zuvor einen Abschnitt aus der *Bibel* vorgelesen. Am Ende teilte er uns mit, dass er sich für die Rettung von Atheisten und Ketzern einsetzen werde, weil er dem *neuen* Jesus Christus begegnet sei.

Mehr als ein Jahr lang bekamen wir keine Nachricht von unserem Prediger-Vater. Bis er eines Tages mit einem leeren Koffer, aber mit einem Kopf voller neuer Doktrinen zurückkam. Er kam von dieser Reise sehr verändert und mit einer neuen Idee zurück, die viel ehrgeiziger war als die vorherigen. Der junge Prediger Paul Schäfer hatte ihn davon überzeugt, eine zweite *Private Sociale Mission* zu gründen, diesmal aber weit weg von Deutschland. In einem dafür idealen Land, das ihm von anderen Landsleuten empfohlen worden war. Ein kleiner und abgelegener Ort, weit weg von Europa, aber nicht von den Siedlern. Ein schönes, ursprüngliches und armes Land, äußerst arm. Ein Land, das von einem verheerenden Erdbeben heimgesucht worden war und Hilfe brauchte. Doch darüber hinaus bot dieses Land für eine geheime Gruppe wie die ihre außergewöhnliche Vorteile. Schon in der Vergangenheit, nach dem Ersten Weltkrieg, hatten sich viele Deutsche in Chile niedergelassen. Aber diese neue Gruppe unterschied sich von jenen Siedlern. Sie wollten sich nicht anpassen. Sie wollten die Vorherrschaft ihrer weißen Rasse aufrechterhalten. Sie wollten in Freiheit arbeiten, ohne sich mit den Einheimischen zu vermischen. Sie wollten abseits der Welt leben, aber mehr als nur Samen für Nahrung anbauen: das Wort Gottes säen.

Seit er von dieser Reise zurückgekehrt war, waren die Worte von Paul Schäfer und uns nach Chile zu schicken, die beiden großen fixen Ideen, die mein Vater täglich in seinem Kopf bewegte.

Zweifellos veränderte der *neue* Jesus Christus 1960 seine religiöse Hingabe, und mein Vater begann, eine große Kampagne zu organisieren, um Geld für die Auswanderung nach Chile zu sammeln. Die treuen Anhänger begannen, ein großes Interesse an dem neuen und revolutionären Vorschlag zu zeigen. Sie ließen sich wie mein Vater von den Worten des Pastors Schäfer vergiften. Und sie meldeten sich an, um ihnen blindlings buchstäblich bis ans Ende der Welt zu folgen, ohne Fragen zu stellen. Diese unschuldigen Gläubigen spendeten all ihre Ersparnisse und ihr Vermögen, um zu dem neuen religiös-sozialen Unternehmen beizutragen. Sie verkauften ihren Besitz und ihre Häuser und gaben jeden Pfennig diesen unbekannten Pastoren, die ihnen nur die verrückte Idee boten, den Lauf ihres Schicksals zu ändern, sowie eine idyllische und weit entfernte Möglichkeit, Gott auf dem primitiven Kontinent Südamerika zu dienen. Die führenden Persönlichkeiten dieser Unternehmung wollten, dass diese Gläubigen sich bedingungslos hingaben, und vor allem ihre Frauen und kleinen Kinder in den ausschließlichen Dienst ihrer selbst und der Sache stellten, und zwar mehr als in den Dienst Gottes. Sie verlangten, dass sie ihre Heimat und alle emotionalen Bindungen verließen und der materiellen Welt entsagten. Im Gegenzug würden sie sie auf ihre eigene Art und Weise erziehen und sie lehren, den Weg der Aufopferung zu gehen, der sie irgendwann und auf unerklärliche Weise zu dem führen würde, was das perfekte ewige Leben nach dem Tod sein würde.

Das Ereignis, das den Plänen ein Ende setzte – und die Reise Wirklichkeit werden ließ – war das erste Treffen, das Pastor Schäfer, Pastor Wolf und mein Vater mit dem chilenischen Botschafter in Bonn, dem Rechtsanwalt Arturo Maschke, hatten. Innerhalb von ein paar Wochen wurden alle Versprechen des Diplomaten wahr, denn er mochte die Deutschen. Und er mochte sie sehr. Besonders die Deutschen wie uns. Die Mission erhielt finanzielle Unterstützung, alle zoll- und einwanderungsrechtlichen sowie politischen Hilfen, um ohne Probleme nach Chile einreisen zu können. Und nicht nur einreisen, sondern auch, um für immer im Land zu bleiben.

Im deutschen Sommer 1960 erzählte uns mein Vater, dass mehr als 450 Personen Interesse an der neuen Mission gezeigt hätten, dass aber einige ihre Meinung geändert hätten, als sie hörten, dass Anschuldigungen gegen den *neuen* Jesus

Christus, Pastor Schäfer, aufgetaucht waren. Die Anschuldigungen lauteten auf sexuellen Missbrauch von Kindern und Jugendlichen in der Kirche. Mein Vater verteidigte ihn sofort und sagte, das dies verrückt sei, denn niemand missbrauche Gottes Kinder in der Baptistengemeinde. Dass dies nur in der katholischen Kirche durch die Priester geschehe. Dass dies alles Lügen wären, die von den Feinden dieses frommen Pastors in anderen religiösen Gruppen wie denen der Juden, Muslimen und Katholiken verbreitet würden. Er verglich die Feinde von Herrn Schäfer mit denen des anderen Jesus Christus vor dessen Kreuzigung. Aber er räumte ein, dass einige der Gerüchte gegen seinen neuen Freund vielleicht auf die Therapien zurückzuführen seien, mit denen dieser den Teufel aus den Körpern verkommener junger Menschen austreibe, die in dem Siegburger Wohltätigkeitsverein lebten. Gegenüber vermeintlichen Feinden, die seinen Teilhaber der Pädophilie bezichtigten, beharrte mein Vater darauf, dass es sich bei diesen religiösen Therapien nicht um sexuellen Missbrauch, sondern einfach um Heilungen handele. Wundersame Heilungen, die in der Intimität bei Nacht stattfänden, nachdem die Sünder öffentlich gebeichtet hätten.

Nach der Verteidigung durch meinen Vater und Pastor Wolf in den Medien wurde über das Thema Kindesmissbrauch nicht weiter gesprochen, aber die Abreise beschleunigt. Deutschland musste so schnell wie möglich verlassen werden, sagte mein Vater. Schnell ausreisen, um allen *Pontius Pilatus* und den religiösen Fanatikern, die Pastor Schäfer hassten, zu entkommen.

Innerhalb weniger Wochen bereiteten sich mehrere Familien auf die lange Reise vor. Einige würden mit dem Flugzeug von Belgien aus und andere mit dem Schiff von Italien aus reisen. Wir mussten mit dem Schiff reisen. Viele Details über die Reise wurden uns nicht mitgeteilt. Je weniger wir wüssten, desto besser, sagten die Teilhaber. Wir wurden nur davor gewarnt, dass zuerst die Mütter mit ihren Kindern gehen würden und die Ehemänner später.

Obwohl man in der Kindheit denkt, dass die Zeit nicht vergeht und die Tage ewig sind, vergingen die Wochen wie im Flug. Als man uns mitteilte, dass wir in einem Monat abreisen würden, versuchte ich, jede Minute möglichst mit Gürten, meinem Jugendfreund, zu verbringen. Er wohnte bei mir um die Ecke und wir waren schon immer Schulkameraden gewesen. Wir himmelten uns an und schlossen einen Blutspakt, um Freunde fürs Leben zu sein. Seine Eltern waren nicht so religiös wie meine, aber ich hatte ihn überredet, sich taufen zu lassen, wenn er erwachsen wäre, damit Gott und meine Eltern ihm verzeihen würden. Gürten war dreizehn Jahre alt. Er hatte die blauesten Augen, die ich je in meinem Leben gesehen habe, und ein Lächeln, das fast bis zu seinen Ohrläppchen reichte. Der Abschied von Gürten war das Traurigste, was ich tun musste, abgesehen davon, meinen Vater zum letzten Mal zu umarmen. Den kleinen, unschuldigen Kuss, den er mir auf die Stirn gab, bewahrte ich wie ein Tattoo für die Ewigkeit. In Gronau habe ich meine Träume und einen Teil meiner Seele zurückgelassen, den ich erst im hohen Alter zurückerlangt habe.

♦

Die letzte Morgendämmerung in dem kleinen Ort Gronau kam mit einer anderen Dunkelheit. Es war ein Gefühl, für das ich vielleicht noch zu jung war, um es zu verstehen. Wir standen um fünf Uhr morgens auf, und niemand sprach während dieses Morgengrauens. Das Haus war wie wir in eine tiefe Stille gehüllt, denn es schien zu begreifen, dass dies der Beginn einer endgültigen Abwesenheit war und dass nie wieder das Lachen und die Schreie jener sieben Geschwister in seinen Wänden und seinen Räumen widerhallen würden. Mein Vater muss ebenfalls geahnt haben, dass dieser Aufbruch viel länger dauern würde als seine Reisen als Prediger. Das Schicksal änderte sich, und diesmal war es seine Frau, die fortging. Sie ging weg, weil er sie auf einen unbekannten, fremden Kontinent schickte, getrennt von ihrem gemeinsamen Leben. Und sie ging mit all ihren Kindern und sogar ihrer eigenen Mutter weg, um dem *neuen* Jesus Christus zu folgen, den er durch einen glücklichen und göttlichen Zufall gefunden hatte. Zum ersten Mal blieb mein Vater allein und in einem unbewohnten Haus zurück. Und das viele Jahre lang. Viel länger, als sich alle Familienmitglieder hatten vorstellen können, während er diesen erschütternden Abschied nahm.

Ein kleiner moderner Bus, in dem bereits eine andere Familie saß, hielt vor unserem Haus, und wir Kinder stiegen einer nach dem anderen ein, als ob wir zur Schule gehen würden. Wir nahmen nur ein paar Kleidungsstücke in zwei kleinen

Koffern mit, die unsere Großmutter trug. Die Spielsachen, die Freunde und das Lachen blieben zurück und begleiteten meinen Vater, der im Haus blieb und aus dem Fenster schaute, um keine Aufmerksamkeit auf sich zu ziehen. Unsere Abreise musste unbemerkt bleiben, um weder die Nachbarn noch die anderen Gläubigen in der Nachbarschaft zu beunruhigen, welche die – sinnlose – Mission der Baptistenpastoren nicht verstanden.

Meine Mutter erklärte mir, dass wir die Glücklichen seien, denn in Gronau blieben nicht nur viele Väter allein zurück, sondern auch viele Mütter ohne ihre Kinder, und außerdem viele Ungläubige, die nicht genug Gottergebenheit hätten, uns zu begleiten, um die Seelen der „ungläubigen Ureinwohner Südamerikas" zu retten.

Mein Vater hatte uns vorher ebenfalls gesagt, dass wir von Gott für diese Mission auserwählt waren. Er erklärte, dass wir deshalb den Krieg in Europa überlebt hätten. Wir seien vor dem Tod und dem Kommunismus jener Jahre gerettet worden, weil unser himmlischer Vater andere Pläne für seine Kinder hatte. Wir müssten Deutschland verlassen, um unsere reine Rasse anderswo auf der Welt zu retten. Daher wäre die Auswanderung für uns keine Option, sie sei eine Verpflichtung. Eine Pflicht. Aber nicht nur eine Bürgerpflicht, sondern auch ein Auftrag und eine Bestimmung, die direkt von Gott mittels Pastor Schäfer komme.

Die Reise auf dem Seeweg zu dem neuen Kontinent war schmerzhaft lang. Langsam entdeckten wir, was die Entfernungen zwischen der Vergangenheit und der Zukunft waren. Zwischen der alten und der auf uns zukommenden Welt. Eine endlose Pilgerreise mit meinen sechs Geschwistern. Wir waren noch nie mit einem Schiff gereist, und nun reisten wir nur mit unserer Mutter und Großmutter Sieglinde. Außer ihnen begleiteten uns auf der Reise mehrere Frauen ohne ihre Männer und mit vielen Kindern. Es gab nur wenige Männer mittleren Alters, aber in der Gruppe waren mehrere junge Männer, die Teil der Mission gewesen waren, die mein Vater und sein Partner in Deutschland hatten. Auch kamen viele Kinder ohne ihre Eltern, die – wie die Jugendlichen – den Baptistenpastoren anvertraut worden waren, damit sie ihnen eine bessere Erziehung zukommen ließen. Es waren unschuldige kleine Sünder, die gerettet und erzogen werden sollten, aber weit weg von Europa. Und vor allem: weit weg von ihren Familien. Ihr Aufenthalt in Chile würde nur vorübergehend sein, bis der Pastor Schäfer sie verwandelt hätte, ihren Geist gereinigt, und sie wieder zurückkehren könnten. Diese Kinder würden von religiösen jungen, alleinstehenden, starken, reinen und fleißigen Frauen betreut.

Nach weniger als einer Woche Fahrt auf dem Schiff fiel der Kontinent zurück, und wir begannen zu erkennen, dass wir auf eine Reise dieses Ausmaßes nicht vorbereitet waren. Wir alle wurden während der Reise krank, ohne Ausnahme. Ständig herrschten Verzweiflung und unkontrollierbare Angst. Täglich brachen andere Ängste und andere Beschwerden aus: die Ruhr, chronischer Durchfall, extreme Dehydrierung, Kinderkrankheiten, Kinder mit Fieber. Das Schiff geriet unzählige Male in stürmische See, und wir verloren die Kontrolle. Niemand hörte auf zu erbrechen. Die Nagetiere liefen im Schiff herum und suchten nach Nahrung, die es nicht gab, und griffen oft die Kinder an, während sie schliefen. Großmutter Sieglinde war die Stütze der Familie, denn meine Mutter verbrachte die meiste Zeit der Reise damit, zu beten und das Unwohlsein, welches ihr die Schwangerschaft auf hoher See bereitete, zu überstehen. Direkt vor unserer Abreise hatte mein Vater es auf sich genommen, ihr zu helfen, ein weiteres Kind zu bekommen. Er tat dies, damit sie sich in jedem Moment an ihn erinnerte und ihre Rolle als Mutter und hingebungsvolle Ehefrau weiterführen konnte. Während der unendlichen Reise kümmerte und beruhigte Großmutter nicht nur ihre sieben Enkelkinder, sondern auch viele andere Kinder im Alter von sechs bis zehn Jahren, die verängstigt alleine reisten.

Ich habe diese lange Odyssee nie vergessen. Ich erinnere mich daran, dass es unmöglich war, tagsüber auf dem Schiff herumzulaufen, weil die Körper wie Futtersäcke auf dem Boden gestapelt lagen. Auch das Schlafen war unerträglich, denn auf dem Schiff gab es viel mehr Kinder als Kojen und mehr Kälte als Decken. Der Platz war begrenzt, und die Regeln, die von den wenigen mächtigen Männern, die uns begleiteten, aufgestellt wurden, waren so stürmisch wie die Meere, die wir überquerten. Sie beruhigten uns, indem sie uns aus der *Bibel* vorlasen und uns sagten, dass diese herausfordernden Tage ein klares Ziel von Gehorsam und Opfer hatten: Gott habe uns gesandt und würde uns führen. Andererseits stellte ich mir immer wieder die gleiche Frage: Warum kam unser Vater Holger nicht mit uns auf die wichtigste Mission seines Lebens?

Ich habe es vor meinem geistigen Auge, als ob es heute wäre: Das verschwindende Europa und das Mittelmeer sich von mir verabschiedend. Ich erinnere mich, dass ich jeden Tag eine Traurigkeit voller Melancholie verspürte, weil ich vielleicht Gürten jahrelang nicht mehr sehen würde. Seine blauen Augen würden ebenso wie der kleine Ort Gronau mit der Zeit in Vergessenheit geraten. Sein Lächeln würde vielleicht für immer aus meinem Gedächtnis verschwinden. Aber während der langen Wochen der Reise war ich auch von einer unschuldigen, geheimen und seltsamen Freude erfüllt, wenn mir die überzeugenden Worte meiner Eltern wieder in den Sinn kamen. Wir waren dabei, uns von der Erinnerung an einen Krieg zu lösen, den wir, wie sie uns immer eingeflößt hatten, nicht im Stande gewesen waren zu gewinnen. Wir trennten uns von einem Kontinent, der ein Kontinent reiner weißer Leute hätte sein können. Rein und anders in ihrer Rasse, aber er war nicht fähig, so zu sein. Vielleicht hatten meine Eltern recht gehabt. Aber mehr noch als die Kraft dieser Geschichte, die sie mir erzählt hatten, erfreute ich mich an dem Gedanken, dass wir dem *neuen* Jesus Christus folgten, den mein Vater gefunden hatte und von dem er sagte, er wäre auf die Erde zurückgekommen, um uns zu retten. Die Unschuld der zehn Jahre meines Lebens halfen mir, mich an der Vorstellung des Imaginären und Unbekannten zu erfreuen.

In diesen Hunderten von langen Stunden konzentrierte ich mich darauf, alles, was mir in den Sinn kam, in mein kleines Tagebuch zu schreiben. Ich schrieb über meine Gespräche mit Gürten und über die große Hoffnung, die mein Vater in diesen neuen Pastor gesetzt hatte. Allerdings konnte ich in das Tagebuch, das mir mein Vater geschenkt hatte, nicht so viel schreiben, wie ich gern getan hätte, da es auf dem Schiff viel Arbeit mit der Betreuung der Kinder gab. Ich konzentrierte mich also darauf, täglich über die Entfernungen zwischen der Alten und der Neuen Welt zu schreiben, um die räumliche Trennung besser zu verstehen. Ich notierte die Seemeilen, die der Kapitän fast täglich über die Lautsprecher verkündete. Am Ende der Reise zählte ich diese Entfernungen zusammen und prägte mir in meinem Gedächtnis ein, dass es fast zehntausend Meilen waren. Ein ganzes Leben in der Zeit und eine lange Zeit, um Abschied zu nehmen.

Außer dem kleinen Tagebuch trug ich noch ein anderes Relikt bei mir, das mir mein Vater zu meinem zehnten Geburtstag geschenkt hatte. Es war eine Kamera, die einer der Gläubigen der Kirche gespendet hatte, um Fotos von den Jugendlichen zu machen. Eine kleine Agfa aus Metall, die nur wenig benutzt worden war. Ich bewahrte sie in ihrem braunen Etui mit den drei Filmrollen in Schwarz-Weiß auf, die mir mein Vater vor unserer Abreise geschenkt hatte. Ich fotografierte nur das Meer und die entfernten Häfen, die durch den Sucher meiner kleinen Kamera winzig aussahen.

Die Tage vergingen, und ohne es zu merken, war das Ende der Reise gekommen. In einem Morgengrauen wie jenem, in welchem wir uns von Europa verabschiedet hatten, sahen wir die Lichter eines neuen Hafens, bevor die Sonne aufging. Eine Stadt mit Häusern, die sich auf Hügeln mitten im Meer emporhoben. Es sah aus wie eine Insel, aber das war sie nicht. In der Ferne konnte man eine unvollkommene, beleuchtete Linie eines neuen Horizontes ausmachen, ganz anders als der, den wir in Italien zurückgelassen hatten. In diesem Halbdunkel empfand ich Angst und Schrecken. Ich versuchte, nicht vor meiner Mutter, meinen Geschwistern und meinen Mitreisenden zu weinen. Ich musste schnell erwachsen werden und das kleine Mädchen hinter mir lassen. Ich musste schnell ein reifer und starker Teenager werden. Mein Vater hatte mir gesagt, das Wichtigste sei, den Anführern der Gruppe und meinen beiden anderen Vätern zu gehorchen und zu dienen, wie wir es bei ihm immer getan hatten.

Als ich den Blick über die Hügel schweifen ließ und in der Ferne die Sonne aufgehen sah, war ich froh zu wissen, dass wir wenigstens im Sommer in dieses ferne und fremde Land gekommen waren. Der Winter in Europa lag hinter uns. Es war Februar 1961. Wie könnte ich das vergessen? In ein paar Monaten würde ich elf Jahre alt werden.

Als wir den Befehl erhielten, mit dem Ausschiffen zu beginnen, stellten wir uns mit meiner Mutter, meiner Großmutter und den übrigen Kindern in einer Reihe auf. In der Gruppe, die aus mehr als siebzig Personen bestand, wurden die Kinder sehr gut verteilt, so dass es nicht auffiel, dass sie ohne ihre Eltern kamen, wie Waisenkinder, an Fremde übergeben. Der Pastor Schäfer und mein Vater hatten uns gesagt, dass es keine Probleme geben würde, weil die deutschen Behörden in Chile auf uns warten würden, um alle Schwierigkeiten zu lösen, die sich eventuell ergeben könnten. Die Männer in der Gruppe hatten das Geld und die Pässe. Sie waren bereit, alle kompromittierenden Fragen zu beantworten, die den Behörden dieses Landes zu stellen einfallen könnten. Allein die Frauen trugen ein enormes Maß an Angst und die Kinder mit sich herum. Sie wurden über nichts informiert und weder Werte noch Dokumente wurden ihnen anvertraut. Ganz zu schweigen von den Ausweisen der Kinder oder ihren eigenen Pässen.

Das Passieren des Zolls und der Einwanderungsbehörde war einfach. Jeder erkannte sofort die Gruppe der berühmten Colonos, die *Deutschen mit Geld*, die von den chilenischen und deutschen Behörden so sehr empfohlen worden waren. Jeder scheinbar wichtige Beamte bereitete den deutschen Männern einen großen Empfang. Die Unterstützung durch den chilenischen Botschafter in Bonn war entscheidend für unsere Einreise nach Chile, wie mir meine Mutter erzählte. All die Briefe und Dokumente, die unsere Anführer mit sich führten, öffneten uns sperrangelweit die Türen. Wir hatten einen guten Start. Die fehlende Sprachkenntniss ließ uns denken, dass das unerschöpfliche Lächeln der Hafenarbeiter, dieser zwergenhaften, dunklen Chilenen mit den wenigen weißen Zähnen, eher Bewunderung als Ablehnung ausstrahlte. Während wir in einer Schlange zu Fuß den Hafen verließen, streckten sich uns endlos viele Hände entgegen, um eine Bezahlung für ihre Dienste – erbracht oder eingebildet – von den neuen europäischen Besuchern zu erhalten.

Schließlich kamen wir an dem Ort an, an dem wir frei sein und eine neue Welt schaffen konnten.

„Wir sind der Rasse dieses Gesindels in jeder Hinsicht überlegen und wir kommen mit einem göttlichen Auftrag, dieses arme Land zu verbessern, sowohl geistig als auch materiell. Eines Tages werden sie uns als ihre Herren und Meister anerkennen."

Ich erinnere mich, dass dies einige der Kommentare waren, welche die Anführer machten, als wir das Hafengebiet von Valparaíso verließen. Ich habe diese Worte noch sehr gut im Gedächtnis, denn es waren die gleichen Bemerkungen, die ich die nächsten vierzig Jahre von diesen Männern hörte.

Nach einer weiteren langen Fahrt in einem alten, unbequemen Bus – und auf schlecht ausgebauten Straßen – kamen wir in einer Stadt namens Parral im Süden Chiles an. Obwohl mein Vater diese Stadt uns gegenüber wie so viele malerische Kleinstädte in Europa ausgemalt hatte, war dieser Ort in keinster Weise mit Gronau zu vergleichen. Gott sei Dank sollte Parral nicht unser Endziel sein; das stand schon lange vor unserer Abreise aus Deutschland fest. Wir wurden darüber informiert, dass wir, um diese Kolonie der Diener Jesu Christi zu gründen, uns von der Zivilisation entfernen müssten, um mit unseren eigenen Händen aus dem Nichts das Leben und die Gemeinschaft zu errichten, für deren Aufbau wir bestimmt waren.

♦

Mit der Fülle der täglichen Pflichten, die wir in unserem neuen Leben in Chile hatten, vergingen unbemerkt die Wochen. In Rekordzeit bauten wir ein mobiles Dorf auf, und im Handumdrehen lebten wir in riesigen Zelten mitten auf dem Lande. Es war ein wunderschönes Grundstück, das der Pastor Schäfer von einigen Italienern gekauft hatte, die nach dem Ersten Weltkrieg nach Chile ausgewandert waren. Das Land lag etwa fünfundzwanzig Kilometer von Parral entfernt. Meine Mutter sagte, dass sie ihnen einen guten Preis gemacht hatten, weil sie in bar bezahlt wurden und an diesem Ort niemand das Geld hatte, um 1.800 Hektar auf einmal zu kaufen. In jenen Jahren war Chile ein zerstörtes Land, abgeschnitten von der Welt und mit vielen drängenden Bedürfnissen. Der Pastor – den wir seit der ersten Woche unserer Ankunft in Chile „Onkel Paul" oder „ewiger Onkel" nennen sollten – galt als Geschäftsgenie. Aber auch die Experten der deutschen Botschaft in Chile halfen uns sehr bei den Formalitäten für Beschaffungen und Vereinbarungen. Sie waren Teil unserer Unterstützer. Unser Vater hatte recht gehabt, als er sagte, dass die Mission die volle Unterstützung des chilenischen Botschafters Arturo Maschke sowie unserer Botschaft in Chile unter der Leitung von Dr. Hans Strack hatte. Die beiden diplomatischen Vertretungen – und ihre Arbeitsteams – standen in enger Abstimmung mit *Onkel* Paul, um uns zu unterstützen und zu schützen. Die Namen der beiden Botschafter habe ich nie vergessen, denn sie wurden täglich in Deutschland und in der Gemeinschaft in Chile erwähnt.

Unsere Anführer, die entschieden hatten, dass wir sie ebenfalls „Onkel" nennen sollten, kauften drei Lieferwagen und einen Lastwagen, um Lebensmittel und das

Nötigste zu transportieren. Wir mussten überleben, wenn auch auf sehr einfache Weise, bis wir mit dem Bau unserer Häuser beginnen würden. Wir waren völlig isoliert und befanden uns mitten im Nirgendwo, aber der Ort war idyllisch. Ich erinnere mich gerne an das Schöne der chilenischen Landschaft jener Jahre. Ein unauslöschlicher Ausblick für diejenigen von uns, die die Ehre hatten, in diesen unberührten Gebieten zu leben, bevor die massive Ausbeutung dieser Region einsetzte. Wir lebten in einem spektakulären und angenehmen Gleichgewicht zwischen Eukalyptus, einheimischen Kiefern und blühenden Ulmen. Ich hatte das Privileg, jeden Tag die Berge zu sehen, so nah, wie mein kindlicher Blick sie mir vor Augen führte. Überragende Kolosse. Es war ein Teil der Gebirgskette der Anden, die mir meine Eltern in den Büchern der kleinen Bibliothek in Gronau gezeigt hatten. Inmitten dieses magischen Ortes, der immer intensiv grün erschien, gewöhnte ich mich daran, täglich dem Gesang der Vögel zu lauschen, die in der Morgendämmerung sangen, und die Grillen zu hören, die die Einsamkeit der Nächte auf dem Land begleiteten. Wilde Blumen schienen täglich von überall in die Sonne zu schauen. Ich konnte sogar die riesigen Staubwolken bewundern, die abends, wenn wir von unserer täglichen Arbeit auf dem Feld zurückkehrten, auf den unbefestigten Straßen auftauchten, nachdem unsere Fahrzeuge vorbeigefahren waren. Und obwohl die Hitze in jenen Sommermonaten unerträglich war, konnten wir sie gut aushalten. Oft machten wir Mädchen und Jugendlichen abwechselnd eine Minute Pause, während wir den jungfräulichen Boden brutal mit Spitzhacken bearbeiteten. Wir gingen zum Fluss hinunter und hielten unsere Füße ins Wasser, um uns mitten am Tag abzukühlen. Aber nur die Füße und die Hände, denn sobald wir auf dem Land angekommen waren, war es uns verboten, Badeanzüge oder Hosen zu tragen. *Onkel* Paul erzählte uns, dass der Name dieses Nebenflusses Perquilauquén war, aber ich lernte nie, ihn auszusprechen. Deshalb habe ich ihn immer „*Fluss Lauquén*“ genannt.

Während der Monate der Vorbereitungen lebten nur wir und die wenigen Tiere, die die Italiener zurückgelassen hatten, auf diesem Land. Und im Laufe dieser ersten Sonnen und Monde – wie meine Mutter täglich wiederholte – war dort die kontinuierliche und unermüdliche schöpferische Präsenz Gottes zu sehen und zu spüren.

Doch der idealisierte Zauber dieses Ortes war nur von kurzer Dauer. Viel zu kurz.

Es war schwer gewesen, ohne meinen Vater nach Südamerika zu gehen. Aber es war auch sehr traurig, einige Wochen nach meiner Ankunft in Chile von meiner Mutter und meinen Geschwistern getrennt zu werden. Mir wurde gesagt, dass die Trennung zum Wohle von uns und der Gemeinschaft wäre. Wir müssten besser und religiöser erzogen werden, damit wir uns ohne den alten schlechten Einfluss unserer Eltern den Kräften des Werkes Gottes zuwenden konnten. Um diese Ziele zu erreichen, mussten wir Teil einer neuen Gemeinschaftsfamilie werden, mit nur einem Vater auf Erden. Bei unserer Ankunft in Chile hatte *Onkel* Paul versprochen, dass die religiöse Erziehung und Vorbereitung der Jugend – und besonders der Knaben – in seiner Verantwortung liegen würde. Und mit dieser Entscheidung war es von einem Tag auf den anderen vorbei mit Eltern, Kindern, Geschwistern, Großmüttern und allen Arten von Familienbanden.

Von dem Tag an, an dem die Familie getrennt wurde, waren wir gezwungen, das Wort Mutter, Vater, Großeltern oder Geschwister nicht mehr zu erwähnen. Die Worte, die die Colonos intim und emotional miteinander verbanden, wurden ausgelöscht. Meine Mutter wurde für ihre Kinder sehr distanziert, wie eine abgewiesene *Tante*, wie so viele andere Frauen in der Siedlung auch. Auf den Rat von *Onkel* Paul hin wurde unsere Mutter zu *Tante* Waltraud für jedes der sieben Kinder, die innerhalb weniger Stunden aufhörten, ihre Kinder zu sein.

Ich war überzeugt, dass ich die von *Onkel* Paul angeordnete Trennung von meiner Mutter tolerieren musste, so wie ich zuvor gelernt hatte, die Abwesenheit meines Vaters zu akzeptieren.

„Wir dürfen nicht zulassen, dass die kleinliche, besitzergreifende und egoistische Liebe der Familie die Opfer behindert, die wir bringen müssen, um das ewige Leben zu verdienen“, bekräftigte *Onkel* Paul uns gegenüber immer wieder.

Und wir mussten diese Ideen und Worte wie auch immer in unsere Köpfe bekommen.

♦

Obwohl der *ewige Onkel* in seinen Predigten darauf beharrte, dass der einzige Weg, uns rein und sauber von der Last der Sünde zu halten, die persönliche, gemeinschaftliche und öffentliche Beichte sei, sah die Realität doch anders aus. Abgesehen davon, dass sie uns keusch hielt, diente die Beichte vor allem als Instrument der totalen Kontrolle über jede Person in der Gemeinschaft, insbesondere über die Frauen. Von dem Moment an, als wir in Chile ankamen, schuf der *Onkel* ein System der kollektiven Überwachung, mit welchem alle Mitglieder der Kolonie verpflichtet waren – mehr noch als ein Geständnis abzulegen – unaufhörlich andere zu bespitzeln. Es musste bezeugt werden, was gehört wurde, was gesehen oder sogar manchmal, was sich eingebildet wurde. Auf diese Weise wurde uns beigebracht, dass auch wir beichten müssten, um uns von der Sünde durch Beihilfe oder durch Mittäterschaft zu befreien.

Die geistige Spionage, die in der Kolonie entstand, zwang uns, täglich das Gewicht von Angst und Misstrauen wie einen Sack Steine auf dem Rücken zu tragen. Wir gerieten in Panik, zu sündigen oder einen anderen Menschen in Sünde fallen zu sehen. Ständig graute uns davor, zu sprechen und vor allem zuzuhören; Argwohn, einem anderen Menschen zu vertrauen. Aber mehr noch als die irdische Furcht, war die fürchterlichste aller Ängste, dass *Onkel* Paul, die Colonos oder Gott uns am Ende des materiellen Lebens nicht verzeihen würden. Und für mich auch die Angst, dass ich die Befehle meines anderen Vaters in Deutschland nicht erfüllte.

In den Geständnissen wurden vor allem Frauen, Jugendliche und Kinder angeprangert und beschuldigt. Drei Gruppen von Menschen, die sehr anfällig für Sünden sind. Kinder wegen ihrer Unschuld und Frauen wegen ihrer Schwäche, sagte *Onkel* Paul. Und die Jugendlichen, weil sie Gottes Gegenwart in der Kolonie in Frage stellten. Meine zweite Schwester, Dorothea, wurde ständig für ihre Aufmüpfigkeit bestraft. Sie beharrte darauf, während der Arbeitszeit zu reden, stand nicht mit dem ersten Weckruf am Morgen auf und versuchte, die Tür zu schließen, wenn sie zur Toilette ging, um sich zu erleichtern. Die von *Onkel* Paul bevorzugten Jungen gestanden wiederholt, dass sie täglich sündigte und auch Angst vor ihm hatte.

Ich werde mich immer an eine der ersten öffentlichen Bestrafungen von Dorothea erinnern. Mitten an einem Sommernachmittag ging meine Schwester (statt zu rennen), als über die Lautsprecher der Aufruf kam, sich zur Predigt zu versammeln. Der *Onkel* beobachtete sie und rief:

„Nun lauf schon, niederträchtiges Huhn!", und fuhr fort, „du raubst mir meine Geduld. Ich habe dein teuflisches Verhalten satt und bin es leid, deine verruchten ‚fleischlichen Sünden' zu hören."

Die Zurechtweisung wurde vor der gesamten Gemeinschaft ausgesprochen, und Dorothea rannte sofort wie eine Verrückte los und versuchte, damit die Gemüter zu besänftigen und *Onkel* Paul nicht noch mehr zu verärgern. Aber er schrie erneut, sie solle aufhören zu rennen und sich von der Gruppe lösen. Dorothea hörte in dem Moment auf ihn, als sie seine Worte hörte. Sie hörte auf zu laufen und verfiel in den in solchen Situationen geforderten kurzen, rhythmischen militärischen Schritt. Nach ein paar Minuten, nachdem die anderen Jugendlichen weit genug entfernt waren, ließ der *Onkel* vier große Hunde los und stachelte sie zum Angriff an. Ich schloss meine Augen und flehte Gott an, ihr zu vergeben. Ihre Beine begannen zu bluten, als sie zu Boden fiel. *Onkel* Paul lachte lauthals, während die Hunde meiner Schwester in die Beine bissen und nicht mehr losließen. Als er sah, dass die Aggression irreparablen Schaden anrichten könnte, beschloss der *Onkel*, die Hunde an seine Seite zurückzurufen. Dorothea blieb blutend auf dem Boden liegen, beherrschte sich aber, um nicht zu weinen. Sie begann, sich an den Schmerz und die körperliche Bestrafung für die Sünden zu gewöhnen, die sie nicht vermeiden konnte.

♦

Meine erste schwere Sünde wurde mir vorgeworfen, als *Tante* Hilde bei ihrer routinemäßigen Durchsuchung der persönlichen Gegenstände aller Frauen mein kleines Buch fand. Aus irgendeinem Grund hatte sie bei ihren früheren Durchsuchungen mein kleines Büchlein nicht bemerkt, aber an diesem Tag störte es sie und erregte ihren Verdacht. Auf den Seiten dieses Tagebuchs hatte ich nur über meine Freundschaft mit Gürten und die Reise von Italien nach Chile mit meiner Familie geschrieben. Nicht mehr als zehn winzige Seiten. Es war ein Überbleibsel aus meiner Kindheit, das ich eines Tages meinen Geschwistern zeigen wollte, wenn wir wieder zusammenkommen würden. Aber die Pläne änderten sich, und *Tante*

Hilde fand mein Büchlein, lange bevor mein Traum in Erfüllung ging. Und als sie es fand, legte sie es sofort in die Hände von *Onkel* Paul.

Nach der öffentlichen Beichte von *Tante* Hilde vor der Gemeinschaft und vor *Onkel* Paul erhielt ich meine erste harte Strafe. Sie wollten mir beibringen, wie schrecklich es war, meine Gedanken aufzuschreiben, ohne um Erlaubnis zu fragen. Und vor allem, ohne sie jemandem zu zeigen, damit sie wüssten, was ich dachte. Die Geheimhaltung war Teil von Satans Plänen, und das Schreiben war eine seiner Methoden, uns zu verführen, sagte mir *Onkel* Paul, nachdem er mein kleines Tagebuch verbrannt hatte. Ich war traurig, als ich sah, wie die kleinen, in kindlicher Handschrift geschriebenen Seiten in den Flammen aufgingen. Aber viel intensiver war der körperliche Schmerz, den ich verspürte, als *Onkel* Paul meine Hände auf die schwarze Metallschaufel legte, mit der er lange Zeit die brennenden Holzstücke in seinem Kamin geschürt hatte. Zuvor hatte er mich gebeten, beide Hände auf den Boden zu legen, die Handflächen zum Himmel gerichtet. Als er die Schaufel aus dem Feuer nahm, sprach er nicht zu mir, sondern zu den Händen. Er drückte das Metall hart auf die Handflächen und sagte zu ihnen:

„Ich berühre euch mit diesem glühenden Metall als Ritus, damit ihr euch für immer an diesen Moment erinnert. Nie wieder werdet ihr auf die teuflische Idee kommen, die Gedanken dieser verdammten Sünderin auf ein anderes Blatt Papier zu schreiben. Amen!"

Die Wunden bedeckten meine Hände über Tage. Und dann entzündeten sie sich bei der Arbeit mit der Heugabel beim Trennen des Weizens auf dem Feld. Dies waren die ersten Narben – körperliche und seelische –, mit denen mich der „zweite" Jesus Christus für immer gezeichnet hat, wie Tiere auf den Lenden.

In diesen Jahren habe ich nie wieder allein geschrieben. Ich machte nur noch die wenigen Hausaufgaben, welche *Tante* Gisela mir gab, als ich in ihre Klasse ging, bis ich das abgeschlossen hatte, was für sie die vierte Klasse war. Für die Verpflichtungen auf dem Land und in der Gemeinschaft brauchten wir Frauen nicht weiter zur Schule gehen. Das war eine weitere der ersten Regeln, die der *ewige Onkel* aufstellte.

An dem Tag, an dem ich meine Strafe erhalten hatte, versprach ich mir selbst, mir jeden Abend vor dem Einschlafen und nach dem Gebet im Geiste zu erzählen, was an diesem Tag geschehen war. Sie konnten mir zwar verbieten, in diesen Jahren zu schreiben, aber sie konnten mich nicht daran hindern, mein eigenes Tagebuch des Lebens in meiner Erinnerung zu führen. Und aus diesem Grund sprach ich abends mit mir, ohne den Mund zu öffnen. Ich erzählte mir die Ereignisse, die ich beobachtet hatte, so detailliert wie möglich. Ich tat dies, indem ich mir vorstellte, dass ich mit meiner rechten Hand, winzig und voller Brandnarben, meine eigene Geschichte aufschrieb. Ich wiederholte vor mir selbst, was ich getan hatte, was ich gehört hatte und was mir alles widerfahren war. Es waren nicht immer denkwürdige und glückliche Geschichten, aber zumindest war ich überzeugt, dass sie nicht Teil von Satans Plänen waren, wie *Onkel* Paul erklärt hatte.

Indem ich jeden Abend die Geschichten der Colonia Dignidad durchlebte und mir erzählte, konnte ich überleben und mich mit Worten von meiner eigenen täglichen Wirklichkeit abgrenzen.

♦

Onkel Paul verfügte, dass niemand in unserem neuen Leben in Chile seine eigene *Bibel* haben durfte. Wir übergaben sie eine nach der anderen an dem Tag, an dem er beschloss, dass sein Wort das Wort Gottes sei. Es fiel mir schwer, mich von meiner langjährigen Begleiterin zu trennen, der *Kinderbibel*, die ich geschenkt bekommen hatte, als ich lesen lernte. Ich musste übermenschliche Kraft aufwenden, um nicht zu weinen, als *Onkel* Paul sie zusammen mit allen *Bibeln* der Colonos verbrannte.

Anfangs fiel mir diese Veränderung schwer. Unsere Frömmigkeit war immer vom Lesen der *Bibel* mit unserem Vater, dem anderen Baptistenpastor, geleitet und inspiriert worden. Aber durch konkrete Beispiele wurde ich von der Wahrhaftigkeit seiner Predigten und der Macht, die der „neue Messias“ über uns hatte, überzeugt. In seinen euphorischen Trancezuständen war es unmöglich, nicht zu akzeptieren, dass Gott wie ein Blitz direkt in seinen Geist – und seinen Körper – eindrang, Besitz von ihm ergriff und ihn elektrisierte, um uns die Worte der *Bibel* mit dieser dröhnenden Stimme, die vom Himmel kam, zu vermitteln.

Onkel Paul war ein wortgewandter, überzeugender, einleuchtende Redner, und obwohl seine Zitate aus den Stellen der *Bibel* manchmal nichts mit dem Wort Gottes zu tun hatten, nahmen alle Mitglieder der Gemeinschaft die neue Auslegung der göttlichen Botschaften mit Begeisterung an. Seine unzensierte Version war wie eine halluzinogene Droge, die uns vom ersten Moment an, als er zu predigen begann, verwandelte. Wenn er sprach, hoben wir Colonos unsere Arme und empfingen seine Worte, als wären sie mit Gewalt vom Himmel herabgeschleudert worden. Wir saugten sie mit weit geöffnetem Herzen auf und fielen wie er in Trance und schrien:

„Amen, Amen, Amen!"

Durch seine Worte mussten wir uns täglich und um jeden Preis davon überzeugen, dass er der von *Gott Gesandte* war. Derjenige, der uns auf dem Weg führen sollte, den unsere Väter für ihre Kinder, ihre Frauen und sich selbst gewählt hatten.

Im Laufe der Zeit machte uns der *Onkel* glauben, dass sowohl das Wort Gottes in der *Bibel* als auch unsere Überzeugungen im Gegensatz zu denen des chilenischen Volkes standen. Deshalb hatten wir Feinde in diesem neuen Land: Katholiken, Juden, Atheisten und Ketzer. Wir waren in einem Land angekommen, in dem die Mehrheit der Bevölkerung kein Interesse daran hatte, nach den christlichen Grundsätzen von *Onkel* Paul erzogen zu werden, weshalb unsere große Herausforderung darin bestehen würde, gegen die Ungläubigen zu kämpfen. Diejenigen, die – ohne es zu wissen – Sünder waren, weil sie vor lauter Unwissenheit so dumm waren.

In seinen Vorträgen erzählte uns der *Onkel* persönliche Episoden aus seinem Leben und wie er als „zweiter Sohn" Gottes zu einem religiösen Führer und Auserwählten wurde. Er wurde 1921 in einer kleinen Gemeinde namens Troisdorf geboren. Er wuchs bei seiner Mutter auf und wusste nie, wer sein Vater war. Dieses kleine Detail spielte für ihn keine große Rolle, denn er glaubte nicht an die Liebe zwischen traditionellen Familienmitgliedern. Er hatte zwei Brüder, die mutig ihr Leben für den Nationalsozialismus und alle anderen bewundernswerten Ziele des Zweiten Weltkriegs hergaben. *Onkel* Paul erzählte uns, dass auch er in diesem Krieg gekämpft hatte, um die sozialen und kulturellen Grundsätze Adolf Hitlers zu verteidigen. Und dass er als Soldat mitten auf dem Schlachtfeld im Kampf für seinen General heldenhaft sein rechtes Auge verloren hatte. Nachdem er diesen schrecklichen Unfall überlebt hatte, arbeitete er die restlichen Jahre dieses „infamen Krieges“ in Frankreich als Sanitäter. In Deutschland sagten diejenigen, die *Onkel* Paul nicht mochten, dass die Tatsache, dass er sein Auge verloren hatte, nichts mit dem Heldentum des Krieges zu tun hätte, von dem er berichtete. Sie sagten, dass er es sich selbst versehentlich mit einer Gabel herausgestochen habe, während er ungeschickt eine Blutwurst aufschnitt und betrunken mit Freunden in einer Bar in seinem Dorf herumalberte. Sie sagten auch, dass er kein Soldat gewesen wäre, sondern nur ein weiterer Sanitäter bei den deutschen Truppen.

Der *ewige Onkel* sagte uns, dass er nach dem Krieg schon sehr jung in der evangelischen Kirche gearbeitet und bei der Erziehung von Kindern geholfen hatte. Er erzählte uns immer, dass die *Bibel*, die Erziehung der Knaben und sein Kampf gegen den Kommunismus seine drei großen Leidenschaften im Leben waren.

In seinen lehrreichen Vorträgen erzählte er uns zu Beginn auch von den Einsätzen, an denen er mit meinem Vater Holger teilgenommen hatte. Von den vielen Projekten, die sie gemeinsam in Deutschland durchgeführt hatten und der besonderen „Liebe“, die sie füreinander empfanden. Überschwänglich beschrieb er vor der Gemeinschaft ihre Reisen in muslimische Länder, wo andere unwissende und ungläubige Wilde wie die Chilenen lebten. Die dort mit ihren Turbanen und die hier mit ihren bäurischen Hüten, das war nach ihm einer der wenigen Unterschiede. Der andere war, dass die Muslime keinen Alkohol trinken würden, während die Chilenen nur dafür lebten, sich so lange zu betrinken, bis sie sich um ihren Verstand gesoffen hätten.

Der *Onkel* erzählte uns, dass mein Vater und er als Auserwählte Gottes durch die Gegend gereist und gepredigt hätten, um verzweifelte Sünder vor dem Höllenfeuer zu retten. Und sie waren für so viele Wunder und überraschende Bestrafungen verantwortlich, dass die Menschen in den arabischen Ländern sie nie vergessen würden. Sie würden für immer in den Annalen dieser Völker verzeichnet sein, da sie Krüppel zum Gehen gebracht und unzähligen Blinden das Augenlicht zurückgegeben hätten. Sie brachten die Stummen zum Sprechen und heilten die Verrückten, die den Verstand verloren hatten, weil sie nicht die *Bibel* lasen. Sie hatten den Teufel aus den Köpfen, den Herzen und den inneren weiblichen Organen der Frauen geholt. Sie halfen, Ehebrecherinnen, Prostituierte und solche, die ihre

Jungfräulichkeit verloren hatten, zu Tode zu steinigen, auch wenn es gegen ihren Willen war. Aber genauso wichtig wie die Wunder und Strafen waren, so erzählte uns der *Onkel*, dass er und mein Vater berühmte Prediger geworden waren, weil sie „die beste Praxis" geschaffen hätten, die es in der Geschichte der religiösen Welt auf dem ganzen Planeten je gegeben habe. Sie seien die Erfinder der *Seelsorge* – so hatten sie die öffentliche Beichte vor der ganzen Gemeinschaft genannt –, die Hunderte von Menschen aus den Fangnetzen des Teufels rettete.

In seinen Vorträgen erzählte *Onkel* Paul auch, wie er das Leben so vieler junger Menschen in Deutschland verändert hätte und wie diejenigen, die er auserwählt hatte, mit ihm in Chile zu leben, Gottes Wort zu folgen und sich für ihn zu opfern, den Himmel verdient hätten.

Damals gefiel mir aus irgendeinem Grund, dass er seine Vorträge immer mit etwas sehr Bewegendem beendete, mit Passagen aus der *Bibel*, selbst wenn sie erfunden waren. Diese Fragmente drängten mich dazu, meine Zweifel zu überwinden, und ließen mich glauben, dass all die Opfer, die ich in jenen Jahren brachte, vielleicht einem höheren Zweck dienten. Aber es steckte mehr dahinter. Seine Worte inspirierten mich manchmal dazu, an ein eigenes irdisches System zu glauben, das sich von dem, das wir in Deutschland gelebt hatten, unterschied. An einen Ort in Chile, an dem wir unsere eigene Geschichte schreiben würden und an dem wir endlich für immer von der Unterwerfung durch Marxismus und Kommunismus befreit wären. Diese Worte, obwohl ich ihre Bedeutung nicht kannte, machten mir Angst, denn sie waren mitverantwortlich dafür, dass wir Deutschland verlassen mussten und uns von allem, was uns gehörte, getrennt hatten.

♦

Mit meiner Mutter, *Tante* Waltraud, konnte ich einige Wochen nach meiner Ankunft in Chile nicht mehr sprechen. Ich habe sie erst in der Nacht der Geburt aus der Nähe wiedergesehen.

Tante Waltraud schien in vielerlei Hinsicht noch die alte zu sein. Sie sprach nur, wenn ihr eine Frage gestellt wurde, und ihre Anwesenheit bei den Treffen der Colonos blieb immer unbemerkt. Sie hatte sich seit der Ankunft in Chile nicht sehr verändert. In Deutschland pflegte sie der Schatten unseres Vaters zu sein, und in Chile gewöhnte sie sich schnell daran, die Dienerin von *Onkel* Paul zu sein. Sie hat nie mit meinem Vater gestritten und war immer mit seinen unerklärlichen Ideen und Manien einverstanden. In Chile machte sie dasselbe mit *Onkel* Paul.

In der Colonia Dignidad mussten sich die Frauen, die schwanger aus Deutschland kamen, während der Schwangerschaft in Schlafsälen und separaten Räumen verstecken. Keiner durfte sie sehen, um nicht auf wahnwitzige Gedanken über Sexualität und Fortpflanzung zu kommen. Es musste akzeptiert werden, dass die Befruchtung nur bei Tieren notwendig war. Die Schwangerschaft bei Frauen war nicht das Werk Gottes, sondern vielmehr ein schmutziges und sündiges Verfahren des Teufels. *Onkel* Paul hatte beschlossen, dass unsere Gemeinschaft – die mit seinem Kommen in diese Welt begann, als „zweiter Sohn" Gottes – an dem Tag enden würde, an dem er starb. Und aus diesem Grund war die Vermehrung der Menschen in der Kolonie auch gegen seinen Willen.

Vom Fortgang der Schwangerschaft von *Tante* Waltraud erfuhr ich erst im neunten Monat, als sich meine Ex-Mutter eines Nachts unwohl fühlte. Sie war im Frauenzelt, und so war es für sie ein Leichtes, Dr. Strätling um Hilfe zu bitten. Die Ärztin kam, um mich am Platz der jungen Frauen zu wecken, damit ich die Geburt beobachtete. Sie bat mich, Wasser zu holen und Feuer zu machen, um es zu kochen. Während das Wasser sich erhitzte, zog sie einen sauberen Kittel an und wusch sich die Hände. Sie hatte weder Handschuhe noch Alkohol dabei.

„Wozu so viel Modernität und Sauberkeit, wenn die Jungfrau Maria inmitten eines Strohhaufens, beschmiert mit der Scheiße der Tiere, entbunden hat?", sagte Dr. Strätling.

Und sie wollte mich nicht zu *Tante* Waltraud lassen, bevor sie mir nicht erklärt hatte, welcher Art meine Hilfestellung sein würde.

„Du wirst nicht mit dieser Frau sprechen. Du darfst weder sie noch das Baby anfassen. Du bist hier, um zu lernen, wie die Schmerzen bei der Geburt sind und um zu sehen, wie furchtbar, schmerzhaft, blutig und abstoßend eine Geburt ist. Damit möchte ich, dass du die Vorstellung, selbst Mutter zu werden, für immer aus deinem Kopf streichst."

Dr. Strätling sah aus wie eine ältere Frau, obwohl ich bezweifle, dass sie es war. Nie lächelte sie. Ihr Blick war unerbittlich und durchdringend. Auch sprach sie nicht mit den Frauen. Sie traf sich nur häufig mit *Onkel* Paul und der männlichen Führungsriege der Kolonie, um die medizinischen Experimente zu besprechen, die sie durchführte. Diese Methoden, die sie während des Krieges gelernt hatten, dienten der Bestrafung, vergessene Geständnisse zu entlocken und Einstellungen, Schwächen und Verhaltensweisen zu ändern. Die Ärztin hatte ein Holzbein, das ein furchterregendes Geräusch machte, wenn sie manchmal im Lager herumlief. Sie sagte, dass ihr Bein während des Zweiten Weltkriegs abgetrennt worden war, aber sie wollte nie genau erzählen, wie sie es verloren hatte. Sie beschränkte sich darauf, die „Sowjets" dafür verantwortlich zu machen, dass sie nur noch ein Bein habe. Häufig bewegte sie sich in einem modernen Rollstuhl mit einem speziellen Motor, der extra für sie aus Deutschland geschickt worden war, über die Pfade der Gemeinschaft fort. Sie kam nach Chile, nachdem ihr Mann, *Onkel* Gerd, nach ihr geschickt hatte, weil sie eine starke und entschlossene Ärztin in der Kolonie brauchten. Es wurde gesagt, sie sei in Deutschland eine Ärztin, aber nicht in Chile. Sie hatte zwei Kinder, aber hatte keine Beziehung zu Kindern. Und auch nicht zu Frauen.

In dieser Nacht ertrug *Tante* Waltraud den Schmerz, wie sie es schon immer getan hatte, unerschütterlich, und brachte dieses neue Leben dem himmlischen Vater und unserem Vater dar. Aber ich bin sicher, dass sie es in dieser Nacht auch dem dritten Vater dargebracht hat.

Keine andere Frau stand auf, um uns zu helfen. Sie konnten es nicht, selbst wenn sie es gewollt hätten, denn die Regeln erlaubten nicht, sich in unnötigen Fällen zu treffen, schon gar nicht ohne die Erlaubnis des *Onkels*. Wir lebten eine ewige Ausgangssperre und waren gezwungen, den Ausnahmezustand einzuhalten. Treffen durften wir Frauen uns nur zum Arbeiten, zum Essen, oder um den Versammlungen beizuwohnen, wo wir uns die Predigten von *Onkel* Paul anhören und Strafen erhalten – oder mit ansehen – mussten.

In diesem Moment schien *Tante* Waltraud nicht zu wissen, dass dies ihre letzte Geburt sein würde. Hätte sie es gewusst, hätte sie es vielleicht mehr genossen. Dr. Strätling, mit ihrer üblichen unbeirrten Ernsthaftigkeit, sagte kein Wort zu mir oder zu der Frau in den Wehen. Sie sah genervt und angewidert aus. Es gefiel ihr nicht, dass Frauen Kinder bekamen.

Ich merkte, dass die Schmerzen unerträglich wurden, als sich der geschwollene kleine Körper von *Tante* Waltraud verzweifelt krümmte, aber ohne das leiseste Wimmern von sich zu geben. Die Ärztin hatte sie gewarnt, dass dies weder die Zeit noch der Ort sei, um zu schreien oder zu stöhnen. *Tante* Waltraud zog die Beine an, und Dr. Strätling musste bemerkt haben, dass diese verzweifelten Bewegungen ein Zeichen dafür waren, dass die Wehen in der entscheidenden Phase waren, denn sie gab ihr plötzlich brüllend den Befehl:

„Pressen, Bestie, pressen", und warf sich mit aller Kraft auf *Tante* Waltraud, damit ihr Bauch platzte und das unangenehme Bündel herausflog.

Währenddessen ertrug die Gebärende weiterhin mit unmenschlicher Anstrengung die Schmerzen. Sicherlich wollte sie mich nicht erschrecken oder die anderen Frauen wecken, die in ein paar Stunden aufstehen mussten, um zur Arbeit zu gehen. Auch wollte sie nicht die Kinder in dem Zelt hinter ihr wecken. Sie wollte nicht, dass irgend jemand in der Kolonie erfährt, dass sie die Todsünde beging, einen weiteren Säugling zu gebären, denn es war ein beschämender Moment für sie. Sie schaute nicht einmal auf den kleinen Körper, als er zwischen ihren Beinen herausgezogen wurde. In dieser neuen Realität war der Säugling – wie all ihre anderen Kinder – nicht mehr der ihre, sondern der von *Onkel* Paul und der Gemeinschaft.

Dr. Strätling legte den kleinen, entsetzlich blutigen Körper in ein Tuch gewickelt auf den Tisch und sagte:

„Es ist ein Mädchen!", und griff dann umgehend zwischen die Beine von *Tante* Waltraud und holte Blut und so etwas wie einen gelben Schwamm heraus. Und furchtbare, ekelhafte Klümpchen. An mehr kann ich mich nicht erinnern.

Ich erwachte auf dem Boden liegend und hatte Schmerzen in der Schulter und am Kopf. Dr. Strätling sagte zu mir:

„Steh auf, bevor ich dir einen Fußtritt verpasse."

Ich war kurz vorm Erbrechen, und ich erinnere mich, dass ich aus dem Zelt rannte und mir die Hand vor den Mund hielt, um den Boden nicht zu beschmutzen.

Dr. Strätling erwähnte in dieser Nacht nie, dass *Tante* Waltraud bis vor ein paar Monaten meine Mutter gewesen war.

Den Säugling habe ich nicht gesehen. Auch konnte ich *Tante* Waltraud nicht noch einmal ansehen. Ich sah nur, wie Dr. Strätling mit dem Bündel auf dem Arm vorbeiging, eingewickelt in eine handgestrickte Decke von einer der anderen *Tanten*, die nie Kinder bekommen würde. Die Ärztin kam zurück, um die Instrumente zu holen, die sie verstauen wollte, und sagte zu *Tante* Waltraud:

„Ruhe dich aus, denn morgen ist kein Feiertag", und verließ das Zelt und nahm den kleinen Körper mit, ohne dass *Tante* Waltraud auch nur einen Blick darauf werfen konnte.

In dieser Nacht erinnerte ich mich an die Namen, die wir uns als Familie vor unserer Abreise nach Chile gegeben hatten. Nachdem sie sechs Töchter und nur einen Sohn zur Welt gebracht hatte, träumte meine Mutter in Deutschland davon, dass diese Schwangerschaft mit der Geburt eines kleinen Mannes enden würde. Gott hörte auch hier ihr Flehen nicht. Ich schlief ein und stellte mir vor, dass Dr. Strätling dem neuen Waisenkind bereits einen von *Onkel* Paul ausgesuchten Namen gegeben hatte. Es war mir egal, ob ich seinen Namen kannte oder sein Gesicht in dieser Nacht gesehen hatte.

In diesen frühen Morgenstunden dachte ich, dass dieses Geschöpf vielleicht nie erfahren würde, wer seine Mutter war. Auch nicht, dass es Geschwister hatte. Es würde nur erfahren, dass es drei Väter hatte.

♦

Nachdem *Tante* Waltraud entbunden hatte, beschloss Dr. Strätling, alle unverheirateten Mädchen zu „impfen", die noch nicht begonnen hatten zu menstruieren. Ich kannte die Bedeutung des Wortes und wusste, was mit mir zu geschehen hatte, denn eine Lehrerin hatte es mir in der Schule erklärt, bevor wir nach Chile kamen. Wir hatten auch mit meinen Freundinnen in Deutschland schon darüber gesprochen, weil einige von ihnen diese Erfahrung bereits gemacht hatten. Ich erinnere mich sogar daran, wie *Tante* Waltraud, als sie meine Mutter war, mir einige Details über die Veränderungen erzählt hatte, die ich als Teenager durchmachen würde.

Eines Tages wurden wir ins Krankenhaus gerufen, um die genannte Injektion zu erhalten. Wir wurden in einer langen Reihe aufgestellt, und eine nach der anderen bekamen wir das, was wir für einen Impfstoff hielten. Dr. Strätling wies uns darauf hin, dass dieses Medikament uns vor der „Krankheit" der Menstruation schützen würde. Sie sagte uns, je mehr Jahre wir ohne diese ekelhafte, schmutzige, unanständige Krankheit voller faulendem Blut verbringen würden, desto besser wäre unsere Lebensqualität und unsere Fähigkeit zur täglichen Arbeit.

Die Verabreichung der Substanz wurde bei Mädchen, die noch nie menstruiert hatten, regelmäßig wiederholt. Ältere Mädchen erhielten zusätzlich zu anderen Injektionen Pillen, um ihren Menstruationsfluss zu kontrollieren. Monatlich zu bluten bedeutete, eine schmutzige Frau und unwürdig für Gottes Pläne und die des *Onkel* Paul zu sein. Und dieser schmutzige Blutfluss konnte dich auf einen schlechten Weg führen.

„Ein unanständiger Weg, um Kinder zu zeugen und auch vorzeitige sexuelle Begierden zu haben", so die Worte von Dr. Strätling.

♦

Angelika kam mit demselben Schiff wie meine Familie. Sie verließ Deutschland mit ihrer Mutter und fünf Geschwistern. Ihr Vater war, wie auch unser Vater, in der Alten Welt geblieben, um die Arbeit der Colonia Dignidad aus der Ferne zu unterstützen. Angelika hatte braunes Haar, war schlank und sehr gut gebaut. Sie war eine der schönsten jungen Frauen in der Kolonie, was aber eher ein Nachteil als eine Besonderheit war. Sie war zwei Jahre älter als ich, und von dem Moment an, als wir in Chile ankamen, wusste sie, wie sie das Vertrauen der meisten *Tanten* gewinnen konnte, ebenso wie die Zuneigung von *Onkel* Paul. Für sie war ganz klar, wem sie zu gehorchen hatte, wem sie vertrauen musste und wie sie ohne größere Bestrafung überleben konnte. Von Anfang an durchschaute sie, wer wie einzuschätzen war. Dank dieses geheimen Wissens war sie in der Lage, lange Zeit unter besseren Bedingungen als andere Mädchen in der Einrichtung zu überleben. Leider traf Angelika eine Entscheidung, von der ich sicher bin, dass sie diese oftmals bereut hat: anstatt ihre Seele an den Teufel zu verkaufen, schenkte sie ihren Körper dem Mann, von dem sie glaubte, dass er die Macht hätte, ihr Leben zu verlängern.

Angelika war meine einzige Freundin in der Siedlung. Zumindest würde ich das gerne glauben. Aufgrund des Vertrauens, das sie bei den Verantwortlichen gewinnen konnte, erfuhr Angelika von allen Machenschaften in der Gemeinschaft. Von Anfang an wechselten ihre Aufgaben häufig, was ihr einen klaren Überblick über die Vorgänge in jedem verborgenen Winkel der Kolonie verschaffte. Sie arbeitete in der Reinigung, in der Wäscherei, in den Werkstätten, im Kartoffelschuppen, in der Küche und überall dort, wo Tiere gezüchtet und getötet wurden. Aber am längsten war sie im Krankenhaus tätig. Das war die beste und zugleich die schlimmste Arbeit. Die Arbeit als Schwesternhelferin schützte sie viele Jahre lang, denn sie war Augenzeugin der Aktivitäten in dem Krankenhaus, sowie der Behandlungen und Experimente, die von den Ärzten in diesem Bereich durchgeführt wurden. Angelika wusste viel, und aus diesem Grund und aus vielen anderen Gründen war sie eine ständige Gefahr für die Führungsriege.

Dank Angelika habe ich in der Kolonie überlebt. Und vielleicht hielt sie in vielerlei Hinsicht an ihrer Entschlossenheit fest, weil sie erkannt hatte, dass ihre Stärke das war, was sie retten konnte, während meine Schwäche das war, was sie verlieren ließe.

An einem Ort, an dem man niemandem vertraute, war unsere Freundschaft eine Ausnahme. Oder einfach nur ein Fehler, der uns beide teuer zu stehen kam.

♦

Die Zeit, in der alle Familien in Zelten lebten, verlängerte sich, weil der Bau der Schuppen und unserer Räumlichkeiten viel länger dauerte als erwartet. Diese Arbeit wurde den Frauen, Jugendlichen und Kindern über sechs Jahre überlassen. Die wenigen Männer, die zur Gemeinschaft gehörten, beaufsichtigten die Arbeiten zusammen mit *Onkel* Paul, der dies von weit entfernt erledigte, aus seinem Büro heraus.

Vom ersten Tag in der Kolonie an wurde uns beigebracht, dass Spielen nichts anderes sei als eine Art, wertvolle Zeit zu vergeuden. Und aus diesem Grund hatten wir nie ein Spielzeug. Uns gegenüber wurde ständig wiederholt:

„Das geistliche Leben muss Hand in Hand gehen mit der täglichen Existenz der Arbeit und der Verpflichtung von *Arbeit ist Gottesdienst* (Arbeit ehrt Gott). Wenn du deine Pflichten nicht erfüllst, wird Gott dafür sorgen, dass du sowohl auf der Erde als auch im ewigen Leben bestraft wirst."

Und diese Strafe sollte körperlich und geistig sein, wofür es *Onkel* Paul und die anderen *Onkel* und *Tanten* in der Gemeinschaft gab.

Bei einigen der auferlegten Arbeiten hatten wir wirklich Glück, denn wir konnten uns unter den Geschwistern schon von weitem erblicken, ohne die Aufmerksamkeit der *Onkel* und *Tanten* auf uns zu ziehen. Bei einer meiner Arbeiten fand ich heraus, dass meine neugeborene Schwester Edeltraud hieß. Ich entdeckte es eines Tages, als ich an der Reihe war, die schmutzigen Windeln zu entfernen und saubere wieder zu dem Platz für die jüngsten Säuglinge der Kolonie zu bringen. Ich wusste es, weil über ihrer hölzernen Wiege ein Papierschild mit der Aufschrift E-D-E-L-T-R-A-U-D hing und ich sah, wie *Tante* Waltraud ihr Milch aus ihrer Brust gab. Ich konnte das Neugeborene nicht sehen und auch nicht mit *Tante* Waltraud sprechen.

Die Wochen vergingen, und mehrmals war ich an der Reihe, harte Windeln aus Leinen mit der Hand zu waschen und zu bügeln, aber das Schild mit dem Namen Edeltraud über einer Wiege habe ich nie wieder gesehen. Ich dachte, dass die Zeit, in der die Mütter ihre Babys stillten, vorbei war, und *Tante* Waltraud zu ihrer langen Arbeit auf dem Feld zurückgekehrt war. Oder vielleicht war Edeltraud auch gestorben und auf dem Friedhof der Kolonie begraben worden, wie so viele andere Kinder, die unter der Erde landeten, ohne dass jemand ihr Ende ahnte.

♦

Bevor ich in der Kolonie lebte, hätte ich nie gedacht, dass eine kleine Kamera eine Waffe sein könnte. Ich entdeckte es an dem Tag, als *Tante* Gisela den fünf Schülerinnen an diesem Tag eine persönliche Frage stellte:

„Was ist der mechanische Gegenstand, der eure Aufmerksamkeit am meisten erregt?" fragte *Tante* Gisela. Ich hob meine Hand und antwortete:

„Eine Maschine für Fotos."

Die *Tante* unterbrach den Unterricht, um herauszufinden, ob jemand dieses Objekt in der Kolonie gesehen hätte. Keiner außer mir hatte darauf eine positive Antwort. Ich erzählte ihr, dass ich, obwohl ich seit meiner Ankunft in Chile noch nie fotografiert hatte, eine Kamera besitzen würde, die mir mein Vater in Deutschland geschenkt hatte.

Tante Gisela sprach für den Rest der Stunde über die Gefahren des Fotografierens. Sie erklärte, dass die Kolonie unser Staat und auch unser Heiligtum sei. Niemand durfte wissen, was wir tagtäglich taten, und niemand durfte wissen, was wir besaßen. Sie wiederholte noch einmal, was sie uns immer sagte:

„Ein Teil unseres Erfolgs als Landwirtschafts- und Bildungsgemeinschaft besteht darin, dass wir unser Leben nicht mit der Außenwelt teilen."

Nach den Worten von *Tante* Gisela war jede Information, die als Beweis für unsere Kolonie dokumentiert wurde, eine Gefahr für uns alle, die wir Teil dieser Gemeinschaft waren. Ihre Erläuterungen waren immer ein Echo von *Onkel* Pauls Predigten und trugen dazu bei, Angst zu erzeugen. Beunruhigung. Grauen.

An diesem Tag beendete unsere Lehrerin den Unterricht, indem sie noch einmal auf die Gefahr dieses kleinen Geräts hinwies:

„Eine Kamera kann falsche Bilder erzeugen und uns zerstören. Solche ‚Waffen' sind in unserer Gemeinschaft verboten und dürfen sich nur in den Händen von *Onkel* Paul oder der Führungsriege befinden."

Tante Gisela hatte eine sehr weiße Haut und hellgelbe, verwaschene Haare, wie viele der älteren Frauen in der Siedlung. Ihr Alter war nicht zu erraten, und wir sahen sie nie lachen. An jedem Tag der Woche kleidete sie sich wie alle anderen, in der gleichen hellblauen Uniform. Ihr Haar trug sie hochgesteckt und verbarg es unter einem weißen Kopftuch, als wolle sie verbergen, eine Frau zu sein. Sie war Lehrerin, zufällig und auf Befehl von *Onkel* Paul. Sie hatte weder Kinder noch einen Ehemann. Mit einer verheirateten Schwester und sechs Neffen und Nichten war sie nach Chile gekommen. Einen Teil ihres Lebens widmete sie dem Unterricht an der gemeinsamen Grundschule. Aber mehr als eine Lehrerin war sie die Augen und Ohren des *Onkels* im Klassenzimmer. Eine Art Agentin der Gestapo, der Geheimpolizei in Deutschland während der Nazizeit, wie *Tante* Hilde, aber in der Schule. Sie war dazu bestimmt, uns jede Minute in den Klassenzimmern zu beobachten und dann Geständnisse über unser tägliches Verhalten abzulegen. Alle unsere Gespräche und Fragen behielt sie in ihrem Kopf. Und irgendwie kopierte sie mit akribischer Sorgfalt jedes noch so kleine Detail von dem, was in der Schule vor sich ging, in ihrem Gedächtnis. Alle diese Berichte wurden direkt an *Onkel* Paul und Dr. Strätling weitergeleitet.

Der *Onkel* sagte, die Erziehung der Frauen sei gegen die Grundsätze der *Bibel*. Sie seien für den Dienst an der Familie und am Göttlichen geschaffen, nicht um das bisschen Intelligenz, das sie hätten, mit Studien zu erweitern und sich von Gott abzuwenden. Und aus diesem Grund lehrte *Tante* Gisela wenig. Sehr wenig. Gerade so viel, dass die Frauen die Grundlagen des Lesens, Schreibens, Addierens und Subtrahierens lernten. Absolut nichts weiter. Ironischerweise versuchten wir trotz der gesetzten Grenzen, je weniger sie uns lehrte, umso mehr außerhalb des Unterrichts zu lernen. Wir hatten einen echten Hunger und Durst nach Wissen.

Dank der geschickten Methodik von der Lehrerin Gisela diente meine kleine Fotomaschine als Lernwerkzeug für alle Jugendlichen der Kolonie, Männer wie Frauen. An jenem Nachmittag stand mein Name bei der Mittagsbesprechung als erster auf der Liste der obligatorischen öffentlichen Geständnisse. *Tante* Gisela gestand *Onkel* Paul und der Gemeinschaft, dass ich eine Kamera und zwei Filmrollen in meiner Tasche mit persönlichen Gegenständen versteckt hätte. Vor dem Mittagessen war sie zu dem Gebäude gegangen, in dem sich mein *Zippelhaus* (der von der Führungsriege so benannte Schlafraum der Gemeinschaft) befand, um den Beweis für ihr Geständnis zu erbringen.

Onkel Paul begann mit der Bestrafung. Er rief mich nach vorne vor die Essgruppe und zwang mich, mich neben ihn auf einen Stuhl zu setzen. Zuerst öffnete er die Agfa-Kamera, um die Filmrolle herauszunehmen, die noch die Negative der Fotos enthielt, die ich auf der Reise von Genua nach Valparaíso gemacht hatte. Er zerstörte die Rolle mit den Händen und trat mehrmals sehr wütend auf dem Boden auf sie, um ihr die Macht des Bösen zu nehmen, während er schrie:

„Löscht euch, reinigt euch!"

„Klack, klack, klack, klack!"

Er war wie in Trance und konnte nicht aufhören. Er brüllte weiter mit großer Kraft aus seinen Lungen.

„Kommt heraus, niederträchtige, verfälschte Bilder!"

„Knack, knack, knack, knack!"

Dann nahm er die Kamera in die Hand und hielt sie mit beiden Armen hoch, so dass alle sie sehen konnten, und riefen:

„Ameeennn!"

Er musste das Objekt der Sünde zeigen. Dann posaunte er wie in der Sonntagspredigt aus:

„Dies wird benutzt, um uns zu zerstören. Diese Maschinen werden vom Teufel geschickt, um Lügen über uns zu verbreiten. Um Gott zu besiegen. Um uns in der Hölle verschwinden zu lassen."

Die Schreie von *Onkel* Paul endeten, als die Metallvorrichtung direkt auf meinem Kopf landete. Er hob sie wieder an und schlug sie noch einmal an der gleichen Stelle auf. Der Schmerz war unerträglich, aber *Onkel* Paul hörte nicht damit auf. Mit geschlossenen Augen spürte ich, wie warmes Blut an meiner Stirn herunterlief. Er hörte auf und rief, dass so meine satanischen Gedanken gereinigt würden.

An diesem Tag erklärte er mich zu einer Feindin Gottes, wie so viele andere Frauen in der Kolonie. Aber die Strafe war noch schlimmer. Er warf mir vor, ihn nicht zu lieben. Und *Onkel* Paul nicht zu lieben, war die am meisten verurteilte Sünde, sowohl in der Gemeinschaft als auch auf der Erde und im Himmel.

Der *Onkel* legte die Maschine und die schwarz-weißen Rollen beiseite. Bevor er mich zum letzten Mal ohrfeigte, sagte er mir, dass ich nie wieder Zugang zu einer Kamera haben und fotografieren würde, solange er lebe.

Das war die erste Nacht, in der ich mit der Agfa meiner Fantasie zu fotografieren begann. Jedes einzelne dieser Bilder ist in das Album meiner Erinnerungen eingraviert.

„Klick! – Das Blut, das meine Augen bedeckt."

„Klick! – *Tante* Waltraud, die zum Himmel schaut und in die Hände klatscht, genau wie die anderen."

♦

Onkel Paul und die anderen männlichen Anführer beschlossen, dass unsere Gemeinschaft den Namen *Sociedad Benefactora y Educacional Dignidad* (*Wohl-*

tätigkeits- und Bildungsgesellschaft Würde) tragen sollte. Sie befahlen uns Frauen, das große Schild anzufertigen, das wir zusammen mit den Kindern am Eingang der Siedlung aufhängten.

Mit der Fertigstellung mehrerer Gebäude und der endgültigen Namensgebung für die Siedlung begann ein weiteres der vielen Kapitel unserer Geschichte. Wir lebten nicht mehr in Zelten, sondern in festen und dauerhaften Wohnhäusern. Und von einer Gruppe ausgewanderter Gemeindemitglieder wurden wir bald zu Mitgliedern eines kleinen, starken und unabhängigen Staates innerhalb des Staates Chile.

Um die Parameter des neuen Staates zu sichern, verbrachten wir Wochen und Monate damit, Betonpfosten zu errichten, um die Fläche der Colonia Dignidad abzuriegeln. Hunderte von Pfosten – oder vielleicht Tausende? *Onkel* Paul wollte uns vor den diebischen und unverschämten Chilenen schützen; er sagte uns, dass wir deshalb Stacheldrahtzäune zwischen den Pfosten verlegen sollten. Die Männer des Sicherheitstrupps fügten dem Zaun Hochspannungsstrom hinzu. Für die Frauen war es eine Arbeit, die Überstunden erforderte, Tag und Nacht. Oft vierundzwanzig Stunden ohne Pause. Sie musste bald fertiggestellt sein, um uns vor den Bewohnern von Parral und anderen nahe gelegenen Orten zu schützen. Diese Bauern, Ketzer und Fremde, könnten kommen und uns unsere Tiere, Lebensmittel und alles, was wir uns hart erarbeitet hatten, wegnehmen. Außerdem sagten sie uns, dass jene kommen könnten, um die weißen, fleißigen, blonden, reinen und unschuldigen deutschen Frauen zu entführen – oder zu vergewaltigen –, die für die Chilenen begehrenswerter seien als ihre eigenen übelriechenden, faulen, sündigen, dunkelhäutigen Frauen.

Onkel Paul entschied, dass der Elektrozaun nicht ausreichen würde. Aus diesem Grund bekamen wir aus Deutschland geheime Kameras und Scheinwerfer, die sich bei der kleinsten Bewegung automatisch einschalteten. Die Wachposten, welche die Siedlung Tag und Nacht bewachten, trugen leistungsstarke Ferngläser und Kameras mit Teleobjektiven, die das noch so weit Entfernte nah heranbrachten. Auch stellten sie Geräte mit Infrarotlicht auf, die Wärme von Körpern erkennen konnten, wenn sie sich im Dunkeln bewegten. Und vielleicht sogar zwischen Tieren und Menschen unterscheiden, obwohl der Befehl, auf den Körper zu schießen und ohne Rücksicht zu töten, bei beiden derselbe war. Wir mussten uns vor der Ansammlung von Menschen draußen schützen, vor allen, ohne Unterschied: Chilenen, Bauern, Katholiken, Juden oder Kommunisten. Das lag nicht nur an der Gefahr, die sie für uns darstellten, sondern auch daran, dass sie im Grunde neidisch auf uns waren.

Abgesehen von dem – sichtbaren – Zaun mit den Betonpfosten verlegten wir versteckt unter der Erde Kupferkabel mit hoher Spannung. Diese Drähte waren mit Sensoren ausgestattet, die beim Betreten einen Alarm in der Gemeinschaft auslösten und den Dieb mit einem Stromschlag töteten. Die Sicherheit erstreckte sich gleichzeitig auch auf die Gebäude. Die Türen und Fenster der Wohnhäuser waren mit gepanzerten Systemen ausgestattet und alles war kugelsicher. Damit waren wir darauf vorbereitet, uns einzuschließen und uns im Falle einer Invasion aus dem In- oder Ausland zu schützen. Ein Angriff konnte jeden Tag erfolgen, wie es uns im Krieg in Deutschland widerfahren war.

Der elektrische Zaun, die versteckten Drähte, die Kameras und die Scheinwerfer waren nicht genug. Ich war erst etwas beruhigt, als ich erfuhr, dass wir auch Schusswaffen hatten. Leistungsstarke Kampfmittel, denn man weiß nie, über welches Arsenal der Gegner verfügt. Besonders bei diesen Wilden, die so anders waren als wir.

Nicht alle, vor allem nicht die Frauen und Jugendlichen, waren über die Einzelheiten der großen Fortschritte in unserer Gemeinschaft informiert. Wie in jedem System einer Gemeinschaft musste es von Anfang an verschiedene Ebenen der Macht geben. In unserer Kolonie begann der Rang mit den Ältesten. *Onkel* Paul beschloss, dass innerhalb dieser Rangordnung an erster Stelle einige wenige Männer die Anführer (die Führungsriege) sein sollten. Es waren diejenigen, die über die größte Intelligenz, die beste Vorbereitung und vor allem die beste Vision für das monumentale Projekt verfügten. Neben diesen Fähigkeiten sollten sie darüber hinaus die makabren Einfälle von *Onkel* Paul unterstützen, ohne ihm jemals zu widersprechen. An zweiter Stelle stand eine sehr begrenzte Gruppe von drei oder vier Frauen, Ehefrauen einiger der Anführer, und andere Fachkräfte mit medizinischer Spezialisierung, wie Dr. Strätling und die Krankenschwestern Heike und Ingrid. Sie waren die „Verbündeten“ und die unbedeutenden, aber unverzichtbaren Glieder in den Ketten der Macht. Und obwohl die Anführer sie nicht für so brillant hielten wie ihre Ehemänner, unterstützten sie ihre Aktivitäten, da diese Frauen sehr genau wussten, wie sie die anderen Frauen kontrollieren konnten, so dass alle mit ihrer Arbeit und ihrer totalen Hingabe als Sklavinnen dem Erfolg der Mission dienten. Diese auserwählten Männer und wenigen Frauen waren die Führungsriege, die den kleinen Staat, den die Colonia Dignidad bildete, regierte und kontrollierte. Dann kamen die Arbeiterinnen, die die Mehrheit der Bewohner der Siedlung ausmachten. Sie waren es, die mit ihren Schultern, Beinen und Händen an der vordersten Front der Produktion arbeiteten, stumm und kontrolliert von den Männern, denen sie immer dienten. Am Ende kamen die Knaben und Jugendlichen mit ihren eigenen Hierarchien. Diese Ränge wurden von *Onkel* Paul selbst je nach seinen Vorlieben vergeben. Die Älteren, die *Sprinter* genannt wurden, hatten die Aufgabe, die Jüngeren zu kontrollieren und zu bestrafen, und sie selbst wiederum wurden vom *ewigen Onkel* bestraft, wenn sie ihn nicht glücklich machten.

Meine leibliche Mutter hatte das Glück, von Anfang an in der Nähe von *Onkel* Paul zu sein. Obwohl sie keinen Beruf hatte, der gebraucht wurde, erlangte sie in den ersten Monaten eine gute Position. Es war keine Führungsposition, aber dennoch wichtig genug, um gewisse Privilegien zu haben. Geheimnisse zu hören, Zugang zu offiziellen Informationen zu haben und Augenzeuge von vielem zu sein, was sie sicher – davon bin ich überzeugt – lieber nicht gesehen hätte. Dieses Privileg wurde ihr seinerzeit von *Onkel* Paul gewährt, weil sie die Frau meines Vaters, seines Partners, war. Im Laufe der Jahre lernte sie, dieses Privileg zu nutzen, ohne zu wissen, was die Zukunft ihr bringen würde.

♦

Seit unserer Ankunft in Chile haben sich die von *Onkel* Paul auferlegten Regeln täglich geändert. Als die ersten Gebäude fertiggestellt waren, wurden die neuen Häuser mit strengen Beschränkungen zugeteilt. Die Jungen waren von ihren Eltern getrennt untergebracht, weil sie in der Obhut von *Onkel* Paul waren. Ohne seine Hilfe und die der *Sprinter* wäre die Betreuung und religiöse Erziehung der Jungen nicht möglich gewesen, stellte *Onkel* Paul immer wieder klar. Die Jungen und die *Sprinter* waren immer in seiner Nähe, schliefen sogar in seinem Zimmer, mit ihm im Bett, oder in einem Bett neben ihm. Und sie wurden von *Onkel* selbst gebadet, in den Duschen, die sich im Keller befanden. Kein Kind oder Jugendlicher konnte allein duschen. Wenn der *Onkel* keine Zeit hatte, sie zu baden oder ihnen beim Baden zuzusehen, konnten sie wochenlang ohne sich zu duschen verbringen. Er erlaubte ihnen, sich nur teilweise am Waschbecken zu waschen, nicht aber in den Duschen. Sie waren gezwungen, den Bereich zwischen Bauch und Schenkeln zu meiden. Das Einseifen von After, Penis und Hoden wurde von *Onkel* Paul untersagt. Dieser Bereich war für sie tabu, aber nicht für *Onkel* Paul, der das Baden als religiöses Ritual betrachtete. Nur er konnte sie in diesem Bereich gut einseifen, denn so konnte er sie daran gewöhnen, die Neigung sich zu berühren und so zu sündigen abzuwehren, wenn sie allein waren.

Säuglinge, die noch nicht laufen konnten, wurden in Krippen untergebracht und von einer anderen Gruppe von *Tanten* betreut. Diese übernahmen innerhalb weniger Stunden nach der Geburt die Verantwortung für die Geschöpfe, nachdem sie ihren Müttern aus den Armen genommen worden waren. Keine Frau hatte Zeit, sich um ihre Kinder zu kümmern oder sie zu erziehen. Dieser Bereich wurde aber bald geräumt, denn kurz nach unserer Ankunft in der Colonia Dignidad wurden keine Kinder mehr geboren.

Die Männer schliefen in einem Bereich und die Frauen in einem anderen. Die Predigten von *Onkel* Paul lehrten uns die von unserem Schöpfer auferlegte Disziplin. Wir lernten, dass die Ausübung sexueller Handlungen, selbst zwischen verheirateten Paaren, unerwünscht war. Sexualität war eine ständige Herausforderung, die Satan an uns herantrug, um uns zur Sünde zu verleiten. Das Monster wollte uns wieder in seine Fänge locken, um das Unreine zu einem vorübergehenden, sündigen Vergnügen zu machen. Teil des täglichen Opfers war die Kontrolle des Körpers und der sexuellen Begierden.

Die Eheleute trennten sich, mit der einzigen Ausnahme von zweien oder dreien, die zur Führungsriege unserer Gemeinschaft gehörten und *Onkel* Paul nahestanden. Sie hatten ihre eigenen privaten Räume und einige Privilegien. Zum Beispiel einfache Schlafräume mit zwei bescheidenen, aber privaten kleinen Betten.

Ich konnte einige dieser Zimmer sehen, als ich ein Teil der Reinigungsgruppe war. Den Ehepaaren, die zusammenlebten, war es wie allen Mitgliedern unserer Kolonie auch verboten, Sex zum Vergnügen zu haben. Sie konnten nur physisch zusammen sein:

„Aber das gibt ihnen nicht das Recht, zu sündigen, die Lust zu missbrauchen und sich von satanischen Kräften beherrschen zu lassen", sagte *Onkel* Paul.

Um zu verhindern, dass Paare, die private Räume miteinander teilten, in den abscheulichen Schmutz der Sünde des Fleisches verfallen, verordnete der *Onkel* totale Enthaltsamkeit. Und um sicherzustellen, dass niemand gegen diese Regel verstößt, beschloss er, dass die Fortpflanzung in der Kolonie und damit auch unter den Eheleuten verboten war. Um die Enthaltsamkeit weiter zu kontrollieren, wurde jede Methode der Empfängnisverhütung unter den Eheleuten abgeschafft.

Als ich *Onkel* Paul in jenen Jahren in seinen nächtlichen Predigten zum ersten Mal über Sex sprechen hörte, dachte ich an das Leben, das mein Vater und *Tante* Waltraud geführt hatten, bevor wir nach Chile kamen. Ich zweifelte an den früheren Lehren und spürte das Gewicht der Sünde auf meinen Eltern. Ich erkannte, wie sehr ich getäuscht worden war, als wir mit ihnen die *Bibel* lasen und auslegten. Die Worte des *Onkels* beschämten mich. Mein Vater hatte immer gepredigt, dass die *Bibel* uns klar sage, dass Gott Mann und Frau geschaffen habe, um sich in einem Fleisch zu vereinen. Um einander als Ehepartner Freude zu bereiten und Kinder zu bekommen:

„Seid fruchtbar und mehret euch", hatte Gott nach der Lehre meines Vaters gesagt.

Aber all die Lesungen der *Bibel*, die ich zuvor gehört hatte, all die Predigten meines Vaters oder anderer Pastoren hatten keine Bedeutung mehr, nachdem ich die Worte von *Onkel* Paul gehört hatte.

In jenen Jahren war ich voller tiefer Verwirrung. Ich war besessen von den Sünden meiner Eltern, ohne überhaupt zu wissen, wie genau Babys gemacht werden und was Sex eigentlich ist. Dennoch kam ich zu dem Schluss, dass meine Eltern Sünder waren. Sie waren, wie so viele Paare, schmutzige Hurenböcke, wie *Onkel* Paul zu sagen pflegte. Sie wussten Gottes Wort nicht zu ehren. Und sie hatten mindestens jedes Mal gesündigt, wenn meine Mutter schwanger geworden war.

Diese sexuellen Laster führten dazu, dass sie zu viele Kinder bekamen. Und diese Kinder blieben verstreut in der Kolonie in der Obhut der *Onkel* und *Tanten*, welche die Kraft hatten, nicht zu heiraten und frei von der Sünde des Körpers und des Kinderkriegens zu leben. In meinen ersten Jahren in der Colonia Dignidad dachte ich, dass solche Menschen, wie auch *Onkel* Paul – und nicht meine Eltern – von unserem himmlischen Vater auserwählt waren, um in den Himmel zu kommen.

♦

In diesen frühen Tagen der Organisation lernten wir, oder wurden darauf programmiert zu glauben, dass Privatsphäre dich zur Sünde führen kann, und dass du in diesem Bereich der Bosheit dein Seelenheil verlieren kannst. Um uns von der Intimsphäre fernzuhalten, wurden nur öffentliche Räume geschaffen, in denen wir alle zu jeder Minute des Tages und der Nacht im Blickfeld der Gemeinschaft waren. Niemand durfte allein sein, es sei denn, er wurde bestraft, in einen Bunker im Untergrund verbannt, oder in einen Raum des Krankenhauses gesperrt, wenn er von Dr. Strätling behandelt wurde.

Die Bäder, abgesehen von den privaten im Keller, die *Onkel* Paul mit den Jugendlichen und Kindern benutzte, hatten nur Duschen, und alle waren offen.

„Türen sind nicht notwendig", sagte *Tante* Hilde. „Wozu auch? Um in dieser Einsamkeit in Versuchung zu geraten? Damit Männer und Frauen in Sünde verfallen, sich heimlich gegenseitig Vergnügen zu bereiten?"

Jedes Mal, wenn ich diese Worte hörte, versuchte ich mir vorzustellen, von welchem Vergnügen *Tante* Hilde sprach: Welches Vergnügen konnte eine Frau mitten im Winter empfinden, wenn ihr bei einer schnellen Dusche im Morgengrauen eiskaltes Wasser über Kopf und Rücken lief?

Es war verboten, die Badezimmertüren zu schließen. Nichts Biologisches und Natürliches sollte geheim sein.

„Gibt es irgendein Tier, das sich verstecken muss, um sich zu erleichtern? Warum wollt ihr es so versteckt tun?" fragte uns *Onkel* Paul immer.

An keinem privaten Ort konnten wir uns aus- oder anziehen. Wir Frauen sahen gegenseitig unsere Körper im *Zippelhaus* und in den Duschen und wussten, wie wir mit oder ohne Kleidung aussahen. Auf diese Weise konnten die leitenden Frauen die verheirateten Frauen beobachten und sehen, ob sie schwanger waren. Auch konnten sie so kontrollieren, ob die unverheirateten Frauen über vierzig zu den festgelegten Terminen noch ihre Menstruation hatten und mit diesen großen Tüchern versteckt zwischen den Beinen herumliefen. Auf diese hatten sie ein besonderes Auge, um schriftlich – mit genauen Daten – zu bestätigen, ob sie sich den Wechseljahren näherten und sie somit verheiratet werden könnten.

Die Mahlzeiten wurden im Speisesaal für die gesamte Gemeinschaft serviert, wobei die von *Onkel* Paul vorgeschriebenen Abstände eingehalten wurden. Die Männer auf einer Seite und die Frauen auf der anderen. Die Mädchen an den vorderen und die Jungen an den hinteren Tischen. Und die Kinder abseits, wie eine Schafherde, immer von ihren *Tanten* beaufsichtigt. Ich beobachtete meine Geschwister bei den Mahlzeiten aus der Ferne. Am Anfang war es eine düstere Zeit, aber ich gewöhnte mich daran, weil ich dachte, dass dies die kleinsten Opfer waren, die Gott mir auferlegte. Ich muss allerdings gestehen, dass ich manchmal gutherzig sündigte und die Regeln brach. Ich suchte sie in der Gruppe der Kinder und versuchte dabei, keinen Verdacht zu erregen. Ich schaute sie ein paar Sekunden lang von der Seite an, ohne dass sie es bemerkten. Es wäre als Boshaftigkeit gedeutet worden, wenn einer von ihnen mich als seine Schwester wiedererkannt hätte.

Im Speisesaal versuchte ich mehrmals, *Tante* Waltraud in die Augen zu sehen, um herauszufinden, ob sie mich immer noch wie eine Tochter liebte. Nie drehte sie sich um und sah mich an. Ich kam zu dem Schluss, dass sie mich und ihre sieben anderen Kinder aus Liebe oder Angst vergessen hatte. Den wahren Grund habe ich nie erfahren.

Ich war oft erstaunt darüber zu sehen, wie die *Tanten* meine Geschwister und die anderen Kinder unter sieben Jahren behandelten. Einige wurden an den Haaren hochgezogen und mit Peitschenhieben und Fußtritten aus dem Speisesaal geworfen. Anderen wurde der Teller weggenommen, noch bevor sie zu essen begannen. Auf diese Weise ließ man sie das Essen sehen, um sie hungriger zu machen, und ließ es dann verschwinden, damit sie die Strafe deutlicher spürten. Und oft sah ich sie dasitzen und auf einen leeren Teller starren, während die anderen Kinder Teller mit Essen vor sich hatten. Später erfuhr ich, dass dies eine Art Pein war, die *Onkel* Paul für die Kinder einrichtete, die sich ihm gegenüber die Nacht zuvor schlecht benommen hatten.

Im Laufe der Jahre versuchte ich mich daran zu gewöhnen, mit körperlichen und seelischen Schmerzen bestraft zu werden, und auch zu sehen, dass meine Geschwister auf die gleiche Weise gezüchtigt wurden. Ich wollte mich selbst davon überzeugen, dass wir es verdient hatten. Und während dieser Zeit kam ich zu der Überzeugung, dass der einzige Weg, uns zu wahren Kindern Gottes zu erziehen, darin bestand, uns die strafende, schmerzhafte religiöse Erziehung zukommen zu lassen, die wir bräuchten und nie zuvor erhalten hatten.

♦

Um uns von der Welt außerhalb der Kolonie zu trennen, wurde uns das Lesen verboten, und wir wurden aufgefordert, alles Geschriebene abzugeben, auch Zeitschriften, die einige Frauen aus Deutschland mitgebracht hatten. Das alles waren neue Befehle von *Onkel* Paul. Das Verbot erstreckte sich auch auf alle Kommunikationsmittel. Niemand durfte Zugang zu Radio und Fernsehen haben. Wir waren von der Informationswelt abgeschnitten, sobald wir in Chile ankamen. Zunächst war ich von dieser Anordnung nicht sehr betroffen, da ich kein Spanisch sprach und mir die speziellen Mitteilungen, die wir täglich auf Deutsch erhielten, ausreichten. Es waren Nachrichten über unser Land, die Welt und sehr wenig über Chile, die *Onkel* Gerd auf Deutsch vorbereitete. Er war unter anderem der „Reporter" der Gemeinschaft. Seine Aufgabe war es, die Nachrichten zu lesen und zu hören und eine schriftliche Zusammenfassung der wichtigsten Informationen zu geben. Alles, was wir wussten, stammte aus seinen Nachrichtenbulletins. *Onkel* Gerd war ein ernster und zurückhaltender Mann. Er hatte in Deutschland Literatur studiert und einen Doktortitel in Literaturwissenschaft. Zusätzlich zum Journalisten, galt er als der einzige gebildete Intellektuelle und Autor in der Kolonie. Er sprach mehrere Sprachen und konnte Nachrichten aus den Medien der ganzen Welt übersetzen. *Onkel* Gerd war einer der ersten Colonos, die mit *Onkel* Paul nach Chile gekommen waren. Die Mitglieder der Gemeinschaft sahen *Onkel* Gerd nur bei den Informationsveranstaltungen und in den Büros der Korrespondenz. Die einzige Person, die täglich Kontakt mit ihm hatte, war der *Onkel*, denn sie trafen sich, um die Mitteilungen durchzugehen, bevor diese an die anderen Mitglieder der Kolonie weitergegeben wurden. Der *ewige Onkel* entschied, was *Onkel* Gerd uns erzählte, und was verschwiegen wurde.

Aus den – autorisierten – Nachrichten, die uns *Onkel* Gerd weitergab, erfuhren wir, dass 1963 ein US-Präsident, John F. Kennedy, ermordet worden war. *Onkel* Paul erzählte uns, dass es sich um ein kommunistisches Komplott handelte, das von der US-Mafia und der Sowjetunion organisiert worden war. In dieser Zeit erfuhren wir auch, dass der Kommunist Mao für seine *Kulturrevolution* in China kämpfte und dass diese Bewegung auch Chile und die Kolonie erreichen könnte. Und ich glaube, dass wir in diesen Jahren auch erfuhren, dass es eine Gruppe verrückter Engländer mit langen Haaren (wie bei den Frauen) gab, die sich The Beatles nannten. Diese Männer sangen Lieder, die junge Menschen auf der ganzen Welt verrückt machten und sie inspirierten, Alkohol zu trinken, sich mit Sex Vergnügen zu bereiten und Drogen zu nehmen. Und auch zu rauchen. Sie erzählten uns viel über das Verderben, das in jenen Jahren durch den Einfluss dieser langhaarigen Atheisten mit oben enganliegenden Schlaghosen zu sehen war. Besonders von einem von ihnen, der sich John nannte und mit einer kommunistischen, freizügigen Asiatin namens Yoko verheiratet war. Diese Frau brachte ihn dazu, nackt Drogen zu rauchen und den ganzen Tag lang in der Öffentlichkeit Geschlechtsverkehr zu haben.

Inmitten dieser schrecklichen weltweiten Nachrichten durften wir anfangs noch in den wenigen besonderen alten Zeitschriften blättern, die in dem kleinen Raum aufbewahrt wurden, den sie Bibliothek nannten. Diese Zeitschriften waren von *Onkel* Gerd „gesäubert" worden, der die Anweisung hatte, den verführerischen Teil herauszuschneiden und nur die Abschnitte übrig zu lassen, die für unsere religiöse Ausbildung und Disziplin nützlich sein konnten. In die leeren Stellen wurden Bilder des ersten Jesus Christus und Strick- oder Stickmuster geklebt. Ich erinnere mich, dass ich bei meinem einzigen Besuch in der Bibliothek eine Ausgabe unserer Zeitschrift *Burda* aus dem Jahr 1960 fand, die wir aus Deutschland mitgebracht hatten. Fast alle Seiten waren herausgeschnitten. Sie enthielten nur ein paar Beispiele für Stick- und Häkelarbeiten aus anderen Zeitschriften, die über die

Bilder von Frauen geklebt waren, die ich mir in schönen Kleidern vorstellte. Nach ein paar Jahren war es dann den Frauen verboten, die Bibliothek zu besuchen.

Onkel Paul hatte ein Radio und einen Fernseher in seinem privaten Bereich. Er sagte, er müsse über die Geschehnisse in Chile und in der übrigen Welt informiert sein, um uns zu schützen. Auch hatte er Zugang zu vielen Büchern und Zeitschriften, um sich weiterzubilden, wie mir meine Freundin Angelika erzählte. Diese Informationszentren, die er unterhielt, waren Teil seiner täglichen Verantwortlichkeit. Es war seine Verpflichtung, sich über Wirtschaft, Handel und Politik zu informieren und vor allem täglich in der *Bibel* zu lesen. Er musste vorbereitet sein und die Aktivitäten der Gruppen, die gegen unsere Gemeinschaft waren, genau kennen, um unsere Verteidigung organisieren zu können.

♦

Niemand, der mich in Deutschland gekannt hatte, hätte mich wiedererkannt, nachdem ich in Chile lebte. Von dem kleinen Mädchen, das schöne, fröhliche und saubere Kleidung trug, blieben nur noch meine Uniform und Unterwäsche. Notwendige Kleidungsstücke zum Tragen, die nur einmal in der Woche gewaschen und an den folgenden sieben Tagen wieder angezogen wurden. Immer das Gleiche. Erzwungene Wiederholung. Die Idee des *Onkels* war, dass der Unterschied zwischen den jungen Mädchen und den älteren, und zwischen dem Körperbau der Frauen und dem der Männer nicht zu sehr auffallen sollte.

Die tägliche Kleidung war für alle auf die gleiche Art und Weise und in der selben Farbe, wie bei jeder anderen Uniform auch. Dieses Detail machte uns alle gleich. Auch war es sehr wichtig, das Hervortreten der Brüste zu verbergen, denn der *Onkel* hasste sie. Deshalb geboten sie uns, den ganzen Umfang unserer Brüste zusammenpressen, bis sie verschwunden waren. Ich kann mich nicht daran erinnern, dass ich jemals gespürt habe, wie meine Brüste wuchsen, denn ich musste sie so zusammendrücken, dass sie sich auf meinem Brustkorb nicht mehr abzeichneten und sich mit meinen Rippen verbanden. Am Ende habe ich sie wohl verloren, und mein Körper wurde zu einer rechteckigen Masse aus Fleisch und Knochen. Wären da nicht die langen Haare und das Kleid gewesen, hätte man meinen Körper mit dem eines Mannes verwechseln können. Frauen durften nie wegen ihrer anatomischen Form wahrgenommen werden. Es wurde uns gesagt, dass diese „groteske weibliche Erscheinung“ mit hervorstehenden Brüsten und aufgerichteten Brustwarzen, einer schmalen Taille und einem hohen Gesäß die Männer zur Sünde verleiten könnte.

Die Wäsche wurde in einer speziellen Wäscherei gewaschen, zu der nur die für diese Wäscherei verantwortlichen Frauen und eine leitende *Tante* Zutritt hatten. Sie waren dafür verantwortlich, die Wäsche zu untersuchen, um festzustellen, ob jemand gesündigt hatte. Als ich an der Reihe war, in dieser Wäscherei zu arbeiten, beobachtete ich, wie die Verantwortliche der Schicht – mit einer großen Lupe und äußerster Sorgfalt – die Unterwäsche der Jugendlichen und der Frauen auf Anzeichen von, wie sie sagte, möglicherweise lüsternen sexuellen Aktivitäten untersuchte. Mit der gleichen übertriebenen Aufmerksamkeit untersuchte sie auch andere Kleidungsstücke auf verschiedene sexuelle Sünden. Dieser Teil war mir in jenen Jahren nie ganz klar, denn ich konnte mir nicht vorstellen, von welchen Aktivitäten die *Tante*, die für die Wäscherei zuständig war, und die Wäscherinnen sprachen. Was für Aktivitäten zeichneten sich auf der Kleidung ab? Nach der Arbeit in der Wäscherei hatte ich Alpträume, dass ich für das bestraft werden könnte, was die *Tanten* auf meinem Kleid oder meiner Schürze oder im getrockneten Urin in meiner Unterwäsche finden könnten.

In den Wintermonaten trug ich jahrzehntelang eine blaue Jacke, die mir meine Eltern in Deutschland vor der Abreise gekauft hatten. Sie war dick und schwer. Die Frauen der Nähwerkstatt vergrößerten sie mehrmals. Diese marineblaue Jacke begleitete mich immer auf dem Feld und in der Gemeinschaft. Sie war eine weitere meiner Verbindungen zur Vergangenheit. Wenn du nicht einmal deinen eigenen Körper besitzt, gibt dir jeder persönliche Gegenstand aus der Vergangenheit Hoffnung auf eine Rückkehr. Wenn du an einem Ort lebst, an dem du niemandem trauen kannst, wird etwas so Einfaches wie eine alte Jacke zusätzlich zu den Gedanken an die Rückkehr lebendig und wie zu einem menschlichen Wesen. Du sprichst mit ihr, wenn du alleine bist, du streichelst sie, du nimmst ihren Geruch auf und liebst sie insgeheim. Für mich war diese blaue Jacke das einzige Familienmitglied, das mir noch geblieben war.

Die Kinder hatten ebenfalls nur ein Wäschestück. Sie waren in typisch deutsche Garderobe gekleidet. *Onkel* Paul wollte diese traditionellen Details bewahren, besonders bei seinen Knaben. Sie waren zwar in Chile, aber waren immer noch deutsch. Der *Onkel* sagte, das würde sich nie ändern.

Die einzigen, die mehr Kleidung (und Schuhe) hatten, waren die Führungsriege und *Onkel* Paul. Für ihn wurden in der Nähwerkstatt Hemden und Anzüge gefertigt. Er mochte weiße Hemden aus bester Baumwolle. Sein Sinn für Perfektion in der Kleidung war maßlos. Seine Anzüge für den Winter wurden von den Schneiderinnen aus einer speziellen Wolle angefertigt, die in Chile in einer Fabrik mit dem Namen Paños Bellavista Tomé hergestellt wurde. Die Anzüge für den Sommer wurden aus feinstem Leinen angefertigt, das aus Europa kam. Er sagte uns, dass er sich tadellos kleiden müsse, weil er das Gesicht nach außen unseres Staates sei. Für ihn gab es nur das Beste, immer. Ich habe nie den blendenden Glanz seiner schwarzen Lacklederschuhe vergessen, die wie bewegliche Spiegel waren, wenn er die Sünderinnen der Kolonie mit Fußtritten bestrafte.

♦

Den Predigten von *Onkel* Paul zufolge hatte niemand das Recht, Post zu senden oder zu empfangen, die vorher nicht von ihm oder der Führungsriege der Kolonie geprüft worden war. Aus diesem Grund richtete er ein sorgfältig kontrolliertes internes Postsystem ein. Jede Nachricht musste die Gruppe um *Onkel* Gerd, dem intellektuellen Mentor, und *Tante* Ursula, der Frau des mächtigen *Onkel* Dieter, durchlaufen. Beide standen unter der strengen Kontrolle von *Onkel* Paul. Sie überprüften mit äußerster Sorgfalt, was mit der Post im Staat ankam und was ihn verließ. Falls sie Material gegen unsere Überzeugungen beinhaltete, wurde es einfach weggeworfen, ohne den Adressaten über die Entscheidung zu informieren. Und wenn die Briefe nur einige verbotene Teile enthielten, wurden diese Abschnitte mit einer Schere herausgeschnitten, der Rest wurde dem Colono wie eine Papiervorlage für Scherenschnitt übergeben. Für den Zustand, in dem die Schreiben zugestellt wurden, gab es nie eine Erklärung. Viele Personen bekamen nie Briefe von ihren Familien oder Freunden. *Onkel* Paul erklärte, dass das Fehlen von Briefen darauf zurückzuführen sei, dass die Verwandten uns vergessen hätten, weil wir den von Gott für uns gewählten Weg gehen würden. Er sagte, dass auch für unsere Colonos die Zeit gekommen sei, die Verwandten und Freunde in Deutschland aus ihren Gedanken zu streichen und ihnen nicht mehr zu schreiben. Ich bekam nie einen Brief von Gürten überreicht. Und den einzigen, den ich versucht habe, ihm zu schicken, habe ich teuer bezahlt.

Auch die Pakete und Päckchen, die uns aus Deutschland erreichten, wurden in unserem Postamt geöffnet. Der Inhalt kam nie bei dem Empfänger an, weil diese Geschenke für den zukünftigen Bedarf der Gemeinschaft aufbewahrt werden mussten.

„Nichts gehört jemandem Bestimmten. Alles gehört allen“, pflegte *Onkel* Paul zu sagen.

Briefe zu verschicken war fast unmöglich. Um sie zu schreiben, musste im Voraus um Papier gebeten werden, und dann gab es nur ein Blatt Papier für ein kurzes Schreiben. Papier war ein lebensnotwendiger Gegenstand, wie so viele andere Dinge, die kontrolliert wurden. Aber wenn es aus purem Glück gelang, die kurze Mitteilung und den Umschlag fertig zu bekommen, musste der Brief dem *Onkel* und seiner Gruppe übergeben werden, damit sie ihn lesen, genehmigen und korrigieren – oder ablehnen – konnten. Die endgültige Billigung, mit oder ohne Änderungen, haben wir nicht gesehen. Und auch von der Ablehnung erfuhren wir nichts. Wir mussten einfach nur auf die Entscheidungen von *Onkel* Gerd und *Tante* Ursula bei dem Postamt vertrauen und akzeptieren. Aber vor allem mussten wir die „weise“ Zensur von *Onkel* Paul akzeptieren.

Mit der Zeit gewöhnt man sich an alle Arten von Zensur. Schon früh in meinem Leben in der Gemeinschaft lernte ich, Briefe an meinen Vater zu schreiben, als ob ich vor den Colonos stünde und laut zu ihnen sprechen würde. Ich erzählte ihm nur Dinge, die jeder wissen konnte. Ich sprach nicht über meine Gedanken, meine Sünden, Träume oder Fantasien. Und es wäre mir nie in den Sinn gekommen, ihm die Wahrheit darüber zu sagen, was in der Kolonie vor sich ging. Ich lernte, mit meinen eigenen begrenzten Schreibfähigkeiten, die ich besaß, die Briefe zu verfassen, und sprach in höchsten Tönen von *Onkel* Paul und all den vermeintlichen Wundern des täglichen Lebens. Ich übergab einige Briefe an meinen Vater und meine Großeltern, habe aber nie erfahren, ob sie die Colonia Dignidad verlassen haben. Der Brief, den ich an Gürten schrieb, wurde nie abgeschickt, das weiß ich. Von meinem Vater erhielt ich in jenen Jahren nur ein paar Briefe, stark korrigiert und mit vielen ausgeschnittenen Stellen. Das störte mich nie, denn ich wusste, dass es zu meinem Schutz war. Alles, was ich wissen musste, war, dass mein Vater lebte und dass wir uns eines Tages in Chile oder in Deutschland wiedersehen würden.

♦

Ich kämpfte gegen meine Gedanken an und versuchte, mir alles einzuprägen, was von mir in der Colonia Dignidad zu glauben gefordert wurde, denn ich hatte etwas versprochen und eine Verpflichtung meinen drei Vätern gegenüber. Aber das Körperliche unterscheidet sich sehr vom Geistigen, und obwohl ich eine starke junge Frau war, wie alle anderen, die in der Gruppe lebten, kommt auch Hartnäckigkeit an ihre Grenzen, und darum zu kämpfen, die Funktionen des Körpers zu kontrollieren, war extrem schwierig.

Das erste, was ich kontrollieren musste, war das Bedürfnis, auf die Toilette zu gehen. Die Frauen durften sich nur zu bestimmten Zeiten und nach Erlaubnis und unter Aufsicht der *Tanten* erleichtern. Anfangs waren mir die Einschränkungen durch die Arbeit und die Verbote der *Tanten*, die uns auf dem Feld beaufsichtigten, nicht bewusst, und ich trank viel, um nicht zu dehydrieren. Ich sah, wie viele junge Mädchen mitten auf dem Feld in Ohnmacht fielen und von *Tante* Hilde mit Peitschenhieben und Fußtritten zum Aufstehen gezwungen wurden, weshalb ich zu der Überzeugung kam, dass Durst haben schlimmer war als das Zurückhalten des Harndrangs. In jeder Morgendämmerung trank ich, so gut ich konnte, übermäßig viel Wasser, bevor ich auf das Feld ging, und dadurch hatte ich oft so unerträgliche Schmerzen, dass ich vor Verzweiflung weinte, weil ich nicht urinieren konnte. Wenn *Tante* Hilde mich in diesen kritischen Augenblicken erwischte, sagte ich ihr, dass die Sonne meine Augen tränen ließe. Sie peitschte mich ein wenig und ich hörte auf zu weinen, aber der Schmerz, nicht urinieren zu können, war unerträglich und viel schlimmer als die Peitschenhiebe. Die einzige Lösung bestand darin, dass ich lernte, dort auf dem Feld zu urinieren, nach und nach, im

Stehen, wie die Männer. Oft hielt ich an einer Stelle an, wo sie den Urinfluss nicht bemerkten, und ließ ihn langsam ab, bis die Blase leer war. Im Laufe der Monate wurde ich zu einer Expertin und „freien Pinklerin". Die erste Freiheit, die ich in diesen Jahren erlangte, bestand darin, dass ich urinieren konnte, wann und wo immer mir danach war. Ich lernte, dass es auf einer Wiese viel einfacher war als auf trockener Erde. Und es wurde mir zur Gewohnheit, stundenlang mit nasser Unterwäsche herumzulaufen, bis die Hitze meines Körpers den Urin getrocknet hatte. Ich verriet meiner Freundin Angelika das Geheimnis, und sie nahm sich die gleiche Freiheit. Aber sie hatte immer ein schlechtes Gewissen, weil sie sich von der Kontrolle des Urinierens befreit hatte und nicht in der Lage war, ein weiteres Opfer zu ertragen, das von uns im Namen Gottes verlangt wurde.

Die Kontrolle des Stuhlgangs war viel einfacher. Der Körper wurde geschult, weil wir uns einredeten, dass dies eines der sinnvollsten Opfer war, die wir zu Ehren unseres Schöpfers bringen konnten. Vielleicht zwangen wir uns aber auch nur aus Angst, nicht auf die Toilette zu gehen. Panik vor *Tante* Hilde und ihren Peitschenhieben mit der Lederpeitsche. Die Anwesenheit dieser *Tante* löste die gleiche Angstreaktion aus wie die von Dr. Strätling. Der einzige Unterschied zwischen den beiden waren die Methoden und die Dauer. *Tante* Hilde bestrafte dich mit der Peitsche, die tiefe Blasen auf der Haut hinterließ, oder sie gab dir Schläge mit Stöcken, die dir schreckliche blaue Flecken verpassten, die in allen Schattierungen über lila bis grün und gelb gingen. Ihre körperlichen Bestrafungen dauerten minutenlang und waren nicht nur wegen des Verbots, auf die Toilette gehen zu dürfen, sondern auch, wenn man nicht in der Lage war, Gewichte zu tragen, die über die eigene körperliche Belastbarkeit hinausgingen, oder wenn man nicht zu den vorgeschriebenen Zeiten einschlief oder aufwachte. Jedenfalls hätte ich alles dafür gegeben, immer nur die Strafen von *Tante* Hilde zu bekommen, anstatt die Behandlungen von Dr. Strätling im Krankenhaus, denn die dauerten Monate, Jahre …

Die andere große körperliche Herausforderung in den Anfangsjahren bestand darin, während der Abendversammlungen stehen zu bleiben. Jüngeren Frauen war es nicht erlaubt, bei diesen Versammlungen zu sitzen. Und dies nur deshalb, damit wir nicht vom Schlaf übermannt würden und beteten, den Nachrichten und

Vorträgen zuhörten und vor allem die Züchtigungen und Predigten von *Onkel* Paul miterleben konnten. Diese Versammlungen begannen nie pünktlich, weil *Onkel* Paul zu sehr damit beschäftigt war, die *Bibel* zu lesen und mit der Führungsriege zu sprechen. Oder er schlief einfach, weil er viele Frauen körperlich hatte bestrafen müssen oder weil er bis spät mit den Kindern in seinem Zimmer gespielt hatte. Der *Onkel* schlief gewöhnlich bis zwei Uhr nachmittags, und niemand durfte ihn in seiner Schlafenszeit stören.

Die Versammlungen sollten um zehn Uhr abends beginnen, aber es war üblich, dass sie um elf Uhr begannen und gegen drei Uhr morgens endeten. Nachdem wir seit Sonnenaufgang auf den Feldern gearbeitet hatten – etwa zwölf, vierzehn oder sechzehn Stunden am Stück – war es schwierig, während der Treffen oder religiösen Versammlungen nicht einzuschlafen. Bei mehreren Gelegenheiten schliefen viele junge Frauen im Stehen ein, erschöpft von der übermäßigen Arbeit und der erdrückenden Hitze, und fielen mitten in der Versammlung wie ein Sack Kartoffeln auf den Boden. Der Schlag, den sie sich dabei auf den Fliesen gaben, war nichts im Vergleich zu den körperlichen Strafen, die sie erhielten, weil sie den Nachrichten des Tages oder dem von *Onkel* Paul übermittelten Wort Gottes keine Aufmerksamkeit schenkten.

Dutzende Male wurde ich von *Tante* Hilde geprügelt, wenn ich mitten in den Versammlungen völlig übermüdet auf den Boden fiel.

♦

Die Versammlungen in den ersten Monaten sollten informativ und voller guter Nachrichten aus Deutschland sein, um uns zu ermutigen, die von uns verlangten körperlichen Opfer weiterhin zu ertragen. Wir erfuhren, dass viele Menschen äußerst großzügig mit ihren Spenden waren. Sie verkauften Eigentum von Verwandten der Colonos in Chile, um *Onkel* Paul Geld zu schicken. Ebenso erfuhren wir, dass einige Mitglieder der Kolonie ihre letzten in Deutschland verbliebenen Ersparnisse – ihre Rentenfonds – und sogar das Vermögen, das sie aus dem Testament ihrer Verwandten erhalten hatten, spendeten. Alles nur, damit *Onkel* Paul über Geld für seine Träume in Chile verfügen konnte.

Nach einigen Monaten dieser Art der Treffen, in denen wir nur ermutigt wurden, gingen wir zur ersten imaginären Realität des Augenblicks über. Von einem Tag auf den anderen wurden wir auf die drohende Gefahr dessen, was in der Welt geschah, aufmerksam gemacht. Alle Kontinente befanden sich auf dem falschen Weg und das Ende war nahe, aber nicht für uns in diesen Zeiten. Wir waren durch die Macht Gottes geschützt und hatten alles, was wir brauchten, um den satanischen Feind und die Unterdrückung durch den Kommunismus abzuwehren. Wir waren *die besseren Gotteskinder*, die Auserwählten. Und die anderen, die Außenseiter, waren diejenigen, die nicht zu den *Wiedergeborenen* gehörten. Diese Worte mussten gelernt, wiederholt und auswendig gelernt werden. Wöchentlich war es die gleiche Botschaft, aber mit unterschiedlicher Betonung. Gott und der Kommunismus waren die zwei Seiten unserer Medaille, die als geistiger Tauschhandel dazu diente, uns ständig in Angst leben zu lassen.

Irgendwann teilte uns *Onkel* Paul mit, dass die Vorbereitungen in der Siedlung, die zwar lange gedauert hatten, für die bevorstehenden Gefahren bereit seien. Seine Vorhersagen waren nie konkret, aber sie enthielten immer genug Elemente der Bestürzung, um in der Gemeinschaft Angst zu erzeugen. Um uns in die Paranoia, den Wahnsinn zu treiben. Aber wir verloren nicht den Verstand, denn durch unsere unschuldige Unwissenheit waren wir der Überzeugung, dass wir, obwohl wir immer am Rande einer Tragödie lebten, durch unsere Gebete, die täglichen Opfer und vor allem durch die Predigten von *Onkel* Paul und seiner göttlichen Kraft geschützt waren. Abgesehen von dem göttlichen Schutz waren wir auch vor jeder Art von Angriffen aus der Luft oder vom Land aus bestens geschützt. Wir hatten das beste Sicherheitssystem, das in jenen Jahren bahnbrechend war. Zu diesen Entwicklungen kamen immer leistungsfähigere Kameras aus Deutschland hinzu, welche die gesamte Umgebung der Kolonie, drinnen und draußen, überwachten. Diese Kameras übermittelten kontinuierlich Informationen an die Zentrale, die 24 Stunden am Tag, 365 Tage im Jahr in Alarmbereitschaft war. Auch hatten wir neue Scheinwerfer installiert, die sich bei jeder Bewegung, sei es durch ein großes Flugzeug oder durch einen kleinen Vogel, der sich mitten in der Nacht verirrte, automatisch einschalteten. Und eine Kommunikationszentrale mit extrem leistungsfähigen Kurzwellen- und Langwellenradios, die Deutschland oder jeden Ort der Welt in Sekundenschnelle erreichen konnten.

Neben dem modernen Schutzraum hatte *Onkel* Paul auch Hunde. Über hundert wilde Hunde, die darauf trainiert waren, jeden Dieb, Kriminellen oder uns selbst brutal anzugreifen. Und, so *Onkel* Paul, das Wichtigste war, dass wir starke Schusswaffen, Sprengstoff und tödliche Gase besaßen, mit denen wir unsere kleine religiöse Armee gegen jede kommunistische Revolution verteidigen konnten. Angelika erzählte mir, dass man in den ersten Jahren in einer der Werkstätten der Colonia Dignidad sehr erfolgreich mit der Herstellung dieser Waffen begonnen hatte. Wir verkauften sie ohne Probleme in andere Länder. Wir verschickten sie versteckt in Fässern mit Honig, den wir selbst verarbeitet hatten. Und auch andere Waffentypen kamen in großen Mengen aus dem Ausland. Sie kamen auf die gleiche Weise, versteckt unter anderen Produkten, denn unser Einfluss bei den Politikern half uns, beim Zoll immer freie Bahn zu haben.

Am Anfang litten wir sehr unter den stürmischen Nachrichten, die wir von *Onkel* Gerd bei den Versammlungen erhielten. Diese Informationen hielten uns im Alarmzustand, da wir immer mit dem Schlimmsten rechneten. Aus seinen Berichten erfuhren wir, dass ein Argentinier namens Che Guevara für eine kommunistische Revolution warb. Und dass dieser bärtige Mann mit der schwarzen Baskenmütze – der für einen Arzt gehalten wurde – in Kuba und Bolivien triumphierte; diese Revolution könnte nach Chile und natürlich auch in unseren Staat kommen. Wir hörten auch vom Krieg in einem kleinen, fernen Land namens Vietnam, von dem bis dahin niemand etwas gehört hatte. Dort, ich glaube in der Nähe von China, versuchten die Vereinigten Staaten von Amerika, den Kommunismus und einen verrückten alten Mann mit einem komischen Namen zu besiegen, der an das Lachen des Weihnachtsmanns erinnerte: Ho Chi Minh, der eine strengere Form dieser schrecklichen Ideologie in dem asiatischen Land einführen wollte. *Onkel* Gerd las uns weitere Nachrichten vor, die besagten, dass in Afrika und auch im übrigen Lateinamerika unmenschliche Dinge geschahen. In den 1960er Jahren befand sich die Welt den Nachrichten nach, die wir erhielten, und nach der Einschätzung von *Onkel* Paul in einem völligen moralischen und politischen Chaos.

♦

Wenige Monate nach unserer Ankunft in Chile begannen sie, uns zu indoktrinieren und uns davon zu überzeugen, dass wir eine kleine Welt für sich seien, ein freier, nicht assoziierter Staat, der sich selbst verteidigen müsse, weil niemand für uns kämpfen würde. Nur Gott und *Onkel* Paul. Die Nachrichten, die man uns über die Welt – und auch über Chile – erzählte, hatten eher die Funktion, uns Angst zu machen, als uns zu informieren. Aus diesem Grund waren sie eine ständige Quelle der Verzweiflung. Anstelle von Luft mussten wir Angst und Misstrauen atmen. Unsere Lungen waren nützlich, um zu arbeiten und den Sauerstoff um uns herum zu verarbeiten, der immer mit Schrecken beladen war.

In den Versammlungen wurde nicht alles mit Hilfe der gesprochenen Botschaft vermittelt. Zur Überzeugungsroutine gehörte auch das Signal, das *Onkel* Paul durch körperliche Bestrafung gab. Beide Methoden waren für mich zunächst schwer zu verstehen, aber dann war ich überzeugt, dass sie Teil der mentalen Veränderung waren, die es zu vollziehen galt. Nicht selbst zu denken, sondern sich den Gedanken und Ideen von *Onkel* Paul zu unterwerfen. Ich persönlich bemühte mich, das zu akzeptieren, was mir aufgedrängt wurde, wenn ich mir seine Predigten anhörte, die auf seiner Vorstellung von der *Bibel* beruhten. Ich tat dies auf die einfachste Art und Weise, die ich mit nur vier Jahren Schulbildung und ohne jemals ein Buch gelesen zu haben, tun konnte. Ich zog meine eigenen Schlüsse: Die Praktiken, sowohl die körperliche Bestrafung als auch die mentale Überzeugung, hatten mit der Sünde und ihren Folgen zu tun. Ursache und Wirkung. Güte gegen das Böse. Gott und der Teufel. Ich erkannte, dass es nicht so kompliziert war, wie es zunächst schien. Und im Laufe der Zeit, als ich es besser verstand, versuchte ich, es zu akzeptieren.

Ich habe mich immer an die erste Veranstaltung erinnert, an der ich teilnahm und bei der der Kampf zwischen Gott und dem Teufel demonstriert wurde. Bei der Versammlung an einem Sonntag erfuhr *Onkel* Paul durch die Beichten von *Tante* Hilde, dass eine Mutter versucht hatte, ihren Sohn in den Räumen für die Kleinen zu besuchen. Der Junge war sieben Jahre alt und hatte einen Monat lang im Krankenhaus gelegen, mit einer speziellen Behandlung für Kinder durch Dr. Strätling, weil er Angst hatte, in dem Zimmer von *Onkel* Paul zu schlafen.

Die Bestrafung begann mit dem lautstarken Anprangern der Sünde. Die Darbietung des *Onkels* bei diesen Anprangerungen war äußerst dramatisch und überzeugend. Wenn er energisch die Taten dramatisierte, konnte man sich des Eindrucks nicht erwehren, dass er von einer mächtigen und verwandelnden Kraft besessen war. In dieser Nacht wütete *Onkel* Paul wie ein Verrückter und schilderte das Grauen des Geschehens. Er tat dies in allen Einzelheiten, damit wir alle mit Entsetzen ihn hören und die Dramatik der Tragödie mit ihm erleben konnten. Er wollte, dass wir die Angst spüren sollten, von den Mächten des Bösen überwältigt zu werden, die diese schamlose Frau unterworfen hatten. Als der Name von *Tante* Maria aufgerufen wurde, musste sie vor die Versammlung treten und bereuen. Um Vergebung bitten. Akzeptieren, dass sie vom Teufel versucht worden war und dass sie nicht die Kraft hatte, die satanische Macht zu besiegen. Sie bat um Vergebung dafür, dass sie ihren Sohn hatte sehen wollen, der nicht mehr der ihre war, sondern der von *Onkel* Paul, eines der Kinder, die unter dem Schutz, der Fürsorge und der Liebe des *ewigen Onkels* lebten. Während sie um Vergebung bat, umschlang *Tante* Maria die Beine des *Onkels* und flehte, auf dem Boden kniend, um Gnade. Sie weinte und versprach, sich nie wieder von den Mächten des Bösen überwältigen zu lassen. Die ganze Gemeinschaft machte ihr Vorwürfe. Die Frauen griffen sie erbarmungslos an, weil sie eine schlechte Mutter sei und sich nicht um das Wohl der Kinder von *Onkel* Paul scherte. Sie schrien ihr mit Abscheu und Ekel zu, dass sie der Liebe der Kinder, der Liebe des *Onkels* und vor allem der Liebe Gottes nicht würdig sei. Und wie so oft bewarfen sie sie mit von uns selbst gebastelten Holzkreuzen, um sie zu verfluchen und ihr den Teufel auszutreiben.

Wenige Minuten später kam die Züchtigung durch den in dem *Onkel* Paul zu Fleisch gewordenen Gott. In solchen Fällen wurde er zu einer Art geistigem Medium, das den Auftrag vom Himmel erhielt und mit dieser Macht auf uns einwirkte. Doch bevor er handelte, bat *Onkel* Paul wie immer die Führungsriege, auch ihrerseits ihren Zorn an der Sünderin auszulassen. Auch sie hatten ein allmächtiges Urteilsvermögen, allerdings nicht so unbegrenzt wie die Kräfte des *Onkel* Paul. Sie waren Männer, die nicht von Gott, sondern von der göttlichen Gnade des *neuen* Jesus Christus ausgewählt waren. Er wählte sie sorgfältig aus und gab ihnen die höhere Macht, die Frauen zu bestrafen.

Als die Männer mit der körperlichen Züchtigung von *Tante* Maria, der bekennenden Sünderin, fertig waren, folgten die weiblichen Anführerinnen. Diese wenigen älteren Frauen, die mit den Anführern verheiratet waren oder die dem *Onkel* nahestanden. Diese unbarmherzigen Damen züchtigten sie körperlich genauso wie die Männer, aber attackierten sie zusätzlich auch verbal mit schlimmeren, verletzenderen und unverschämteren Beleidigungen als die Anführer. Sie wussten besser als diese um die Demütigungen, unter denen die Frauen am meisten litten. Und sie waren weit mehr als die Männer von dem erhabenen Auftrag überzeugt, ihre Kinder dem Willen des *Onkel* Paul zu überlassen. Sie glaubten sogar noch mehr als die Männer an die Worte der *Bibel*, wie sie der *ewige Onkel* auslegte.

Die Sünderin dieses Tages, *Tante* Maria, wurde nach ihrer Reue stundenlang kollektiv bestraft. Erst dann kam die Reihe an *Onkel* Paul. Zunächst mit den Händen, dann mit einem dicken Stock, den er als Türriegel an einer der Türen des Raumes verwendete. Am Ende, als er müde wurde und es deutlich war, dass es *Tante* Maria schlecht ging, rief er die Männer dazu auf, die Bestrafung zu beenden.

Und so endete die Versammlung in dieser Nacht, wie so viele andere auch. Wir Frauen gingen in der dunklen, mondlosen Nacht zu unserem *Zippelhaus*. Wir hielten auf dem Marsch unseren Abstand ein und gingen schweigend ganz nah an den bewaffneten Wachposten vorbei. Die wütenden Hunde waren bereit für den Befehl zum Angriff, während sie uns anbellten. Ich bin mir sicher, dass jeder von uns Frauen, die wir in kollektiver Angst gingen, derselbe Gedanke durch den Kopf ging: ‚*Wenn ich mich in dieser neuen Gemeinschaft nicht korrekt verhalte, werde ich am Ende die gleichen Konsequenzen erleiden, welche* Tante *Maria heute Abend erlitten hat.*‘

„Klick! – *Tante* Maria bettelt um Gnade und umklammert die Beine von *Onkel* Paul.“

„Klick! – Die bedeutenden Frauen spucken und werfen Holzkreuze auf *Tante* Maria.“

♦

Da die Sicherheitsvorkehrungen, die sie am Rande der Kolonie getroffen hatten, unmöglich zu überwinden waren, waren wir alle schockiert, als wir von dem Fluchtversuch von Max hörten.

Ich lernte Max kennen, als mein Vater und *Onkel* Paul ihn zu der Mission in Deutschland mitbrachten. Aber nachdem wir in der Kolonie in Chile angekommen waren, sah ich ihn nur noch aus der Ferne, wegen des Verbots, mit Jugendlichen des anderen Geschlechts zu sprechen. Das wenige, was ich über ihn wusste, erzählte mir Angelika. Er war ein guter Junge und gehörte zu der Gruppe von Jugendlichen und Kindern, die von Anfang an mehr Zeit in den Räumlichkeiten von *Onkel* Paul verbrachten. Aber anscheinend wurde viel von ihm verlangt. Viel mehr, als er verkraften konnte, und so versuchte er zu fliehen.

Angelika erzählte mir, dass *Onkel* Paul nach dem Geständnis eines *Sprinters* Max sehr hart bestraft hatte. Und am Tag nach der grausamen Prügelstrafe, sobald die Sonne unterging, floh der Junge. In der Nacht der Flucht ertönten die Sirenen und die ganze Gemeinschaft erwachte. Ich erinnere mich, dass die starken Scheinwerfer die gesamte Gemeinschaft und jedes öffentliche Versteck beleuchteten. Schlafzimmer, Bäder, Küchen, Werkstätten und alle Räume, in denen sich ein Flüchtling oder seine Komplizen verstecken konnten, wurden durchsucht. Jeder Ort, ob drinnen oder draußen, gab widerstandslos preis, was sich darin befand. Die ganze Gemeinschaft kam fast schweigend zum Gebet hinaus, und das Murmeln um Gnade hörte sich wie das Zirpen tausender wütender Grillen in der dunklen Nacht an. Niemand schrie bei solchen Gelegenheiten. Die stoische Schweigsamkeit war Teil unserer Reaktion auf Widrigkeiten.

Während wir Frauen weiter beteten, verkündeten sie über die Lautsprecher:

„Alaaarrrmmm! Die Koloniiieee iiist innn Gefaaahrrr. Jeeemaaanddd haaat veeerrrsuuucht zuuu fliiieheeennn.“

Das Echo flog über das Feld, bis es sanft in den Bergen widerhallte. Und als der Nachhall in der Luft zerfetzte, hörten die Frauen auf zu beten.

Die Einzelheiten der Nachricht wurden untersucht, und es stellte sich heraus, dass es jemandem gelungen war, den unter Strom stehenden Stacheldraht zu überwinden. Sofort befahlen die Wachposten, dass wir uns in einer Reihe aufstellen sollten, um herauszufinden, wer fehlte. Sie hatten Mittel und Wege, uns zu organisieren und zu überwachen, so dass die *Tanten* und *Onkel* zu jeder Tages- und Nachtzeit genau wussten, wo jeder einzelne sich befand. Doch in der Dunkelheit war die Organisation gescheitert. Als endlich bekannt war, wer vermisst wurde, kam die Durchsage über die Lautsprecher und durchbrach die Nacht. Der Name des Verräters hallte wider über das offene Feld und alle unruhigen Räume unseres kleinen Staates:

„*Maaaaxxxx iiist geeeflooooheeennn!*“

Sobald der Name von Max ertönte, begannen die Hunde wie wild zu bellen, denn *Onkel* Paul ließ sie von der Leine und gab ihnen den Befehl zum Angriff. Innerhalb von Sekunden stürzten Dutzende von Hunden auf der Suche nach dem Flüchtigen los, in der Absicht, ihn zu töten. So waren die Hunde von *Onkel* Paul abgerichtet. Gleichzeitig ertönten auch die Gewehre der Wachposten und des *ewigen Onkels*. Sie schossen in die Luft, auf die Bäume, auf die Wege, auf den Stacheldraht und in jeden Winkel, in dem sich der jämmerliche Flüchtling versteckt haben könnte. Die Nacht wurde zu einem Schlachtfeld, auf dem aber nur eine Armee gegen einen abwesenden Feind kämpfte. Abwesend für sie, aber anwesend in der Wut und dem Hass des Truppenführers: *Onkel* Paul.

Es vergingen Stunden, aber wir erfuhren nicht, ob sie Max gefunden hatten. Über die Lautsprecher wurde lediglich verkündet, dass die Gemeinschaft für den Rest der frühen Morgenstunden zu ihren Ruheräumen zurückkehren sollte. Bis zum nächsten Tag wurden die Lichter auf dem Gelände nicht ausgeschaltet. Das war die Mahnung, dass es galt, wachsam zu bleiben. Ich lag wach und dachte über die Gründe nach, warum Max versucht haben könnte zu fliehen. Warum sich dem Tod aussetzen, angegriffen von wilden Hunden oder einem Kugelhagel, abgefeuert von den Wachposten oder *Onkel* Paul? Man hatte uns davon überzeugt, dass wir in der Colonia Dignidad alles hatten. Es war eine Stadt, die besser war als jede andere, mit gläubigen und frommen Menschen, die versuchten, eine perfekte Welt aufzubauen, einen einzigartigen Staat, der der Menschheit als Beispiel dienen würde. Und obwohl wir Regeln zu befolgen hatten, täglich große Opfer bringen mussten und körperliche Strafen nur schwer zu ertragen waren, war unsere kleine Gemeinschaft der Welt da draußen weit überlegen. Das Leben jenseits der Tore der Colonia Dignidad war – nach Ansicht unserer Anführer – beängstigend, gefährlich, kriminell und gemein. Wenn wir das ewige Leben, das Gelobte Land, erreichen wollten, war der einzige Weg dorthin, in diesem Paradies zu bleiben.

Warum sollte Max diese Ideen in Frage stellen?

Vor dem Einschlafen machte ich Bilder in meiner Fantasie.

„Klick! – Hunde auf der Suche nach Personen."

„Klick! – *Onkel* Paul in seinem schicken weißen Pyjama, der mit zwei Pistolen in die Luft schießt."

„Klick! – Alle Frauen beten auf Knien und flehen um Gnade bei unserem Vater im Himmel und dem anderen in der Kolonie."

♦

Ein paar Tage nach der Flucht von Max erzählte *Onkel* Paul der Gemeinschaft, was geschehen war. Er war wütend. Seine Unzufriedenheit und sein Ärger waren in seiner Stimme zu hören. Er hob das Thema bis zum Schluss seiner Ansprache auf.

Als es an der Zeit war, seinem Ärger Luft zu machen, erzählte er uns, dass der verräterische Junge auf einem Pferd über den Feldweg geflohen war. Er galoppierte, bis er eine Tankstelle fand. Er stieg vom Pferd ab und band es an, um sicherzugehen, dass das Tier nicht auf ein anderes Feld davonlief. Er hängte ihm ein Schild um, auf dem stand, dass es Eigentum der Colonia Dignidad war. Dann trampte er, und eine Familie von denen, die uns hassten, half ihm. Von diesem Moment an begann Max, unbegründete Anschuldigungen gegenüber unserer Gemeinschaft zu machen, erzählte uns *Onkel* Paul an diesem Abend.

Die ganze letzte Stunde der Versammlung sprach der *Onkel* nur noch von Max. Er verfiel in Trance und begann zu schreien:

„Du undankbarer Dieb! Dieser Junge sagt, das Leben in unserer Gemeinschaft sei die Hölle. Dass ich, der einzige Vater in seinem Leben, ihn misshandelt habe. Dass der Teufel unter uns lebe. Dass die Sünde uns beherrsche." Das sagte er ganz außer sich.

An vielen Stellen konnte er kaum weitersprechen, weil alle männlichen Anführer auf die Anschuldigungen reagierten, die Max den Medien gegenüber geäußert hatte:

„Nein! Nein! Nein!"

Zu den Rufen der Männer gesellten sich die weiblichen Anführerinnen und dann der Rest der Gemeinschaft. Ich folgte dem Chor aus Angst vor Vergeltungsmaßnahmen, verstand aber nur sehr wenig von dem, was da vor sich ging. Bei jeder angeblichen Lüge, die gegen die Gemeinschaft vorgebracht wurde, schrien wir alle mit einer Stimme:

„Nein, nein, neeeiiin!“

Und die Rufe wurden noch lauter, wenn sich die von dem jungen Max genannten Unwahrheiten gegen *Onkel* Paul richteten.

„Neeeeeiiiiiiiiin!“ schrien wir alle zusammen gen Himmel, standen mit nach oben gestreckten Armen da und schüttelten den Kopf, um jede Schuld zu leugnen, die den armen *Onkel* Paul treffen könnte. Damals zweifelte niemand daran, dass er unser Gott auf Erden war. Er war göttlich, rein und perfekt. Und er war unschuldig all den schrecklichen Sünden gegenüber, die ihm von dem teuflischen Flüchtling zugeschrieben wurden.

Als *Onkel* Dieter ihn nach vielen Tagen in die Kolonie zurückbrachte, musste Max ins Krankenhaus eingeliefert werden, weil er offenbar den Verstand verloren hatte, versicherte *Onkel* Dieter. Er sei verrückt geworden, deshalb sei er weggelaufen und habe schreckliche Dinge erfunden, die gegen die Grundsätze unserer religiösen Gemeinschaft verstießen. Und das Schlimmste war, dass er über die Zuneigung von *Onkel* Paul zu den Kindern gelogen hatte. Max sei, so der *Onkel*, zu einer Ausgeburt der Hölle geworden, die gekommen sei, um die Ruhe zu stören und zu versuchen, das zu zerstören, was wir mit ungeheurer Anstrengung in diesem wunderbaren Winkel am Rande des Endes der Welt erreicht hatten.

Angelika, die in jenen Jahren weiterhin alles wusste, erzählte mir noch mehr Einzelheiten. Eines Morgens, als wir Himbeeren schnitten und gemeinsam im Gehen pinkelten, ganz entspannt, erzählte sie mir, dass Max eine sehr starke Behandlung von Dr. Strätling erhalten hatte. Diese Behandlungen waren uns Frauen in der Kolonie sehr wohl bekannt. Sie begannen mit Stromschlägen an den intimsten Stellen des Körpers, gefolgt von Valium 10 und Modecate, die einen tagelang schlafen ließen, ohne aufzuwachen, und endeten mit Injektionen, die halfen, alle Behandlungen zu vergessen, die man zu Beginn erhalten hatte. Ich hatte das Glück – oder das Pech –, dass die Pillen, um die Erinnerung zu löschen, bei mir keine Wirkung zeigten, und dass, wenn ich sie verabreicht bekam, ich mich nachts mit einiger Mühe noch erinnern konnte. Ich weiß nicht, wie es bei Max war. Doch seit diesem Fluchtversuch war er nicht mehr derselbe Junge wie zuvor. Durch die Medikamente, die ihm verabreicht wurden, zitterten seine Arme und Beine, und er bewegte seinen Kopf ganz unkontrolliert. Er streifte verloren durch die Straßen des kleinen Staates hin und her, zwischen dem Krankenhaus und der Zelle, in der er in Isolationshaft gehalten wurde, um eine weitere Flucht zu verhindern.

Max musste in vielerlei Hinsicht bestraft werden, damit er eine neue Lektion lernte. Er musste für seine Schuld bezahlen, an Leib und Seele. Aber er musste auch als Beispiel für uns alle herhalten. Wir durften nicht vergessen, dass wir, wenn der Teufel in unsere Gedanken eindrang und wir daran dachten, eines Tages zu fliehen, die schrecklichen Folgen in Kauf nehmen mussten, die Max erlitten hatte – und immer noch erlitt.

„Um zu lernen und zu lehren", die beiden von *Onkel* Paul angestrebten Ziele, wenn wir Sünden begingen, musste Max tagsüber Rot tragen, um als abscheulicher Sünder erkannt zu werden. Und nachts Weiß, um jederzeit von den Wachposten gesehen zu werden, vor allem aber von den Begleitern, die ihn sogar auf dem Weg zur Toilette beaufsichtigten. Dr. Strätling unterzog ihn einer langen physisch-psychologischen Behandlung im Krankenhaus und *Onkel* Paul lud ihn abends nicht mehr in sein Zimmer ein. Abgesehen von diesen Einschränkungen konnte Max ein Jahr lang mit niemandem sprechen und blieb allein in der Zelle in den Bunkern der unterirdischen Stadt. Und natürlich wurde er kahlgeschoren, wie man es mit den Perversen und Deserteuren tat, die nicht mehr die bedingungslose Liebe von *Onkel* Paul bekamen.

♦

Eines unerwarteten Tages und ohne vorherige Ankündigung erfuhr ich, dass eine neue Gruppe von deutschen Siedlern angekommen war, um in der Gemeinschaft zu leben. Diese Gruppe bestand aus einigen Familien, aber hauptsächlich aus kleinen Kindern und Jugendlichen, die nicht von ihren Eltern begleitet wurden. Ganz ähnlich wie bei unserer Gruppe, die 1961 angekommen war.

Mit der Ankunft der neuen Colonos war es notwendig, die Verteilung der jungen Mädchen im *Zippelhaus* neu zu ordnen. Aufgrund dieser Änderungen mussten Angelika und ich uns trennen, zum ersten Mal nach langer Zeit, in der wir in demselben Gebäude geschlafen hatten. Es wurde uns gesagt, dass die Neuankömmlinge die Regeln schnell lernen müssten, und das ginge nur, wenn sie bei denjenigen von uns wären, die wir das tägliche Leben in unserer Siedlung bereits kannten.

An dem Tag, an dem ich die fünf neuen jungen Mädchen zum ersten Mal sah, war ich erstaunt, wie sehr sie sich von uns unterschieden. Sie unterhielten sich ganz frei untereinander. Sie hatten kurze lockige Haare und gepflegte Hände. Sie trugen Kleider mit kleinen Blumen und neue, bunte Damenschuhe. Und sie rochen nach Parfüm. Parfümduft von Blumen und Sauberkeit. Sie lächelten, wenn man sie ansah, und auf eine erschreckende Weise sahen sie einem direkt in die Augen und senkten nicht den Kopf, wenn sie sprachen. Aber meine Überraschung währte nur wenige Stunden, und ihr Verhalten ebenso. Unter diesen neuen Deutschen befand sich auch Ute.

In der ersten Nacht erfuhr ich, dass die junge Ute auf dem Feldbett zu meiner Rechten schlafen würde. Im *Zippelhaus* standen kleine Metallbetten in Reihen, die sorgfältig voneinander getrennt waren, so dass die Frauen sich untereinander nicht einmal mit den Fingerspitzen berühren konnten. Die Abstände verhinderten ebenso die mündliche Verständigung zwischen den Bewohnerinnen des *Zippelhauses*. Die Räumlichkeiten waren eine Kombination aus Kloster und Haftanstalt. Niemand konnte sich dort frei bewegen, sprechen oder sich ansehen. Aber irgendwie hatten Angelika und ich gelernt, von den Lippen des anderen zu lesen, und bevor *Tante* Hilde das Licht löschte, hatten wir uns heimlich verständigt, ohne einen einzigen Laut von uns zu geben.

Meine neue Gefährtin, Ute, hatte keine Zeit, die Regeln in 24 Stunden zu lernen, und ich konnte keine der Fragen beantworten, die sie mir in der ersten Nacht mit dieser süßen, zarten Stimme stellte, welche sie charakterisierte. Ich versuchte nur, ihre Fragen mit den Kopfbewegungen zu beantworten, die in einer universellen Sprache vermitteln: „Ja!“ (auf und ab) und „Nein!“ (von einer auf die andere Seite, langsam).

Ich schaute sie nie an, während ich die Gesten machte, damit sie lernte, dass es streng verboten war, sich ins Gesicht zu schauen, insbesondere in die Augen.

Als wir den Befehl zum Schlafen bekamen, spürte ich, wie Ute sich endlos hin und her wälzte, während wir anderen steif in unseren Feldbetten lagen, da wir sonst den Besuch von *Tante* Hilde befürchten mussten. *Tante* Hilde blieb immer außerhalb des Schlafsaals und wartete nur darauf, eine neue Runde im Saal zu drehen, sobald sie nur das geringste Geräusch der Feldbetten hörte. In dieser Nacht wälzte sich Ute mehrmals hin und her und versuchte, eine bequeme Position auf der harten Matratze aus Flachs zu finden. Ihr Feldbett quietschte unaufhörlich und verriet ihre Unzufriedenheit:

„Quietsch, quietsch, quietsch!"

Bis *Tante* Hilde sie ein einziges Mal an die Regeln erinnerte, die ihr am Nachmittag erklärt worden waren. Danach beschloss sie, Ute mit Dutzenden von Schlägen mit ihrer Lederpeitsche zum Schlafen zu bringen. Dies war die Art der *Tante*, das Gespräch zu beenden. Ute hatte sich nicht alle Regeln gemerkt und konnte deshalb nicht aufhören zu schreien und zu weinen, mit schrecklichem Schluchzen, nachdem *Tante* Hilde den Schlafsaal verlassen hatte. Diese beiden letzten Sünden mussten mit weiteren Peitschenhieben bestraft werden. Viel mehr, als das arme kleine deutsche Mädchen in ihrer Willkommensnacht in der Colonia Dignidad, furchtbar weit weg von ihrer Familie und allem, was ihr lieb war, ertragen konnte. Die neue Gefährtin tat mir leid, als ich das vertraute Geräusch von *Tante* Hildes Peitsche spürte, die immer wieder auf irgendeinen Teil ihres Körpers fiel. Ich wusste, wie weh diese Peitschenhiebe taten und welche schrecklichen Spuren sie im Gesicht hinterließen, wenn man es nicht mit den Händen bedeckte.

Am nächsten Morgen, sobald die Sonne aufging, öffnete ich meine Augen. Ute schlief noch. Ich stieg geräuschvoll aus dem Feldbett, um sie zu wecken, bevor *Tante* Hildes Peitsche es tat. Sie hörte mich und sah sich erschrocken um, ohne zu wissen, wo sie sich befand. Der Schmerz in ihrem Körper musste sie wohl an einen Teil der Geschichte vom Vorabend erinnern, denn sie stand sofort auf und berührte ihr Gesicht. Mit meinem rechten Daumen auf den Lippen – dabei möglichst nicht von meinen Mitbewohnerinnen oder *Tante* Hilde gesehen zu werden – gab ich ihr zu verstehen, dass sie still sein sollte. Ute lernte in diesem Augenblick mehr, als sie am Tag zuvor bei ihrer Ankunft in der Kolonie gelernt hatte. Oder vielleicht viel mehr, als sie in ihren ersten vierzehn Jahren in Deutschland gelernt hatte.

Von diesem Morgen an waren Ute und ich miteinander verbunden, als wären wir zwei kurze Bänder mit einem riesigen unsichtbaren Knoten in der Mitte, den nur der Tod trennen konnte. Und er trennte ihn viel früher als erwartet.

Ute ging zunächst nicht zur Arbeit auf das Feld. Tagsüber wurde sie in die Küche geschickt und nachts zum Kartoffelschälen. Sie war eine verdächtige Fremde und musste noch viele Lektionen lernen. Die *Tanten* und *Onkel* mussten sie genau im Auge behalten. Sehr, sehr genau. *Onkel* Paul verlangte, dass dies mit den neuen Mädchen, die in die Gemeinschaft kamen, gemacht wurde. Die Knaben hingegen kamen direkt in seine Obhut, um die Lektionen zu lernen, die nur er lehrte. Und um mit ihm zu schlafen.

Ute war mit einer ihrer Tanten nach Chile gekommen, die dem von der baptistischen Kirche vorgegebenen Weg des *Onkel* Paul und meines Vaters folgen wollte. Ihre Familie hatte sie geschickt, um im Beisein ihrer Tante ihr Leben der Rettung vor sich selbst und gleichzeitig den Seelen zu widmen, die gegen Satan kämpften, wie viele andere junge Frauen auch. Ihre Eltern und ihre fünf weiteren Geschwister würden in ein paar Jahren in die Colonia Dignidad nachkommen. Ute war ein schlankes, hochgewachsenes, blondes Mädchen. Mit grünen Augen, einem rosigen Teint und einer perfekten Reihe weißer Zähne, die von einem Mund umrahmt wurden, der sich nur schwer nicht zu einem schönen Lächeln öffnen ließ. Sie war genauso schön wie Angelika, was aber nicht zu den verstörenden Vorstellungen von *Onkel* Paul passte. Seiner Meinung nach war weibliche Schönheit das Werk des Teufels. Sie war geschaffen worden, um böse Gedanken im Fleisch der Männer zu provozieren und zu schüren. Die Schönheit der Frauen konnte auch dazu führen, dass sie in die Sünden der Überheblichkeit und der Eitelkeit verfielen. Die Hässlichen waren keusch und die Hübschen sündig. Und die Molligen waren vertrauenswürdiger als die Schlanken. Im Gegensatz zu dem, was er über die weibliche Schönheit sagte, war die Schönheit der jungen Männer und Knaben das Werk Gottes, und deshalb waren es Eigenschaften, die *Onkel* Paul sehr bewunderte.

Einen Monat nach ihrer Ankunft in der Gemeinschaft gab Ute mir einen Brief, den mein Vater mir über einen der Jungen, der mit ihrer Gruppe gekommen war, aus Gronau geschickt hatte. Da es keinen Kontakt zwischen jungen Menschen unterschiedlichen Geschlechts gab und dieser Junge Ute aus Deutschland kannte, beschloss er, ihr den Brief zu geben, damit sie ihn mir überreichen konnte. Er tat dies in der Schule, in einem Moment der Ablenkung durch *Tante* Gisela. Jemand muss die Übergabe des Umschlags gesehen haben, denn an jenem Tag, in der Mittagsstunde, standen unsere Namen an der Tafel, auf der Liste der Sünder. Ich erkannte Utes Namen sofort und war entsetzt, als ich meinen Namen in der zweiten Zeile sah. Mitten beim Mittagessen rief *Onkel* Paul *Onkel* Gerd, um die beiden Jungen an den Haaren hochzuziehen. Dieter, der die schreckliche Sünde gestand, die er gesehen hatte, und Hans, der die subversive Tat begangen hatte, einen Brief unkontrolliert zu übergeben. Die Sünde wurde dadurch noch verschlimmert, dass es sich um einen Austausch – und direkten Kontakt – zwischen Mädchen und Jungen handelte, die eine verbotene Liebesbeziehung beginnen konnten.

Als *Onkel* Gerd, der sie immer noch an den Haaren festhielt, die beiden Jungen vor *Onkel* Paul brachte, gab dieser ihnen die Anweisung, ihre Hosen bis zu den Knöcheln herunterzulassen, die Unterhosen anzubehalten und mit den Fäusten zu kämpfen, als wären sie professionelle Boxer. Die Anweisungen waren einfach: so lange aufeinander einzuschlagen, bis einer von ihnen mit verhedderten Hosen zu Boden fiel oder zu bluten begann. Dieter kannte diese Strafe, weil er sie schon einmal erhalten hatte und schlug Hans sofort mit aller Kraft auf die Nase. Er hatte gelernt, dass dies der schnellste Weg war, jemanden zum Bluten zu bringen. Diesmal schaffte er es aber nicht, denn Hans war stärker und größer als er. Sie verpassten sich gegenseitig brutale Schläge, die sich anhörten, als würde eine ganze Melone zu Boden fallen:

„Zack, zack, zack! Wumms, wumms, wumms!"

Das Geräusch von den Fäusten gegen das Fleisch dauerte lange. Niemand sagte etwas. Nur *Onkel* Paul lachte wie verrückt und kommentierte mit anderen *Onkeln* die außergewöhnlichen Fähigkeiten der beiden Jungen, sich mit Hass und Wut zu schlagen und intensive Schmerzen zuzufügen. An diesem Nachmittag gab es keinen Sieger.

„Unentschieden!" verkündete *Onkel* Paul unter Gelächter. Beide lagen blutend und halb nackt im Speisesaal. Dieter hatte sich eingenässt.

Da die Schlägerei zu lange gedauert hatte, reichte die Zeit nicht aus, damit Ute und ich in der Versammlung unsere Strafe erhielten. Wir mussten bis zum nächsten Tag warten. In dieser Nacht habe ich nicht geschlafen. Ich wusste, was die Sünde war, aber ich konnte mir nicht vorstellen, was für eine Strafe wir bekommen würden. Ich hatte Angst, mehr um Ute als um mich. Das würde ihre erste Bestrafung durch *Onkel* Paul sein. Sie war sehr schlank und viel zerbrechlicher als ich.

Die ganze Nacht über schrieb ich in Gedanken auf, was ich an diesem Nachmittag gesehen hatte. Ich hatte Angst, und ich wollte es nicht vergessen. Ich sprach zu Gott, um mich zu entspannen, und um mich auf die Strafe vorzubereiten. Ich war mir bewusst und bereute, dass ich die Sünde begangen hatte, einen Brief von meinem Vater zu erhalten, ohne die Zensur zu durchlaufen, und danach konnte ich nur noch auf die Konsequenzen warten.

Am nächsten Tag wurde uns gesagt, dass wir in das Büro von *Onkel* Paul gehen müssten, um zu beichten. Wir wurden zusammen abgeholt, aber es wurde uns gesagt, dass wir getrennt hineingehen würden. Ute ging zuerst hinein, um zu beichten. Ich wartete im Korridor, während *Tante* Hilde sie in die Privaträume begleitete. Die Zeit kam mir ewig vor. In einem unerwarteten Moment kam der *Onkel* lachend heraus und sagte mir, dass ich an der Reihe sei. Ich folgte ihm in den leeren Raum. Ute und *Tante* Hilde waren durch eine andere Tür hinausgegangen. Die Privaträume von *Onkel* Paul waren voller Geheimtüren, die in Bereiche führten, die für uns verboten waren. Nur er und die Führungsriege wussten von diesen Räumen. Einige dieser Türen führten auf die Hauptstraße, andere in den Untergrund und eine bestimmte, hinter einem falschen Bücherregal, in den Beobachtungsraum, in dem sich die Wachposten befanden. In diesem Raum befanden sich auch die Überwachungskameras und alle Lang- und Kurzwellen-Funkgeräte, die der *Onkel* benutzte, wie Angelika mir erzählte.

Nachdem er in sein Büro zurückgekehrt war, setzte sich der *Onkel* in seinen Lieblingssessel und lachte weiter. Lange Zeit sagte er kein Wort zu mir. Ich wusste, dass ich meinen Kopf nicht heben durfte und meinen Blick auf den Boden heften musste. Das war die übliche Haltung, wenn man sich vor dem *Onkel* oder einem anderen Mann in der Gemeinschaft befand. Nach dem langen Schweigen erhob er sich wie von einer Feder angetrieben aus dem Sessel und überraschte mich mit einem Schlag seiner geballten Faust auf dem Mund. Genau an der Stelle, an der die Lippe aufplatzt, die auf die Zähne stößt und einen das Gleichgewicht verlieren lässt. Ich fiel sofort zu Boden. Auf dem Boden liegend trat er mich immer wieder und schrie, dass der Teufel aus meinem Körper entweichen müsse. Tritte um Tritte mit seinen glänzenden schwarzen Lackschuhen. Der Zeitraum kam mir vor wie eine Ewigkeit. Und als er genug hatte, setzte er sich wieder hin und sprach ruhig mit mir, als ob nichts geschehen wäre, während ich mich immer noch wie ein verängstigtes Tier auf dem Boden wand. Während er sich in seinem roten Sessel entspannte, lief mir das Blut aus Lippe und Nase auf die elfenbeinfarbenen Bodenfliesen.

Onkel Paul sagte mir an diesem Morgen, ich solle froh sein, dass die Strafe leicht gewesen sei, obwohl die Sünde sehr schwerwiegend wäre.

„Tödlich und gefährlich deine Sünde“, sagte er und fügte hinzu: „Wie kannst du einen persönlichen Brief annehmen, der nicht zuvor von mir oder von den Verantwortlichen für die Korrespondenz in der Gemeinschaft gelesen wurde?“

Ich bat ihn um Verzeihung und erklärte, dass ich dachte, es sei keine Sünde, weil es ein Brief von meinem Vater war. Und ich fügte hinzu, dass ich ihn noch nicht einmal geöffnet hatte. Er stand auf und vertrieb wieder mit Tritten an meinen Kopf die Überreste des Satans, weil ich die Verantwortung für die Sünde nicht sofort übernommen hatte und nach Ausreden suchte.

An diesem Morgen hatte ich Glück. Vielleicht hat mich jemand beschützt. Der *Onkel* hatte Recht, die Strafe war minimal. Vor allem im Vergleich zu dem, was ich gegen andere Frauen in der Gemeinschaft gesehen hatte. Es kam mir in den Sinn, dass *Onkel* Paul vielleicht irgendwann leise zu Gott sprach, während er in seinem Sessel saß, denn es dauerte einige Minuten, bis er mir sein endgültiges Urteil verkündete. Seine Schlussfolgerung wurde nicht von weiteren Schlägen begleitet, sondern von einer absoluten Ruhe und einer gelassenen, langsamen Stimme. Nachdem er in Trance gewesen war, hatte er vielleicht eine Vereinbarung mit Gott und sich selbst getroffen, wie er es oft tat. Er sagte mir, dass ich von diesem Tag an jeden Schritt von Ute beobachten müsse. Ihr ins Badezimmer folgen. Neben ihr duschen, um ihren Körper mit meinen Augen zu prüfen. Mich im Esszimmer neben sie setzen. Sie beobachten, wenn sie schläft, um zu sehen, was für Träume sie hat. Erinnern, wann sie eingeschlafen und wann sie aufgewacht ist. Beobachten, mit wem sie während der Arbeitszeit zu sprechen versucht. Sie keine Sekunde des Tages oder der Nacht aus den Augen lassen. Und vor allem sollte ich mit ihr reden, damit sie mir vertraute und mir ihre Geheimnisse erzählte. Ich sollte zu der Spionin und Informantin meiner neuen Freundin werden, um sie und mich selbst vor den Versuchungen des Teufels zu bewahren, wie mir *Onkel* Paul am Ende seiner Erklärungen erläuterte. Meinen Bericht der geheimen Spionin sollte ich täglich an *Tante* Hilde geben, die ihn jede Woche an ihn weiterleiten würde.

Als er mit seinen Anweisungen fertig war, lehnte er sich in seinem Stuhl zurück und lachte wieder unkontrolliert, als wäre er von einer Macht besessen, die nicht von Gott sein konnte. Ein Impuls, den ein Teenager wie ich nicht verstehen konnte.

Während ich noch auf dem Boden lag, beschloss ich, mit meiner imaginären Kamera Fotos zu machen.

„Klick! – *Onkel* Paul sitzt in seinem roten Sessel und lacht unbändig."

„Klick! – Mein Profil, gezeichnet im vergossenen Blut auf dem elfenbeinfarbenen Boden."

♦

Eines der wichtigsten Gebäude, das wir fertigstellen konnten, war das Krankenhaus. Wir haben es, wie den Rest in der gesamten Gemeinschaft, mit unseren eigenen Händen gebaut. Neben den Frauen waren auch die Kinder, die älter als sechs Jahre waren, daran beteiligt. Das Krankenhaus erhielt den Namen El Lavadero. Eins der wichtigsten der großen Pläne, die *Onkel* Paul hatte, war immer der Bau eines modernen Krankenhauses innerhalb des Geländes der Colonia Dignidad gewesen. In diesem weißen Gebäude würden wir nicht nur unsere ganze Gemeinschaft medizinisch versorgen können, sondern auch den armen Chilenen helfen, die in den Dörfern in der näheren Umgebung unserer Kolonie lebten. Sie durften das Krankenhaus nur an zwei Tagen in der Woche und nur in sehr begrenzten Bereichen besuchen, die von unserem Bereich getrennt waren. Obwohl ich die Siedlung nie verließ, wusste ich, dass die Menschen in dieser Region keine Gesundheitszentren hatten, in denen sie eine gute Versorgung bekommen konnten. Vor allem die Frauen und Kinder.

Zu Beginn war mir die Einrichtung ein Rätsel. Aber Dr. Strätling sorgte nicht nur dafür, dass ich die Möglichkeit hatte, sie kennenzulernen, sondern auch dafür, dass meine Familie und ich dort „Stammpatienten" waren. Meine Nähe zu dem Krankenhaus wurde auch dadurch begünstigt, dass Angelika ihre Arbeit in dem Gebäude verrichtete. Sie wusste alles, was vor sich ging und was sich in den beunruhigenden und unheimlichen Mauern des Krankenhauses verbarg.

Ich war erschüttert von dem, was ich an dem Tag, als ich zum ersten Mal ins Krankenhaus kam, beobachtete. Ich wurde hingebracht, weil Dr. Strätling meinte, ich hätte schlechte Gedanken. Aber in Wahrheit musste ich hingehen, weil jemand heimlich gebeichtet hatte, dass er sich einbilde, ich wolle mit meiner Schwester Dorothea sprechen. Bei meinem ersten Besuch schlief ich Tag und Nacht, die Wirkung eines Vitaminschocks, den Dr. Strätling mir angeblich verabreicht hatte. Das war die offizielle Geschichte. Ich wurde so oft gespritzt, dass ich mich an viele Details meiner ersten geistigen Heilung nicht mehr erinnern kann. Aber Angelika erzählte mir, dass das Krankenhaus in jenen Jahren mehr als sechzig Menschen aufnehmen konnte. Dass es über die besten Operations- und Kreissäle, Röntgengeräte, Laboratorien und eine hervorragende Notfallausrüstung verfüge. Außerdem über eine Apotheke, ausgestattet mit allen in Parral gekauften Medikamenten, die für die Behandlungen notwendig seien, welche Dr. Strätling den Colonos und den Menschen von außerhalb zukommen lasse. Vor allem aber gäbe es eine psychiatrische Abteilung mit einem modernen Gerät für die Elektrokonvulsionstherapie, die den Menschen bei ihrem Kampf gegen den Teufel helfen würde.

Später erfuhr ich in einer der Reden von *Onkel* Paul, dass auch die chilenische Regierung zur Ausstattung des Krankenhauses beigetragen hatte. Offenbar hatte der Präsident, der bei unserer Ankunft an der Macht war, Jorge Alessandri Rodríguez, dank der Hilfe des chilenischen und des deutschen Botschafters großes Interesse daran, unser Projekt zu unterstützen. Vor allem das Krankenhaus, denn sie sagten, wir hätten hervorragende Fachkräfte und eine moderne Ausstattung, die allen anderen chilenischen Krankenhäusern weit überlegen sei. Mit Hilfe der beiden Regierungen waren wir in der Lage, unseren Colonos und den armen Chilenen im Süden kostenlos eine hervorragende medizinische Versorgung zukommen zu lassen. Besonderer Wert wurde auf die Kinderheilkunde und die Gynäkologie gelegt. So wollte es *Onkel* Paul.

Das zweistöckige Gebäude stand absichtlich etwas abseits von den anderen Gebäuden. Laut Dr. Strätling sollte dies verhindern, dass kranke infektiöse chilenische Patienten uns ansteckten. Sie sagte, es sei auch weit weg vom *Zippelhaus*, damit wir nicht das Geheule von geisteskranken Insassen hörten, die ihre Hilfsmittel nicht genommen hätten, oder das Jammern der Kinder, die Krankenhäuser hassten und die in dieses Gebäude eingewiesen worden waren, um ihnen zu helfen, ihr Verhalten gegenüber dem *Onkel* zu verbessern und sie von dem Dreck zu reinigen, den der Teufel gegen sie austeilte.

♦

Von den unzähligen Erinnerungen, die mir an diese Jahre geblieben sind, werde ich nie das Weihnachten vergessen, an dem der Weihnachtsmann starb. Ich war traurig, ihn sterben zu sehen, nicht wegen mir, sondern weil ich glaube, dass meine Geschwister an diesem Tag aufhörten, an das Wunder des Heiligen Abends zu glauben.

Alle Kinder warteten mit Sehnsucht auf den Beginn von Weihnachten. Sie wussten nicht genau, wann dieser Tag war – denn sie sahen nie einen Kalender und sprachen auch nicht über das Datum –, sie wussten nur, dass Weihnachten nahte, weil es wärmer wurde und sie die Vorhersagen der *Tanten* hörten, die sie warnten, dass der Weihnachtsmann in wenigen Monaten wiederkommen würde. Oder, wie die Chilenen ihn nannten, der *Viejo Pascuero*. Die Kinder sprachen, wenn sie konnten, von der großen Vorfreude, die ihnen das heimliche und verborgene Erscheinen des alten Weihnachtsmanns bereitete. Dieser geheimnisvolle Mann, der Deutsch sprach, kam von einem Ort am Pol, voller Schnee, und brachte für einige Kinder – die, welche sich bei dem *Onkel* gut benommen hatten – ein bescheidenes kleines Geschenk mit. Aber *Onkel* Paul war eifersüchtig auf den „Mann zu Weihnachten“ und mochte weder die Festlichkeiten noch die irdischen Feiern. Aus diesem Grund gab es zur Weihnachtszeit in der Colonia Dignidad immer einen Konflikt zwischen diesen beiden Männern, die von den Kindern verehrt wurden. Und auch eine Unvereinbarkeit zwischen dem Traum der Kinder und dem Willen des *Onkels*. Und früher oder später musste dieses Problem gelöst werden.

An diesem Nachmittag im Dezember hatte *Onkel* Paul einen der kleinen Busse bestellt, um die Kinder zum Fluss zu bringen, damit sie die Ankunft des Weihnachtsmannes in Chile miterleben konnten. Die Kinder trugen ihre besten Lederhosen, typisch für Deutschland, und benahmen sich vorbildlich, denn für jeden von ihnen war es der wichtigste Tag in ihrem kurzen Leben.

In jenem Jahr war ich eine der Jugendlichen, welche die Gruppe zum *Fluss Lauquén* begleiten sollten. Der Weg dorthin war kurz, denn die Reise selbst war eine ungewohnte Wonne. Nie verließen wir die Kolonie, und obwohl wir nur Feldwege und dieselben Felder sahen, auf denen wir Tag für Tag arbeiteten, war die Erfahrung, die hermetischen Tore der Gemeinschaft zu durchfahren, eine Veränderung. An diesem Nachmittag schien der *Onkel* während der Fahrt in Begleitung seiner Kinder, die er abgöttisch liebte, krankhaft glücklich zu sein. Auf der Fahrt zum Fluss teilte er ihnen die Gründe mit, warum nur diejenigen, die sich gut benommen hatten, ein kleines Geschenk vom Weihnachtsmann erhalten würden. Das bedeutete, dass sie ihre Arbeit getan hatten, sich nicht vom Teufel hatten verführen lassen und, was am wichtigsten war, sich für die Zuneigung von *Onkel* Paul ihnen gegenüber auf individuelle Weise erkenntlich gezeigt hatten.

Wir kamen am *Fluss Lauquén* an und stiegen mit großer Disziplin aus, um auf den Besuch zu warten. Wir warteten mit kontrollierter Geduld ab, bis der *Onkel* uns sagte, dass er ihn bereits gesehen habe. Wir schauten hin und sahen ein kleines Boot um die erste nahe gelegene Biegung des reißenden Flusses schwimmen. Die Kinder waren ganz aufgeregt und fingen an, dem Weihnachtsmann mit den Armen zu winken. Sie wollten seine Aufmerksamkeit erregen, damit er wusste, dass sie dort am Flussufer standen und auf ihn und seine Geschenke warteten. Sie riefen ihm zu, er solle sich bereit machen, sein Boot anzuhalten und nicht über die Stelle hinausfahren, an der sie auf ihn warteten. Der „Mann zu Weihnachten“ mit weißem Bart, gekleidet in seinem typischen roten Gewand und der den Kindern so vertrauten Mütze, winkte ihnen zu. Auf seinen Schultern trug er einen großen roten Beutel voller kleiner Päckchen. Die Kinder lachten und sprangen vor Aufregung. Und inmitten dieser unbändigen Freude ertönten Schüsse:

„Bäng! Bumm! Bumm! Bäng!“

Onkel Paul hatte seine Pistole, eine Walther PPK, gezogen und einen Schuss auf den Weihnachtsmann abgegeben. Und dann noch einen. Und noch ein paar mehr. Daraufhin fiel der „Mann zu Weihnachten“ in den Fluss, wo er sich vor Schmerzen krümmte. Die Kinder schrien vor Überraschung auf. Aber die Stimme des *Onkels* übertönte sie mit dem Befehl:

„Haltet die Klappe, ihr alle!“

Die Kleinen erstarrten sofort, denn Schweigen war immer Stärke. Die Folgen, nicht zu gehorchen, waren schrecklicher, als den Weihnachtsmann sterben zu sehen.

Der Leichnam des Weihnachtsmannes versank an diesem Nachmittag in den Fluten des *Flusses Lauquén*. Wir sahen ihn nicht an die Oberfläche kommen. Wir sahen nur etwas Rotes, das das Wasser vor der Gruppe färbte, während das Boot zwischen Ästen und Steinen eingeklemmt hängenblieb, weit weg von uns.

Während das mächtige Flussbett des *Flusses Lauquén* noch immer den Raum der Stille beherrschte, gab *Onkel* Paul die Anweisung, in den Bus zu steigen, um in unseren kleinen Staat zurückzukehren. Ein kleines Mädchen, das seine Tränen beim Anblick des mit dem Tode ringenden Weihnachtsmannes nicht unterdrücken konnte, erhielt ein paar Ohrfeigen mitten ins Gesicht, weil es seine „weiblichen Gefühle“ nicht unter Kontrolle hatte.

Bevor der Bus auf den Weg abbog, bat der *Onkel* darum, dass ihm sein Lieblingslied zu Weihnachten vorgesungen werde. *Tante* Gisela, die tägliche Lehrerin der Kinder, hob ihren rechten Arm, als ob sie mit ihrem imaginären Taktstock schlagen würde, und begann, den süßen – und zugleich eindrucksvollen – Kinderchor zu dirigieren. Das waren die bevorzugten Momente von *Onkel* Paul. Mit dieser Melodie im Hintergrund hellte sich seine Laune wieder auf, und er lachte den Rest des Weges zurück zu unserem Ziel.

Wenn er glücklich war, waren wir alle glücklich.

Über den Weihnachtsmann wurde nicht mehr gesprochen. Da aber alle Geheimnisse nur von *Onkel* Paul selbst verraten wurden, erfuhren wir in der folgenden

Woche, dass es *Onkel* Alfred gewesen war, der sich in diesem Jahr als der „Mann zu Weihnachten" verkleidet hatte. In einer Versammlung der Gemeinschaft, bei der die Kinder nicht anwesend waren, erzählten sie uns, dass sie den Tod bis ins Detail geplant hätten. Sie sagten, *Onkel* Paul habe nicht auf den Körper von *Onkel* Alfred geschossen, sondern auf das Boot. Die anderen Kugeln wären ins Wasser gefallen. Auch das Blut, das wir fließen sahen, sei rote Farbe gewesen. *Onkel* Alfred sei ins Wasser geglitten und ohne aufzutauchen aus dem Blickfeld der Kinder geschwommen. Andere *Onkel* hätten mit trockenen Kleidern weiter unten am Flussufer auf ihn gewartet, um den lustigen Weihnachtsstreich zu beenden. Als *Onkel* Paul die Geschichte zu Ende erzählt hatte, lachten alle Anwesenden der Versammlung unermüdlich. Niemand konnte sich seinem Sinn für Humor entziehen.

Der Heilige Abend wurde in diesem Jahr nicht gefeiert. Auch nicht im folgenden Jahr. Und auch nicht im nächsten Jahr. Das Datum und das Fest gingen mit dem Tod des armen alten dicken Mannes mit dem weißen Bart und dem roten Gewand verloren. Damit endete die Eifersucht von *Onkel* Paul auf den Weihnachtsmann. Im Gegenzug begannen wir, jedes Jahr mit großem Stolz und voller Hingabe den Geburtstag des *ewigen Onkels* zu feiern, der ebenfalls in diesem Monat war: Der 4. Dezember. Sie erklärten uns, dass dies absolut sinnvoll sei, denn er sei ja der *neue* Jesus Christus. Und wir mussten das Wunder seiner Geburt und seiner Ankunft auf der Welt feiern. Und, mehr als alles andere, sein Erscheinen in unserem Leben.

„Klick! – Der Weihnachtsmann fällt in den Fluss, getötet von *Onkel* Paul."

„Klick! – Kinder singen für *Onkel* Paul, nachdem sie den ‚Mann zu Weihnachten' sterben sahen."

♦

Ute konnte sich nicht ändern. Die Behandlungen mit Spritzen und Tabletten, die Dr. Strätling ihr gab, halfen ihr nicht, ihr Verhalten zu verbessern. Ich bespitzelte sie ständig und musste jede Woche ihre Sünden beichten. Ich tat das unter großen Schmerzen, aber es war die einzige Möglichkeit, sie und mich zu retten. Ute muss sich ähnlich gefühlt haben, als sie gezwungen wurde, meine Sünden zu beichten. Wir mussten lernen, dass es unmöglich war, jemandem zu vertrauen. Uns wurde immer eingetrichtert, tiefes „Vertrauen“ in das Misstrauen zu haben und zu akzeptieren, dass nichts vor *Onkel* Paul und vor unserem himmlischen Vater geheim war. Sie hatten die Macht, sogar unsere Gedanken zu kennen, denn sie beobachteten uns sogar, wenn wir schliefen. Wenn wir versuchten, die Wahrheit zu verbergen, würden wir früher oder später den Preis dafür zahlen, dass wir den Verführungen des Teufels nicht widerstehen konnten. Und so geschah es auch Ute.

Von dem Moment an, als sie in der Kolonie ankam, rebellierte Ute gegen die für Frauen geltenden Regeln. Im Grunde wollte sie weiter sündigen. Sie dachte unentwegt über das Verbotene und das Unerreichbare für uns Frauen nach. Sie träumte davon, nach ihrer Rückkehr nach Deutschland an die Universität zu gehen und Jura zu studieren. Sie wollte heiraten und hoffte, eines Tages eine Tochter zu haben. Schlimmer noch: Sie gestand, dass es in der Kolonie einen Jungen gab, den sie mochte und der sie geküsst hatte. Und sie sagte, sie würde gerne mehr tun, als Willy nur zu küssen. Sie erzählte es jemandem im Hühnerstall, während sie Eier einsammelte. Noch am selben Tag wurde sie gerufen, um das Geheimnis öffentlich zu beichten.

Die Nacht von Utes Geständnis war beeindruckend und wirkungsvoll, selbst für alle anderen Frauen, die wir an körperliche Züchtigung gewöhnt waren. In der Versammlung rief *Onkel* Paul sie mit einem breiten Lächeln im Gesicht nach vorne. Er fragte sie freundlich, ob sie Willy heiraten wolle. Sie sagte sofort ja. Der *Onkel* lächelte weiter und fragte den Jungen, ob er auch heiraten wolle. Der zögerte einen Moment und sagte dann nein, dass ihm die Ehe nicht gefiele und Ute auch nicht. In diesem Moment verschwand das Lachen von den Lippen von *Onkel* Paul und er schrie verzweifelt:

„Ute ist vom Teufel besessen, weder Willy noch sonst jemand wird sie heiraten!“

Er packte sie an den Haaren und drehte sie mehrmals um sich herum, wie eine Stoffpuppe. Er verlor seine Schuhe, und ihre lange Uniform begann, sich zwischen seinen Beinen zu verheddern. Es war schwer, mit der kreisenden Bewegung fortzufahren. Daher ließ er sie los. Utes Körper, der Fahrt aufgenommen hatte, prallte wie ein Sack frischer Bohnen gegen die Wand. *Onkel* Paul packte sie wieder an den Beinen und schlug sie mehrmals gegen die Wand. Ich glaube, dass Ute zu diesem Zeitpunkt das Bewusstsein verlor, denn ihr leises Wimmern verstummte.

Während der Bestrafungen hatten wir Frauen uns angewöhnt, nicht zu schreien. Je mehr wir schrien, desto länger dauerte die Bestrafung. Das Schweigen oder zumindest das leise Wimmern der Sünderinnen war für *Onkel* Paul akzeptabel, denn es war eine Art, die Schuld und die körperliche Bestrafung zu akzeptieren, ohne zu rebellieren. Wir mussten uns ihm gegenüber in jeder Weise unterordnen, auch indem wir den Schmerz verbargen.

Als die Anwesenden der Versammlung Ute bluten sahen, dachten sie, die Bestrafung sei vorbei. Blut war immer das Zeichen der Grenze, weil es die Sünde reinigte, wenn es aus dem Inneren des Körpers nach außen floss. In dieser Nacht war es damit aber nicht vorbei. *Onkel* Paul bat Willy nach vorne und Ute zu bestrafen, um ihr diese höllischen Gedanken aus dem Kopf zu schlagen. Zu diesem Zweck musste Willy sie nur auf den Kopf schlagen. Immer und immer wieder, bis diese Gedanken aus ihrem Hirn gelöscht waren. Und vor allem, bis sein Name und ihr sündhaftes sexuelles Verlangen nach ihm aus ihrem Gedächtnis verschwanden. Die Schläge würden ihr helfen, das Studium, das Schwanger werden und einen Ehemann haben zu wollen, zu vergessen. Willy schlug sie zuerst mit den Fäusten, und dann, auf Wunsch des *Onkels*, trat er unkontrolliert auf sie ein. Ute bewegte sich nicht mehr. In diesem Moment kam, wie immer, der gemeinsame Angriff. Die *Onkel* kamen nach vorne und beteiligten sich an der Bestrafung von Ute.

Ich weiß noch, wie ich versucht habe, die Augen zu schließen, um Ute nicht so stark blutend auf dem Boden zu sehen, aber *Tante* Hilde, die uns ständig beobachtete, gab mir einen festen Schlag auf den Rücken und sagte:

„Mach die Augen auf! Du fauler Lümmel, es ist nicht die Zeit, im Stehen einzuschlafen."

Ute blieb in einer Blutlache liegen. Die Versammlung endete mit Gebeten, wie an jedem anderen Tag der Woche. *Onkel* Paul verkündete, dass es zwei Uhr nachts sei. Niemand sprach auf dem Weg zum *Zippelhaus*. Die Anführer – die Führungsriege – blieben im Versammlungsraum und tranken *Whisky* mit *Onkel* Paul, während Ute immer noch bewusstlos war.

♦

Bei einer der nächsten Versammlungen verkündeten sie, dass Ute in diesem Morgengrauen im Krankenhaus gelandet war. *Onkel* Dieter fand sie fast erfroren ein paar Stunden nach dem Ende der Versammlung am Flussufer. Sie erzählten uns, dass Ute nach dem Ende der Versammlung von selbst vom Boden aufgestanden war und beschlossen hatte, zum Fluss zu laufen, als eine weitere Geste ihres extremen Trotzes. Dr. Strätling wies sie ins Krankenhaus ein, um sie von ihrer Lungenentzündung und ihrem aufständischen Wesen zu heilen, aber beide Behandlungen schlugen nicht an.

Sie sagten uns, dass Ute zwei Tage später an der angeblichen Lungenentzündung gestorben war, die sie sich in dieser Nacht am Ufer des Flusses, das niemand erreichen konnte, ohne über den elektrischen Stacheldrahtzaun zu springen, zugezogen hatte. Sie wurde in aller Bescheidenheit begraben, wie es in der Colonia Dignidad üblich war, und ohne eine Unterbrechung der Arbeit. Sie wurde in eine Kiste aus gewöhnlicher Douglasie gelegt, schlecht hergestellt in den Werkstätten unseres kleinen Staates. Und sie brachten sie in der gleichen Schubkarre zum Friedhof, in der sie Dung oder Abfälle für die Tiere transportierten. Sie wurde von den Männern hingebracht, die dafür zuständig waren, die Kisten in die Erde zu bringen und sie zuzudecken, um so das Ende des irdischen Lebens zu besiegeln. Als ihre beiden Freundinnen hofften wir, dass Ute vor ihrem Tod Buße getan hatte. Wir versuchten, uns davon zu überzeugen, dass ihre Sünden schwerwiegend gewesen waren. Doch die körperliche Bestrafung hatte zwar einen Teil ihrer Schuld getilgt, aber versicherte uns nicht, dass sie dazu dienen würde, Vergebung von unserem himmlischen Vater oder von *Onkel* Paul zu erhalten. Jede für sich, beteten wir zu Gott, er möge sie retten und ihr das ewige Leben schenken. Man konnte nicht in einer Gruppe oder öffentlich für eine Seele beten, die nicht dazu bestimmt war, in den Himmel zu kommen.

Niemand in der Kolonie erwähnte Ute je wieder, und auch an der Stelle, an der ihr Körper begraben worden war, stand kein Grabstein mit ihrem Namen. Aber ich habe mir geschworen, ihren Namen, ihre Geschichte und das wunderschöne, lebensfrohe Lächeln, das Ute bei ihrer Ankunft in der Kolonie hatte, nie wieder zu vergessen.

„Klick! – Utes Körper liegt am Ufer des *Flusses Lauquén*."

„Klick! – Willy tritt Ute an den Kopf und ins Gesicht."

♦

Max floh 1966 erneut, und dieses Mal verstand ich die Gründe für seine Flucht besser. Mit den Jahren öffneten sich mir mehr und mehr die Augen und schloss sich meine Naivität. Bei seiner ersten Flucht war es *Onkel* Paul und der Führungsriege gelungen, Max in einem chilenischen Gefängnis für den Diebstahl des Pferdes büßen zu lassen, das er an die Kolonie zurückgegeben hatte. Aber in unserer Gemeinschaft bezahlte er für seine Aufsässigkeit auf eine andere Art und Weise. Dr. Strätling verabreichte ihm endlose psychiatrische Behandlungen, die ihn veränderten. Dennoch erinnere ich mich, dass er, nachdem er gezwungen worden war, in die Kolonie zurückzukehren, nicht nur als Verräter, sondern auch als Irrer behandelt wurde. *Onkel* Paul verhöhnte ihn, und die Führungsriege behandelte ihn wie einen Verbrecher. Max wurde zum Ziel von Angriffen und Spott der meisten Erwachsenen in der Gemeinschaft. Sie hielten ihn nicht nur für geistesgestört, sondern auch für das Symbol der Macht des Teufels, der versuchte, sich bei den Gläubigen einzuschleusen. Diese Mächte hatten von diesem armen jungen Ungläubigen Besitz ergriffen, und jeder musste ihn auf jede erdenkliche Weise ablehnen, um sich nicht mit dem Virus des Bösen anzustecken, für das es noch keinen Impfstoff gab. Es blieb uns nichts anderes übrig, als uns täglich an seine Flucht zu erinnern, wenn wir ihn in seiner roten Kleidung und mit seinem kahlgeschorenen Kopf sahen, die nicht nur auf seine Aufsässigkeit, sondern auch auf seine mangelnde Liebe zu Gott und zu *Onkel* Paul hinwiesen.

Seine letzte Flucht war anders als die erste, denn Max wusste, was er in der Außenwelt vorfinden würde. Nachdem er einige Male von den chilenischen Behörden mit Unterstützung der deutschen Botschaft in Santiago verhaftet und zurückgebracht worden war, hatte Max dazugelernt. Er lernte, wie man aus der Kolonie herauskommt, ohne getötet zu werden, und sammelte auch Erfahrungen, wie man – mit Vertrauen und Unterstützung – zu den Chilenen kam, die *Onkel* Paul nicht mochten.

Die Fluchtroutine verlief ähnlich wie bei den vorherigen. In dieser Nacht ertönten wieder die Sirenen und Lautsprecher. Und die Stimme von *Onkel* Ulrich, dem Zuständigen für die Wachposten, verkündete lautstark die schamlose und subversive Tat eines weiteren Ungläubigen. Die Reaktion der Colonos war dieselbe. Schmerz und Wut. Gebete und noch mehr Gebete.

Die Macht von *Onkel* Paul und der Führungsriege konnten Max nicht zurückbringen. Sie erklärten uns nicht in Einzelheiten, wie es ihm gelungen war, erneut zu entkommen. In der darauffolgenden Woche wurden wir jedoch zu einer Sondersitzung einberufen, um uns auf das enorme Risiko hinzuweisen, das mit einem Fluchtversuch aus der Kolonie verbunden ist. Der *Onkel* erklärte uns sehr einfach und deutlich die Gefahren: Wenn man es schaffte, nicht durch das Treten auf die im Boden versteckten Kupferdrähte einen Stromschlag zu bekommen, würde man durch die anderen starken Stromschläge der Stacheldrähte, die zwischen den Betonpfosten angebracht waren, zerplatzen. Und das auch nur, wenn man es schaffte, den Rand des Grundstücks zu erreichen. Lange bevor man diese Hindernisse überwinden konnte, würde man von den Hunden angegriffen. *Onkel* Paul selbst würde sie auffordern, dich zu fressen, so wie sie es zur Übung mit toten Tieren taten. Die Schäferhunde und Dobermänner waren darauf abgerichtet, ohne Gnade zu töten. Zu diesem Zweck wurden sie nur mit rohem Fleisch gefüttert.

Bei dieser Versammlung wurden wir auch daran erinnert, dass die Kameras beim ersten Schritt aus unseren Schlafsälen unsere Bewegungen filmen, Bilder machen und den Alarm auslösen würden. Max würde sicher schwer verletzt in irgendeinem Krankenhaus liegen, sagte uns *Onkel* Paul am Ende des Berichts. Und er fügte hinzu:

„Niemand wird jemals wieder lebend aus der Kolonie entkommen. Wen ich bei dem Versuch erwische, werde ich selbst mit einem Kopfschuss erschießen."

Nach dieser Versammlung kam mir der Gedanke, dass diese übermäßigen Sicherheitsvorkehrungen, von denen sie uns so oft viele Einzelheiten erklärt hatten, vielleicht nicht gebaut worden waren, um uns vor dem Feind da draußen zu schützen (der uns hasste), sondern vielleicht, um uns an der Flucht zu hindern. Dass wir nicht wie Max fliehen und Wege beschreiten sollten, die uns verboten waren.

Ich konnte wochenlang nicht aufhören, darüber nachzudenken: Was gab es in dieser höllischen Welt, außerhalb unserer von *Onkel* Paul und Gott kontrollierten Mauern, in die Max zurückkehren wollte?

Der *ewige Onkel* wollte uns noch weitere Lektionen erteilen. Eines Tages verkündete er im Innenhof die Namen der vier Jugendlichen, die ihm gebeichtet hatten, dass sie lange vor seiner letzten Flucht vermuteten oder dachten, dass Max wieder ausbrechen könnte. Alle vier wurden rasiert und mussten bis auf Weiteres rote Kleidung tragen. Sie hatten die Sünde begangen, ihre Gedanken nicht vorher zu beichten und die Flucht von Max durch ihr Verhalten zu verhindern. *Onkel* Paul teilte uns mit, dass zwei von ihnen eine zusätzliche Strafe wegen Mittäterschaft erhalten würden. Jemand hatte gestanden, dass er sie von Weitem mit Max hatte sprechen sehen. Diese beiden Jugendlichen würden zur Therapie ins Krankenhaus eingewiesen werden, um den Gedanken an die Flucht aus ihren Gehirnen zu löschen wie auch die Erinnerungen, die sie an ihren Freund Max hatten. Es müsse verhindert werden, dass diese ansteckende Krankheit auf die Gehirne anderer junger Mitglieder der Gemeinschaft übergreift, sagte *Onkel* Paul.

Ich erfuhr von Angelika, dass Max nach Deutschland zurückkehren wollte. In dieser Nacht hatte er Unterstützung von der gleichen chilenischen Familie erhalten, die ihn nach seinen anderen Fluchtversuchen aufgenommen hatte. Ein paar Tage später brachte sie ihn nach Santiago, um bei der Deutschen Botschaft um Hilfe zu bitten. Vertreter der Botschaft, denen die bedingungslose Unterstützung, die sie der Colonia Dignidad weiterhin gewährten, peinlich war, begleiteten ihn an einen geheimen Ort, wo er von chilenischen Polizeikräften geschützt wurde. Es handelte sich um ein Altersheim, in dem viele ältere Deutsche lebten. Max verbrachte einige Zeit dort, bevor er in sein Heimatland zurückflog.

Aber auch diese Flucht war, wie die beiden vorangegangenen, nicht einfach. *Onkel* Paul schickte *Onkel* Dieter und fünf weitere aus der Führungsriege, um Max in Santiago zu suchen. Diese Gruppe versuchte, ihn aus seinem Versteck zu holen, hatte aber keine Waffen dabei, so dass der Versuch scheiterte. Nur mit Fäusten und Fußtritten konnten sich die deutschen Meuchelmörder nicht gegen die gerissene, bewaffnete chilenische Polizei wehren und mussten in die Kolonie zurückkehren. Sie kehrten niedergeschlagen und sehr beschwichtigt zurück, mit eingezogenen Schwänzen, unfähig, Max zu retten. *Onkel* Paul war erzürnt, als er sie ankommen sah, denn er war es gewohnt, dass ihm in der Botschaft sowie in den Büros der chilenischen Behörden im Süden und in der Hauptstadt jeder gehorchte. Er hatte, wie er immer wieder betonte, die Macht der Politiker, der Richter und der Polizei unter Kontrolle, und sie würden ihn nie im Stich lassen.

„Ich habe sie alle gekauft und verkauft, und ich biete ihnen den Zusatzverdienst, wann immer mir danach ist", wiederholte *Onkel* Paul immer dann, wenn er von der Botschaft, den Politikern oder den chilenischen Behörden sprach.

Angelika erzählte mir, dass alles Menschenmögliche unternommen wurde, um Max mit Hilfe unserer mächtigen Anwälte in die Kolonie zurückzuholen. Alle Versuche scheiterten. Max kam nie wieder zurück, um in unserer Gemeinschaft zu leben.

♦

An einem Sommerabend las uns *Onkel* Gerd die Nachrichten vor, die er für die Gemeinschaft über die Situation von Max nach seiner Flucht vorbereitet hatte. Darin teilte er uns mit, dass er von den Anführern der Kolonie und den Anwälten, die uns in Chile vertraten, der Sodomie beschuldigt worden war. In der Nachricht hieß es weiter, dass Max höchstwahrscheinlich viele Jahre im Gefängnis verbringen würde. *Onkel* Paul und die männlichen Anführer waren über diesen Teil der Nachricht sehr erfreut.

Wir Jugendlichen wussten, dass Sodomie in der *Bibel* eine sehr strafbare Sünde ist. *Onkel* Paul predigte uns gegenüber oft darüber:

Wenn jemand bei einem Manne schläft wie bei einer Frau, so haben sie beide ein Gräuel getan; und beide sollen des Todes sterben; ihre Blutschuld komme über sie.

Diese Worte haben wir Hunderte von Malen in Treffen und Versammlungen gehört.

Und es geschah, was geschehen musste, und Max musste wieder zurück ins Gefängnis. Er habe es verdient, sagte *Onkel* Paul. Und fügte hinzu:

„Er war der schuldige, verkommene Verräter, nicht wir."

Aber sein Aufenthalt währte nicht sehr lang, denn er erhielt juristischen Beistand, um wieder freizukommen. *Onkel* Gerd teilte uns mit, dass viele Feinde der Kolonie ihm dabei halfen, uns in Verruf zu bringen und ihn vor der Justiz zu retten. Laut *Onkel* Paul gab es sogar eine Gruppe von unmoralischen chilenischen Frauen, die gegen unsere religiösen Werte waren und Hilfe organisierten, damit es Max an nichts fehlte. Sie besuchten ihn und brachten ihm besonderes Essen.

Und es wurde uns erzählt, dass sie einen der angesehensten Schneider in Parral dazu brachten, ihm einen Anzug aus exklusiven Stoffen für seine Aussagen vor Gericht anzufertigen. Diese Nachrichten machten *Onkel* Paul wahnsinnig, denn es wurde auch bekannt, dass die verschiedenen Gruppen von organisierten Feinden alles taten, um Max nicht nur zur Flucht aus unserer Gemeinschaft zu verhelfen, sondern auch, um *Onkel* Paul in Verruf zu bringen.

Auch die Mutter von Max, Frau Regina, verließ in diesem Jahr die Gemeinschaft. Sie wurde sowohl von Dr. Strätling als auch von unserem Krankenhauspersonal für psychisch instabil erklärt. Uns wurde gesagt, dass nach ihrer Ankunft in Chile, kurz nach dem erstem Fluchtversuch von Max, keine Behandlung zu ihrer Besserung erfolgreich gewesen war. Frau Regina war sehr aggressiv; von dem Moment an, als sie in der Kolonie ankam, flehte sie darum, ihren Sohn Max zu sehen und mit ihm zu sprechen, da sie ihn, nachdem sie ihn nach Chile mitgenommen hatten, nicht mehr gesehen hatte. Zunächst erhielt sie eine Stelle als Lehrerin an der Schule, aber sie verhielt sich nicht wie erwartet und bestand weiterhin darauf, ihren Sohn zu sehen. Sie wurde zur Zwangsarbeit eingeteilt, wie es bei Müttern, die ihre Säuglinge sehen wollten, üblich war, aber diese Veränderung verschlimmerte nur ihren psychischen Zustand und ihre ungesunde Starrköpfigkeit. Viele Frauen in der Gruppe gestanden ihre Sünden, und Frau Regina musste die verdiente Strafe erhalten. Doch keine Einschränkung zeigte Wirkung, und so musste sie isoliert eingewiesen werden, damit Dr. Strätling ihr Verhalten mit den sensiblen Elektroschocks ändern konnte.

Unter dem Druck der chilenischen Behörden beschlossen die Anführer, die Mutter von Max aus der Kolonie zu entlassen und in eine chilenische psychiatrische Klinik einzuweisen. Nach Angaben von Dr. Strätling blieb Frau Regina in dieser Einrichtung – in der sie keine bessere Behandlung erfuhr als in unserem Krankenhaus –, während gerichtlich über die Situation ihres Sohnes und ihre geistige Verfassung entschieden wurde. Ich glaube, dass sie irgendwann unter der Obhut katholischer Nonnen stand, die versuchten, sie zu schützen und ihr zu helfen, nur um *Onkel* Paul rasend zu machen.

♦

Wir erfuhren, dass Max Chile auf dem Weg über die Anden Richtung Argentinien verlassen konnte, mitten im Winter und über die Passhöhe „Cristo Redentor de Los Andes". Die Ironie, die dieses Denkmal darstellte, missfiel dem *ewigen Onkel* sehr. Eine österreichische Familie, die sich an die Deutsche Botschaft gewandt hatte, begleitete Max auf seiner Flucht. Um den Grenzbehörden zu entgehen, war Max an der Grenze zwischen Chile und Argentinien aus dem Auto ausgestiegen. Dort ging er zu Fuß weiter durch die Berge, bis er einen Weg fand, der ihn innerhalb weniger Stunden wieder mit seinen neuen österreichischen Freunden im Auto zusammenführte. Gemeinsam folgten sie der internationalen Route über Uspallata nach Mendoza. In dieser argentinischen Stadt informierte er die Deutsche Botschaft in Santiago, dass er sicher angekommen war. Einige Tage später nahm er einen Zug nach Buenos Aires, wo Vertreter der Deutschen Botschaft in Argentinien auf ihn warteten. Dort wusste er, dass er frei war. Er blieb noch einige Tage in der argentinischen Hauptstadt, bis er schließlich ein Flugzeug zurück in seine Heimat nehmen konnte. Seine Mutter, Frau Regina, begleitete ihn.

Angelika erzählte mir weitere Geschichten, die sich aus der Flucht von Max ergeben hatten. Sie erzählte mir in unseren kostbaren Momenten, wenn wir allein waren und zusammen arbeiteten, dass Max entsetzliche Lügen erfunden habe. Er beschuldigte *Onkel* Paul, ihn in Deutschland vergewaltigt zu haben, bevor er nach Chile kam, als Max erst zwölf Jahre alt war. Sie sagte auch, dass er laut Max schmutzige Dinge in seinem Bett in der Kolonie gemacht habe, wenn er mit ihm geschlafen habe. Und dass er das auch mit anderen Kindern tun würde. Max habe gesehen, wie er viele kleine Kinder missbraucht habe. Außerdem habe er ihn nachts ständig beim Masturbieren über den von Schmerzmitteln betäubten kleinen Körpern gesehen. All diese Anschuldigungen wurden aufgrund der Interviews, die Max gab, in den chilenischen und deutschen Zeitungen veröffentlicht. Wegen der Ausbrüche und unserem Eingesperrtsein verhielt sich *Onkel* Paul von diesem Moment an wie wahnsinnig. Sein unausgeglichener Gemütszustand trug zu einer weiteren Verschärfung von Disziplin und Strafen bei. Vor allem gegen Frauen. Seine unkontrollierbaren Wutausbrüche richteten sich für gewöhnlich gegen uns. Er machte uns für alle Sünden der Männer verantwortlich, seit dem

Sündenfall. Die dreiste und boshafte Eva und der unschuldige und keusche Adam gingen ihm nie mehr aus dem Sinn.

Nachdem Angelika mir erzählt hatte, was *Onkel* Paul den Kindern antat, konnte ich in dieser Nacht nicht schlafen. Ich war angewidert und wütend. Ich fürchtete um meinen Bruder Peter und all die unschuldigen Kleinen, die von ihren Eltern getrennt unter dem Dach des *Onkels* lebten. Und ich hatte auch panische Angst um uns beide. Ich begann zu befürchten, dass uns jemand wegen der Dinge, die Max erzählt hatte, angreifen würde. Angst, schon wieder. Angst, dass unser Paradies zerstört würde und dass die Mächte des Bösen gewinnen würden, obwohl mir zu diesem Zeitpunkt nicht mehr klar war, ob wir noch in einem Paradies lebten. Ich wusste nicht, ob die Mächte des Bösen außerhalb oder innerhalb der Kolonie waren.

„Klick! – Max überquert die schneebedeckten Anden."

„Klick! – *Onkel* Paul, rot vor Wut, warnt vor der Gefahr einer Flucht für die Sicherheit unserer Kolonie."

„Klick! – *Onkel* Paul schläft mit anderen Kindern."

♦

Ich konnte mich nicht genau an mein Geburtsjahr erinnern, bis ich einen Brief von meinem Vater erhielt, in dem er mir zum Geburtstag gratulierte. Obwohl das Schreiben stark gekürzt und korrigiert war, fand ich in einem kleinen versteckten Detail die Information, die ich brauchte, um mein Alter zu errechnen. Ich hatte vorher niemanden gefragt, um keine Intrigen oder Gerüchte zu schüren, die in Beichten enden würden. Jahrelang lebte ich mit dem Gedanken an das geheime Rätsel, nicht genau zu wissen, wie alt meine Geschwister und ich waren.

Als wir in Chile ankamen, nahmen sie uns unsere Pässe, Geburtsurkunden und jeden Nachweis unserer Identität ab. Sie wollten, dass alle offiziellen Dokumente in den Räumlichkeiten von *Onkel* Paul unter Verschluss aufbewahrt wurden. Von Anfang an akzeptierten die Mitglieder der Gemeinschaft die Auflage, zeitlos und nicht identifizierbar zu leben. Der *Onkel* hatte uns gesagt, dass Geburtstage nicht wichtig seien. Das Alter sei ein geistiger Zustand, kein physischer. Und Nachnamen waren unnötig, weil wir alle Kinder des *ewigen Onkels* waren. Die Information, wer wessen Kind war, stand unter seiner Kontrolle, und wir waren auf ihn angewiesen, um zu wissen, wer wir waren und wie alt wir waren.

Ich versuchte, die Jahre im Rhythmus der Jahreszeiten zu zählen, wurde aber immer wieder von Zweifeln geplagt. Was, wenn ich mich geirrt hatte und älter war, als ich dachte, oder viel jünger, als die chilenischen Frühlinge mir sagten? Ich erinnere mich, dass wir in Deutschland meinen Geburtstag am 28. Mai feierten. Das war für mich klar. Immer inmitten des schönen Frühlings meines Dorfes. Aber in Chile schien mir der Frühling spät und in anderen Monaten zu kommen. In den ersten Jahren verwirrte mich der Wechsel der Jahreszeiten ein wenig, und deshalb begann ich sogar am Tag und Monat meines Geburtstags zu zweifeln. Abgesehen davon, dass ich die Zeit nirgends eingezeichnet sah, hielten mich die Drogen und die Behandlungen, die mir routinemäßig verabreicht wurden, in einem Zustand ständiger Vergesslichkeit gegenüber der Vergangenheit und oft sogar gegenüber dem Augenblick selbst.

Der vorübergehende Gedächtnisverlust und das Verbot von familiären Kontakten oder Freundschaften machten es mir unmöglich, Informationen über meine Vergangenheit zu erhalten. Niemand schien mich vor meiner Ankunft in Chile gekannt zu haben. Und auch danach nicht. Wir alle wurden zu Wesen ohne Vergangenheit, ohne familiäre Bindungen und ohne freundschaftliche Beziehungen oder Zuneigung. Das Leben begann in der Colonia Dignidad und endete dort. Und wir waren alle eins, und jeder von uns war ein Niemand. Unsere Vergangenheit, unsere Gegenwart und unsere Zukunft hatten wir an *Onkel* Paul abgegeben. Zusammen mit unseren Körpern, unserem Willen, unserem freien Denken und unseren Seelen. Daher waren wir auf sein Wissen, seine Weisheit und seine Informationen für die Ansammlung unserer Geschichten und sogar für das mögliche Alter, das wir erreicht haben könnten, angewiesen.

Mein Vater bestätigte jedoch, ohne es zu wollen, wie alt ich sein könnte. Die Zensoren entdeckten das kleine Geheimnis im Schreiben meines Vaters nicht. An diesen Brief habe ich mich immer erinnert. Wenn ich mir nachts die Ereignisse des Tages erzählte, zählte ich und freute mich im Stillen, ohne eine Bewegung zu machen, die einen Verdacht auf mein tiefes Glück hätte lenken können. Ich erinnerte mich daran, wie alt meine sieben Geschwister, die in der Kolonie lebten, sein mochten, und versuchte insgeheim, mir dies zu bestätigen.

Ich blieb die einzige aufgezeichnete Erinnerung an die Geschichte unserer Sippe. Unwissentlich half mir mein Vater, mich zu erinnern, dass Edeltraud vielleicht fünf Jahre alt war. Ingrid sechs. Magdalena acht. Ruth neun. Peter elf. Henrietta zwölf. Dorothea vierzehn. Und ich wäre im angenommenen Frühjahr 1966 vielleicht sechzehn geworden.

♦

Die Flucht von Max brachte uns 1966 viel Ungewissheit, und in diesen Jahren verschlechterte sich die Situation für alle in der Kolonie weiter. *Onkel* Dieter, der nun täglich in der Gemeinschaft anwesend war, berichtete eines Abends:

„Vier Frauen hatten die Dreistigkeit, eine abscheuliche Todsünde zu begehen und in die Fußstapfen von Max zu treten."

Die vier Siedlerinnen fanden irgendwie eine Lücke, um die Wachposten zu umgehen, und liefen die unbefestigten Wege entlang, schwammen durch den *Fluss Lauquén* und kamen erschöpft und durchnässt vorwärts, bis sie das fanden, was sie für ihr Ticket in die Freiheit hielten. Ein paar Chilenen, die einen Lastwagen fuhren, hielten an, um ihnen zu helfen, und nachdem sie in ihrem sehr begrenzten Spanisch erklären konnten, dass sie aus der Colonia Dignidad geflohen waren, ließen die Männer sie in den Lastwagen steigen und nahmen sie mit. Unterwegs begannen sie, die Männer zu befummeln und boten ihnen fleischliche Vergnügungen im Tausch gegen eine Mitfahrgelegenheit nach Santiago an. Angelika zufolge nahmen die Männer das großzügige Angebot der blonden Deutschen sofort an, aber nachdem sie ihren Teil der Abmachung erhalten hatten, bereuten sie, ihre Hilfe angeboten zu haben. Sie fürchteten, sich mit den „mächtigen und unbesiegbaren Deutschen" zu verfeinden. Vor allem fürchteten sie, bei *Onkel* Paul in Ungnade zu fallen. Und so kam es, dass die Chilenen, nachdem sie die Frauen in vollem Umfang genossen hatten, diese anstatt in die Hauptstadt zu bringen, wie ein Paket an die Anführer der Kolonie zurückgaben.

Die Strafe, die sie erhielten, half vielen anderen Frauen, den Gedanken an Flucht für eine Weile zu vergessen. *Onkel* Paul kündigte an, dass die vier *Schweine* die ganze Nacht an den Händen gefesselt mit einem Seil von der Decke hängen würden. Damit sollte ihnen die Lust genommen werden, wieder irgendeinen Mann zu berühren oder ihre Körper denen anzubieten, die ihnen bei der Flucht aus dem irdischen Paradies helfen wollten. Die Chilenen, die sie zurückgebracht hatten, warfen ihnen vor, sich auf plumpe Weise für sexuelle Vergnügungen angeboten zu haben, was sie von den Frauen der Colonia Dignidad niemals akzeptieren würden. Die *Onkel* dankten den Chilenen für ihr edles Verhalten und dafür, dass sie sie heil und gesund zurückgebracht hatten. Die Lastwagenfahrer fuhren davon, ausgezeichnet mit Kisten voller Wurstwaren, Käse, Obst und anderen in der Kolonie von Frauen hergestellten Produkten. Darunter auch von den Vieren, die ihnen einen schönen Tag des Vergnügens für eine Flucht beschert hatten, die ihnen nicht gelungen war.

♦

Das Beispiel, mit dem *Onkel* Paul abschrecken wollte, zeigte seine Wirkung nicht bei allen Frauen. Auch *Tante* Gudrun beschloss in diesem Jahr zu fliehen. Sie hatte offenbar gelernt, über die Erdhügel zu springen, in denen die Kupferdrähte versteckt waren, und unter den unter Strom stehenden Stacheldrähten durchzukriechen, ohne die geringste Störung zu verursachen, wie die anderen vier Frauen und Max. So entkam sie in der Dunkelheit einer mondlosen Nacht aus dem *Zippelhaus*, in dem sie mit zehn anderen Frauen schlief. Sie hatte ihre Flucht so genau geplant, dass nicht einmal die Hunde sie aufspüren konnten. Es war das perfekte Entkommen, und deshalb erfuhren wir auch erst am nächsten Tag die Einzelheiten ihrer Flucht.

Onkel Dieter versicherte, dass es in der Kolonie Komplizen gab, die den Ausreißern Hilfe anboten, weil Frauen zu solcher Klugheit nicht fähig seien.

„Das Wenigste, was sie haben, ist Intelligenz und Schläue. Sie sind nur dazu geschaffen worden, zu arbeiten und zu sündigen“, erklärte er, als er sich auf unser Geschlecht bezog.

Die Geschichte von *Tante* Gudrun war in meiner Familie gut bekannt. In Deutschland war sie eine fromme Frau, die jeden Tag in die Kirche ging, und so überzeugte unser Vater sie, Gottes Weg zu folgen und 1963 mit ihren drei kleinen Kindern und ohne ihren Mann nach Chile zu reisen.

Seit ihrer Ankunft in der Kolonie habe ich viele Male mit *Tante* Gudrun zusammengearbeitet. Wir haben die Schweineställe und Hühnerställe ausgemistet. Wir unterhielten uns ganz allein, inmitten des Quiekens der Schweine, des fließenden Wassers aus den Schläuchen und des Krähens der Hähne, um nicht beim Reden erwischt zu werden. Sie erzählte mir, dass sie ihre Kinder und ihren Mann vermisse. In den drei Jahren, die sie bereits in der Colonia Dignidad war, hatte sie keinen einzigen Brief aus Deutschland erhalten. Sie hatte keine Nachricht von ihrer Familie. Sie durfte weder in der Schule noch in den Speiseräumen für Kinder arbeiten, in dem Bestreben, sie von der „fixen krankhaften Idee einer Frau" abzubringen, ihre Kinder sehen zu wollen. Ich erinnere mich, dass ich ihr, um ihr zu helfen, mehrmals wiederholen musste, was man mir weismachen wollte. Ich sagte ihr, dass ihre Kleinen nicht mehr ihr gehörten, sondern der Gemeinschaft. Dass in unserer von *Onkel* Paul geschaffenen Welt niemand Kinder hatte. Dass die Kinder die Neffen und Nichten der Frauen und Männer der Gemeinschaft waren. Aber *Tante* Gudrun wollte nicht auf mich hören. Und ihre Besessenheit provozierten den *Onkel* und ärgerten ihn bis zum Äußersten.

Der Name von *Tante* Gudrun tauchte immer wieder auf der endlosen Liste der Beichten von fast allen auf. Man warf ihr vor, dass sie mehr studieren wollte, als sie an der Universität in Deutschland gelernt hatte, und dass sie Romane schreiben wollte. *Tante* Gudrun träumte davon, mehr wie die Männer zu sein. Sie beichteten auch, über ihre Liebe zu ihrem Mann gesprochen zu haben; dass sie sie verdächtigten, unerwünschte Dinge zu träumen, weil sie sich nachts rhythmisch bewege; dass sie aus irgendeinem Grund andere Frauen unsittlich ansah, während sie sich auszogen oder duschten. Und mehr als eine gestand, dass sie sie entsetzliche Dinge habe sagen hören: dass sie es vermisse, mit ihrem Mann zu schlafen und dass sie mehr Kinder haben wolle.

Tante Gudrun schien die neuen Texte der *Bibel* nicht zu verstehen, die *Onkel* Paul in seinen Reden wiederholte: dass wir aus einer Rippe geboren wurden und deshalb nicht nur sehr viel minderwertiger als die Männer waren, sondern auch unter deren Befehlsgewalt standen. Unsere Fähigkeiten waren ganz andere und daher eben begrenzt. Dies verstand sie nicht, weder durch die massiven Schläge der Männer in der Gemeinschaft, noch durch die körperlichen Strafen in der Öffentlichkeit, die sie oft von *Onkel* Paul bekam. Auch wollte sie die Botschaft nicht verstehen, die wie das anhaltende Läuten einer Glocke in unseren Ohren klang:

„Dingdong, dingdong, dingdong, dingdong!"

„Wir existieren in der irdischen Welt vor allem deshalb, um mit einem hohen Preis und mit Opfern für die Sünde Evas zu bezahlen."

„Dingdong, dingdong, dingdong!"

„Wir sind den Männern unterlegen!"

Tante Gudrun erzählte mir, dass sie nie allein nach Chile kommen wollte. Mit ihrem Mann und drei kleinen Kindern verließ sie Deutschland über Belgien in Richtung Amerika. Sie gaben *Onkel* Paul absolut alles, was sie in ihrem Leben gespart hatten, sowie das Geld aus dem Verkauf ihres Hauses: alles als Beitrag für die Mission in Chile. Sie erläuterte mir, dass ihnen mein Vater gesagt habe, er habe alle fünf Tickets bereit, aber als es Zeit war, abzureisen, wurde beschlossen, dass ihr Mann und andere Männer bis zur nächsten Reise zurückbleiben sollten. Mein Vater hatte *Tante* Gudrun versprochen, dass ihr Mann ein paar Wochen später nach Chile reisen würde. Aber seit diesem unerwarteten und flüchtigen Abschied waren drei Jahre vergangen, in denen sie nie wieder etwas von ihm gehört hatte.

Tante Gudrun gelang die Flucht aus der Kolonie auf eine ganz andere Weise als Max. Sie tat es zu Fuß und nicht zu Pferd. Und sie entkam, ohne einen einzigen Alarm auszulösen. Ohne ein einziges Bellen der wilden Wachhunde, und indem sie alle bis an die Zähne bewaffneten Wachposten lächerlich machte.

In jenem Winter war Angelika wieder dem Krankenhaus zugeteilt worden. Sie wurde befördert und kehrte als Schwesternhelferin zurück. Ihre neue Aufgabe gab ihr die Möglichkeit, bis dahin unbekannte Einzelheiten über die Vorgänge in unserem Staat zu erfahren. Nach ihren Beobachtungen hatte *Tante* Gudrun ihre Flucht geplant, seit sie im Krankenhaus behandelt worden war, weil sie ihren jüngsten Sohn hatte sehen wollen. Angelika sah, wie Dr. Strätling ihr wiederholt die routinemäßigen Elektroschocks an Kopf, Brüsten und zwischen den Beinen verabreichte. Mit dieser Therapie wollte man sie vergessen lassen, dass sie Kinder hatte, und gleichzeitig ihre satanischen sexuellen Triebe ausschalten. Sie verabreichten ihr die Behandlungen morgens vor dem Frühstück, nachdem ihr unzählige Benzodiazepine verabreicht worden war, um sie zum Schlafen zu bringen und sie zu beruhigen. Die Therapie schien zu wirken, denn als *Tante* Gudrun – nach den Behandlungen – aufwachte, konnte sie sich weder an ihren Namen noch daran erinnern, dass sie jemals einen Mann oder Kinder gehabt hatte. Sie blieb monatelang im Krankenhaus, bis sie glaubten, sie sei von ihrem Wahn geheilt und Gott habe sie genesen lassen.

Nach ihrer Entlassung aus dem Krankenhaus wurde *Tante* Gudrun jedoch im Laufe der Monate wieder ganz sie selbst. Sie erschien immer verzweifelter und ängstlicher. Die Behandlungen verloren ihre Wirkung, und der Teufel begann, sie wieder aus den Armen Gottes zu reißen.

„Sie verlor langsam den Verstand", erzählte mir Angelika.

Wochen vor ihrer Flucht verließ *Tante* Gudrun die Siedlung zum ersten Mal seit ihrer Ankunft drei Jahre zuvor. Sie reiste mit Anführern der Siedlung und einigen *Tanten* und begleitete die Musikgruppe der Kinder nach Parral. Auf dieser Strecke beobachtete sie jedes Detail des Weges, den sie zurücklegten. Auf Schildern markierte Entfernungen. Die Kurven der Route. Die Höhe der Bäume, die Schutz bieten konnten. Und, was am wichtigsten war, was es zu essen gab, wenn das Versteckspiel lange dauern sollte. Mit diesen Informationen in ihrem Gedächtnis beschloss sie, dass es besser war, bei dem Versuch zu sterben, als mit dem Zweifel zu leben, wie ihre Flucht hätte aussehen können.

Sie bereitete sich vor und verließ in einer dunklen Nacht ungesehen und nur vom Schein der Glühwürmchen beleuchtet Colonia Dignidad. Tage- und nächtelang wanderte sie durch die wilden Felder und ernährte sich von Beeren, die sie pflückte, wie es ihr Körper verlangte. Bis sie an einen Ort kam, an dem sie Menschen sah. Es waren hauptsächlich Touristen. Den Namen des Ortes erfuhr sie von einem Schild, das vor ihr stand: Termas de Catillo. Von dort aus ging sie weiter, bis sie beschloss, an die Tür eines Hauses zu klopfen, das sich als das des Direktors der Schule in Catillo herausstellte. Und obwohl *Tante* Gudrun kein Wort Spanisch sprach, nahm die Familie sie auf und versuchte, ihr zu helfen. Die Kleidung der

Tante Gudrun war schmutzig und zerlumpt. Ihr Haar war verfilzt und ihre Schuhe waren mit getrocknetem Schlamm bedeckt. Zwei kleine Taschen hingen an ihren Händen. Darin trug sie das Wenige mit sich, das sie seit ihrer erzwungenen Reise von Deutschland nach Chile hatte aufbewahren können. Alles, was sie in jenen Jahren besaß, außer ihren drei Kindern.

Am nächsten Tag sprach in der Kolonie niemand von *Tante* Gudruns Flucht. Die Stimmen aus den Lautsprechern waren nur die üblichen. Mitten am Vormittag kamen zwei Lieferwagen und ein Auto mit *Onkel* Dieter und vier der Anführer an. *Onkel* Paul und die Wachposten warteten am Eingang auf sie. Es war ein ständiges Hin und Her von Fahrzeugen, die ein- und ausfuhren, ein Öffnen und Schließen der Sicherheitstore, ohne Unterbrechung. Die Wachposten befolgten den Aufruf des Tages, mehr Waffen als üblich zu tragen. Dutzende von freilaufenden Hunden rannten und bellten ohne Unterlass. Wir wussten, dass etwas nicht stimmte, denn sie warfen ihnen blutiges Frischfleisch zu, um sie auf einen Angriff – oder eine Verteidigung – vorzubereiten. Die Führungsriege gab keine Informationen weiter. Alles wurde bis weit nach Sonnenuntergang geheim gehalten.

Um elf Uhr nachts ertönte über die Lautsprecher der Befehl, sich zu versammeln. Die Nervosität war bei allen von uns spürbar, die wir nicht zum Sicherheitsdienst oder zur Führungsriege gehörten, die *Onkel* Paul nahestand. Aus irgendeinem Grund begann die Versammlung mit Musik. Mit klassischer Musik, die er mochte. Die Nachricht von der Flucht von *Tante* Gudrun war das letzte Thema der Versammlung. Sie wurde von *Onkel* Dieter verkündet, der am Morgen mit der Gruppe hinausgegangen war. Er sagte, niemand wisse, wo sie sei, er aber habe eine Vermutung, da einige chilenische Bauern sie in den frühen Morgenstunden erblickt hätten, als sie zur Arbeit aufstanden. Sie lebten zusammengedrängt, wie Schweine, weit weg von unseren Gebäuden. Wir bekamen sie nie zu Gesicht. Sie waren die Fremden, die nur kamen, um die Arbeit zu verrichten, von der die Führungsriege überzeugt war, dass sie diese gut zu Ende bringen konnten, wenn sie an der kurzen Leine gehalten wurden. Sie kosteten nichts, auch wenn sie umsonst wohnten und aßen. Anstelle von Lohn erhielten sie Mehl und andere Lebensmittel.

Die Versammlung begann mit dem Vorlesen von Details aus dem Leben von *Tante* Gudrun in Deutschland. *Onkel* Paul hatte eine Menge privater Informationen über ihre Vergangenheit, sie aber noch nicht öffentlich gemacht. Es war bisher nicht nötig gewesen, die Geschichte ihrer Vergangenheit zu nutzen, um sie anzugreifen, erst als der richtige Moment gekommen war. Offenbar war sie vor ihrer Heirat viele Jahre lang eine Prostituierte gewesen.

„Von der übelsten Sorte der Verkäuferinnen des Vergnügens", sagte *Onkel* Paul und fuhr fort: „Von denen, die Geld für die abscheulichsten sexuellen Handlungen verlangen, die eine Frau durchführen kann."

Er erzählte uns, dass sie unter den anrüchigen Frauen ihres Dorfes sogar einen besonderen Namen gehabt hatte. Sie nannten sie „die gefällige Hure". Diese Information wurde den Verteidigern von *Tante* Gudrun in Parral mitgeteilt, damit sie sehen konnten, dass *Tante* Gudrun kein armes Opfer war, wie sie dachten, sondern eine Hure und eine Kriminelle, die nun ihren Mann und ihre Kinder verlassen hatte. Sicherlich wollte sie auf den Straßen der Dörfer im Süden Chiles zu diesem ekelhaften Leben einer Sünderin zurückkehren.

Es fiel mir schwer, die Geschichten zu glauben, die über *Tante* Gudrun erzählt wurden. Diese Frau wäre zu den Taten, die *Onkel* Paul in Einzelheiten schilderte, nicht fähig gewesen.

Es vergingen einige Tage, ohne dass etwas von *Tante* Gudrun bekannt wurde. Nur harte Strafen für mehrere Frauen, die einen Schlafraum mit der *Tante* geteilt hatten, um ihnen Geständnisse zu entlocken. Vielleicht hatten sie vor lauter Angst ein wichtiges Detail vergessen. Viele von ihnen wurden wegen der Schläge ins Krankenhaus eingeliefert. Andere blieben zur Behandlung gegen den Teufel im Krankenhaus. Und ausnahmslos allen wurde das Essen verboten, um sie zu warnen, falls sie sich auf leeren Magen an eine weitere uneingestandene Sünde erinnern sollten.

Nach so viel Bestrafung der „vermeintlich mitschuldigen" Frauen kam *Tante* Gudrun eines Tages in die Gemeinschaft zurück. *Onkel* Dieter überredete sie zur Rückkehr, indem er ihr erzählte, dass ihr Mann Heinz aus Deutschland geholt worden war. Nach ihrer Rückkehr wurde sie sofort ins Krankenhaus gebracht. Dr. Strätling entwarf und führte eine spezielle psychiatrische Behandlung durch, um sie zur Vernunft zu bringen, bevor sie sich mit ihrem Mann treffen und ihre drei Kinder sehen konnte.

Angelika half wieder bei der Therapie. *Tante* Gudrun erzählte ihr in ihren Momenten bei klarem Verstand ausführlich, wie ihre Flucht verlaufen, wo sie gewesen und wie sie zur Rückkehr überredet worden war.

Ich musste nicht beichten, was ich über *Tante* Gudrun wusste. Angelika auch nicht. Wir waren gerettet, weil *Onkel* Paul ein paar Wochen später verschwand. Lange Zeit sahen wir ihn nicht in den Straßen der Siedlung. Nicht zu Hause, nicht beim Mittag- oder Abendessen und auch nicht bei den Versammlungen am Sonntag. Niemand, abgesehen von der Führungsriege, wusste, wo *Onkel* Paul sich aufhielt.

„Klick! – *Tante* Gudrun isst Brombeeren auf dem Feld."

„Klick! – Heinz sieht seine Frau und seine Kinder, nachdem er drei Jahre nichts von ihnen gehört hatte."

♦

Mehr als einen Monat lang bekam niemand *Onkel* Paul zu sehen. Aber wir wussten, dass es ihm gut ging, und wir befolgten seine Anweisungen, die durch *Onkel* Dieter übermittelt wurden, der vorübergehend die Leitung der Kolonie übernahm.

Nach der Flucht von Max und *Tante* Gudrun erzählte uns *Onkel* Gerd, dass chilenische Journalisten ihre Wut gegen unsere Gemeinschaft ausgelassen hätten. Sie schrieben Artikel über alle Geschichten, die Max und *Tante* Gudrun erzählten. Sie sprachen von körperlichen Misshandlungen. Von fehlender Freiheit. Von Zwangsarbeit. Sie sagten, dass wir keinen Lohn bekämen und von *Onkel* Paul und der Führungsriege der Colonia Dignidad ausgebeutet würden.

Jeden Tag – und das wochenlang – während *Onkel* Paul verschwunden war, setzte uns *Onkel* Gerd mit Nachrichten in Kenntnis. Wie üblich fasste er die Nachrichten zusammen, die er „angeblich" gelesen oder gehört hatte. Er änderte sie nach seinem Geschmack ab und gab sie so an die Mitglieder der Gemeinschaft weiter. Oft nannte er Namen von chilenischen Zeitungen und Zeitschriften, um die Nachrichten glaubwürdiger zu machen. Uns war das egal, denn wir hatten keinen Zugang zur Presse und verstanden kein Wort Spanisch. Er wiederholte Namen wie: *La Nación*, *Ercilla*, *El Siglo*, *La Tercera de La hora* und viele andere Medien, die zu dieser Zeit unsere Feinde waren.

Aber inmitten all dieser Nachrichten hatten wir auch Freunde. Eine Zeitung in Santiago, die wichtigste in Chile – *El Mercurio* – verteidigte uns immer. In Chillán hatten wir die Zeitung *La Discusión*, die zweitälteste Zeitung des Landes, auf unserer Seite, und in Parral konnten wir oft auf die Zeitung der Stadt zählen, die *La Prensa* hieß. Wenn *Onkel* Gerd beim Lesen der Nachrichten die Namen dieser Medien nannte, reagierten die Colonos, als ob sie Teil einer Verschwörung wären, die es zu bekämpfen oder zu verteidigen galt. Und sie applaudierten oder bekamen Brechreiz.

„*El Mercurio*"

„Klatsch, klatsch, klatsch!"

„*Ercilla*"

„Ach, ach, pfui!"

Das Leben in der Kolonie wurde ab 1967 immer unerträglicher. Nachdem *Onkel* Dieter die Leitung der *Sociedad Benefactora* übernommen hatte, wurde die Kommunikation mit der Außenwelt weiter gesperrt. Dennoch gab es eine regelrechte Invasion von Leuten, die mit verschiedenen Dokumenten von chilenischen Richtern, Polizisten, Anwälten und Politikern kamen; die kamen, um zu untersuchen, was wir in der Colonia Dignidad hatten, was wir dort machten und wie wir Colonos behandelt wurden. Eine ganze Reihe von Leuten – abgesehen von Vertretern der Presse – verfolgten uns unerbittlich, nachdem *Onkel* Paul untergetaucht war. Aber viele andere stellten sich auch blindlings hinter uns, um uns zu verteidigen.

Ich erinnere mich, als wäre es gestern gewesen, als die männliche Führungsriege uns Frauen aufforderte, ein riesiges Plakat zu machen und es vor dem Eingang der Kolonie aufzuhängen. In der Nähe der Brücke, die über den Bach El Lavadero führt. Auf dem Schild, das in unserem begrenzten Spanisch geschrieben war, stand: „¡AHORA BASTA! LA PRENSA HIZO BASTANTE DINERO DE LAS CALUMNIAS DE NOSOTROS (JETZT REICHT'S! DIE PRESSE HAT VIEL GELD AN UNSERER VERLEUMDUNG VERDIENT)". Diese Worte erschienen in vielen lokalen und nationalen Zeitungen. Diese Bilder machten *Onkel* Dieter sehr glücklich.

Nachdem wir das Plakat aufgehängt hatten, organisierte die Führungsriege die Frauen und die Kinder, um gegen die wöchentlichen Razzien der Behörden auf der Suche nach *Onkel* Paul zu protestieren. Wir folgten diesen Anweisungen aufs Wort und wurden sofort zu einer Armee von Frauen der brutalen Verteidigung, ohne jedoch genau zu wissen, was oder wen wir beschützten. Sie sagten uns, wir sollten uns zurechtmachen und unsere besten sauberen Kleider anziehen. Uns unerwarteten Besuchern gegenüber so zu zeigen, wie wir es noch nie zuvor getan hatten: als freie, starke, kämpferische und organisierte Frauen. Wir wurden wie robuste Schaufensterpuppen – unbesiegbare deutsche Frauen – am Eingang der Kolonie aufgestellt, damit wir jedem Menschen, der es wagen sollte, „unseren freien Staat" innerhalb des Staates Chile zu betreten, den Zugang verwehren konnten.

Auf die gleiche Weise organisierten die männlichen Anführer die Kinder zum Protest, auch unter Einsatz ihres Lebens. Sie schrieben uns phonetisch einige Dinge auf Spanisch auf, die wir in Momenten des Protests schreiend wiederholten, mit Wut, mit deutschem Akzent, wie wahnsinnig … und vor allem mit Angst und Verzweiflung. Wir taten es, als ob unser Leben davon abhinge. Und so war es dann auch:

„Leben oder Tod für die Colonia Dignidad. *Onkel* Paul ist unschuldig. Hier gibt es keine Verbrecher, nur Christen. Glückliche Christen. Wir leben nach den Prinzipien der *Bibel.* Wir leben ein reines Leben. Nur tot wird man uns hier rausholen."

Onkel Paul hatte „angeblich" einen Abschiedsbrief an *Onkel* Dieter geschrieben. Darin teilte er mit, dass er an Schizophrenie leide und weit weg an einen unbekannten Ort gehe, und dass er seine Lieblingspistole Walther PPK dabeihabe.

„Mit dieser Pistole könnte er Selbstmord begehen und nie wieder gefunden werden", erklärte *Onkel* Dieter den Colonos, als er das Verschwinden unseres bewunderten Propheten bekanntgab. Wir wurden über diese Mitteilung informiert, damit wir wussten, welch gewaltige Verteidigung nötig sein würde, um uns vor den chilenischen Behörden zu schützen. Wenn es auch nicht die Wahrheit war, so war es zumindest die Geschichte, die wir jedem erzählen mussten, der sich den Grenzen unseres Territoriums näherte.

Onkel Gerd las uns die Nachrichten über die Lage im Lande vor, um noch mehr Ängste unter den Colonos zu schüren und uns dazu zu bringen, das

Grundstück und die Führungsriege stärker zu verteidigen. Er erzählte uns, dass der damalige Präsident Chiles, der Rechtsanwalt Eduardo Frei Montalva, mit linken Ideen sympathisiere und eine so genannte „Agrarreform" vorantreibe. Laut *Onkel* Gerd war das nichts anderes als die wahnwitzige Idee, dass die Bauern den Besitzern das Land stehlen und es unter sich aufteilen sollten, indem sie es wie einen Kuchen nach ihrem Gusto aufteilten. Wir waren in Gefahr, denn wir besaßen große Ländereien und eine enorme Menge an deutschen Maschinen, die es in keinem anderen Land Lateinamerikas gab. Darüber hinaus besaßen wir Tausende von Rindern von großem Wert und exklusiver Vielfalt. Außerdem produzierten wir unendlich viele Tonnen Weizen und viele andere Lebensmittel, die für jeden diebischen Bauern, der von der chilenischen Regierung von Eduardo Frei offiziell bestätigt und angestiftet wurde, von unschätzbarem Wert sein konnten.

Sie erinnerten uns daran, dass *Onkel* Paul den Präsidenten Eduardo Frei in die Kolonie eingeladen hatte, um ihn zu überzeugen, uns zu schützen und zu helfen, wie es sein Vorgänger Jorge Alessandri getan hatte.

Onkel Gerd versicherte uns, dass dieser Mann all dessen, was wir für ihn getan hatten, nicht würdig sei. Ich hatte nicht mitbekommen, dass man ihm Geschenke geschickt hatte – wie den anderen Politikern und den deutschen Botschaftsangehörigen –, aber dieser Regierende bedankte sich nicht dafür und schickte sie oft sogar zurück. Wir bauten sogar ein Haus für Präsident Frei, in dem er mit seiner Familie Urlaub machen konnte, nur damit er uns eines Tages besuchen würde. Das Gebäude trug seinen Namen: Freihaus. Leider hatten wir nie das Privileg, seine Exzellenz zu empfangen.

Onkel Dieter teilte uns mit, dass wir dank der Kontakte, die *Onkel* Paul zu chilenischen Politikern hatte, auf jeden Fall sicher sein und den Sturm überleben würden. Wenn Präsident Frei uns nicht helfen sollte, würde die Unterstützung von einigen Mitgliedern der Abgeordnetenkammer und des Senats kommen. *Onkel* Paul war sehr großzügig und unterwürfig gegenüber wichtigen Leuten in Parral, Chillán, Linares, Santiago und vielen anderen Städten im Süden gewesen. Sie informierten uns darüber, dass wir während der Abwesenheit des *Onkels* auch den Schutz der Deutschen Botschaft in Chile erhalten würden. Sie unterstützten uns bedingungslos und schuldeten ihm außerdem wichtige internationale Gefälligkeiten. Denn *Onkel* Paul bewahrte viele ihrer Geheimnisse. Immer wieder sagte er, er habe sie:

„In seiner Hand."

Und er hatte absolut Recht.

♦

Im Jahr 1967 beschuldigten sie *Onkel* Paul endloser Missbräuche. Ähnlich den Anschuldigungen, die sie 1960 in Deutschland erhoben hatten. Die gleichen Geschichten, nur hatten sie jetzt neue und andere Protagonisten. Sie beschuldigten ihn der Vergewaltigung von Kindern und anderer Grausamkeiten.

Inmitten der Razzien, der Besuche von Behörden und der Medien – als ob wir uns wieder im Krieg befänden – erschien *Onkel* Paul eines Morgens, als sei er vom Himmel herabgestiegen. Die Erscheinung geschah an einem Sonntag, als wir gemeinsam in der Gruppe beteten. Einige Frauen bezeichneten seine Wiedergeburt, die genau zum richtigen Zeitpunkt erfolgte, als eine weitere göttliche Tat. Zum zweiten Mal kam Jesus Christus auf die Erde zurück, um uns unsere Sünden zu vergeben. Die älteren Frauen der Siedlung wollten seine Hände und Füße berühren, um zu sehen, ob er Spuren von den Nägeln hatte, mit denen er gekreuzigt worden war. Und sie streichelten seinen Kopf, um die Spuren, die die Dornenkrone hinterlassen haben könnte, zu heilen. Andere Colonos, die weniger von den wundersamen Einflussnahmen des *Onkels* in jenen Jahren überzeugt waren und von seinem Versteck wussten, waren froh, dass unser Vater endlich wieder auf den Straßen der Siedlung unterwegs war. Auf diese Weise konnten sie anfangen, wieder mehr Geld für den Fonds der Kolonie zu verdienen. Aber alle, ohne Ausnahme, waren sich einig, dass wir seine Anwesenheit brauchten, damit er uns wieder führen und unterstützen konnte. Und vor allem, um uns zu schützen. Wir brauchten seinen Einfluss auf die Gruppen an der Macht sowohl in Chile als auch in Deutschland, um voranzukommen. Die *Tanten* sagten uns, dass wir ohne ihn nicht in der Lage wären zu existieren.

Niemand stellte Fragen, weil wir uns alle einbildeten, dass *Onkel* Paul von der Führungsriege in den Räumlichkeiten, die wir jahrelang unter der Erde gebaut hatten, in Sicherheit gebracht worden war. In dieser unterirdischen Stadt, geschützt vor Kommunisten und der Atomkraft. Wir hatten sie mit dem Gedanken gebaut, dass wir uns eines Tages verstecken müssten, wenn wir von den Chilenen angegriffen würden oder wenn eine andere Weltkriegs-Katastrophe käme. In diesen versteckten Räumen würden sie uns nicht finden, denn niemand würde wissen, wie man hineinkommt, geschweige denn, wie man wieder herauskommt.

„Was ich so sorgfältig geplant hatte, um euch zu schützen, erwies sich als der geheime Raum, der mich auf wundersame Weise vor den Rechtsverletzungen der niederträchtigen Chilenen schützte." Dies sagte der *ewige Onkel* zu den Colonos, als er auf wundersame Weise an jenem herrlichen Sonntagmorgen erschien.

Nach dieser Art der Auferstehung, und auch wenn es notwendig war, sich wegen der Razzien zu verstecken, betrat *Onkel* Paul den Untergrund durch eine Tunneltür unter einem Küchentisch. Die restliche Zeit blieb er in seinen Räumlichkeiten, nahm an unseren Versammlungen teil und behielt seine Position als geistiges Oberhaupt der Kolonie bei. Lediglich wenn die Polizei kam, um nach ihm zu suchen, wurden wir benachrichtigt und organisierten uns, die notwendigen Plätze einzunehmen, um ihn zu schützen. Niemand ahnte, dass sich *Onkel* Paul während all dieser Jahre bei uns in der Kolonie versteckte.

Es gab kaum eine Erklärung für den enormen wirtschaftlichen Erfolg, der sich in jenen Tagen in der Colonia Dignidad entwickelte, sogar als *Onkel* Paul auf der Flucht vor den Behörden war. Niemand wusste, wie und warum die wirtschaftliche Situation unserer Siedlung in jenen Jahren auf magische Weise weiter gedieh. Die Führungsriege verkündete ausgezeichnete Neuigkeiten. Nachdem wir Frauen einen weiteren anstrengenden Tag mit achtzehn Stunden ununterbrochener Arbeit hinter uns gebracht hatten, teilten sie uns mit, dass es ihnen gelungen war, unser Gebiet durch den Kauf von dreitausend Hektar Land zu erweitern. Sie erwarben eine Farm in der Nähe von El Lavadero und nannten das neue Anwesen El Pasto. Allmählich näherten wir uns der Grenze zu Argentinien, ein weiterer Traum von *Onkel* Paul. Von 1961 bis 1967 hatten *Onkel* Paul und die Führungsriege sowohl den Landbesitz als auch die Produktion, die Ersparnisse und die Verarbeitung der Produkte für den Verkauf mehr als verdoppelt. Ein weiteres wahres, aber unerklärliches Wunder.

„Wir erweitern sehr schnell das mächtige, unbesiegbare deutsche Reich inmitten eines kleinen, bescheidenen, beschissenen Landes", erklärte *Onkel* Dieter, nachdem er den letzten Landkauf verkündet hatte.

Die Führungsriege sagte uns immer wieder, dass wir unbesiegbar seien. Und vielleicht hatten sie recht. Immerhin waren sie die Herren und Meister eines kleinen Reiches mit Schulen, Krankenhäusern, Metzgereien, Schuhgeschäften, Bäckereien, Restaurants, Werkstätten für den Bau von Waffen und sogar Gefängnissen. Ein unabhängiger Staat mit eigener Religion, eigenen Waffen zur Verteidigung, eigenen Rechten und Gesetzen und sogar einer privaten Gruppe von Anwälten!

Bei der Schaffung dieses Besitzes, erklärten die Anführer, war es uns gelungen, die Zahlung von Steuern auf unsere Gewinne in Chile zu vermeiden und alle Zölle zu umgehen, die andere chilenische oder ausländische Bürger außerhalb unserer Siedlung zu entrichten hatten.

Im Laufe der Jahre brachten wir weiterhin schwere Maschinen für die Landwirtschaft und für alle Produktionsstätten ein, die sich in unserer Kolonie befanden. Wir importierten Lastwagen, Lieferwagen, Autos und alles andere, was den Männern einfiel, ohne einen einzigen Peso an die Chilenen zu zahlen. Und unter diesen Fahrzeugen auch den schönen schwarzen Mercedes Benz, gepanzert und mit dunklen Scheiben, in dem *Onkel* Paul befördert wurde.

Onkel Dieter wollte sicherstellen, dass die Gemeinschaft, solange *Onkel* Paul untergetaucht war, zusammenhielt und sehr stolz auf das war, was wir erschaffen hatten und weiterhin erreichen würden. In nur wenigen Jahren war unsere Macht inzwischen grenzenlos. Die einzigen Probleme in dieser Zeit waren die „niederträchtigen Journalisten", die uns nicht in Ruhe ließen und in den Geheimnissen der Kolonie herumschnüffelten, sowie einige Autoritäten aus dem Süden.

Die letzten Worte, die wir von *Onkel* Paul hörten, bevor er sich im Untergrund versteckte, richteten sich gegen die Behörden der umliegenden Städte. Er erklärte wütend, dass der Gouverneur von Parral und der Intendent von Linares nur noch wenige Tage zur Verfügung hätten:

„Die Macht, die wir in diesem Gebiet haben, hat niemand sonst. Diese verräterischen Politiker werden irgendwann stürzen, wie die Rebhühner, die ich im Flug töte, wenn ich auf dem Feld jagen gehe. Dies ist nicht nur ein Versprechen, sondern eine Schuld, die ich mir selbst auferlegt habe. Meine Feinde werde ich zerschlagen oder für immer ruinieren."

Die Stellungnahme von *Onkel* Paul war prophetisch, und schon bald las uns *Onkel* Gerd die Nachricht vor, dass beide Politiker ihr Amt verloren hatten.

„Der chilenische Kongress hörte unsere Anschuldigungen durch unsere Anwälte, und Gott erhörte unsere Gebete", sagte *Onkel* Gerd. „Und deshalb stimmten die Politiker dafür, die beiden Unglücklichen aus ihrem Amt zu entfernen."

Der Einfluss von *Onkel* Paul erreichte den chilenischen Kongress auf mächtige Art und Weise, aber völlig unbemerkt vom Rest des Volkes. Der Gouverneur von Parral, Claudio Fuentes Avello, und der Intendent von Linares, Héctor Taricco Salazar, wurden zu einer anderen Art von Opfer der Macht des *Onkels*. Mit großem Stolz erzählte er der Gemeinschaft, dass sogar Senatoren der Kommunistischen Partei Chiles, wie der Arzt Jaime Barros Pérez-Cotapos, in Solidarität mit der Kolonie für die Absetzung dieser beiden Politiker gestimmt hätten. Der *Onkel* sagte, dass er Macht sowohl über rechte als auch über linke Politiker habe. Und er schloss:

„Sie alle fressen mir aus der Hand."

♦

Die „niederträchtigen Journalisten" gruben weiter und die Anschuldigungen gegen die Anführer der Kolonie nahmen Ende der 1960er Jahre zu. Und so kam es, dass *Onkel* Dieter von einem Tag auf den anderen nicht mehr zu den Versammlungen und Treffen erschien. Auch nicht in irgendeiner Ecke der Siedlung. Sie sagten uns nicht, ob er bei *Onkel* Paul war oder ob er irgendwo anders hin gegangen wäre, damit sie ihn eine Weile in Ruhe ließen. Die chilenischen Behörden verfolgten ihn ständig. Sie gönnten ihm keine Atempause.

Während dieser Zeit versteckte sich *Onkel* Paul immer noch in der unterirdischen Stadt, aber nur für die Öffentlichkeit von draußen. Wir sahen ihn jeden Tag und erhielten die gleichen Strafen. Sogar noch härter als vorher, denn damals fanden sie in den unterirdischen Räumen statt, wo nur die führenden Männer anwesend waren.

Angelika erzählte mir, dass *Onkel* Paul darum gebeten hatte, die beiden Frauen, die vor ihrer Flucht als „Freundinnen“ von *Tante* Gudrun galten, in den Untergrund zu bringen. Dort sollten sie eine Therapie der Isolation erhalten. Diese Behandlungen waren körperlich und dauerten Monate, aber ohne Elektrizität. Damit sie sich zwischen den Therapiesitzungen nicht ausruhen konnten, wurden sie in den Bunkern an Feldbetten gefesselt. Während der Behandlungen gab es keine Essensausgabe und keine Möglichkeit, die Toilette aufzusuchen. Die Frauen bekamen nur Flüssigkeit, um den Tod durch Dehydrierung zu vermeiden. Besuche auf der Toilette wurden nur in Begleitung der Aufseherinnen gestattet. Wir Frauen hatten uns daran gewöhnt, zu hungern und unsere Bedürfnisse beim Wasserlassen und Stuhlgang zu kontrollieren, so dass wir diese Therapie derjenigen von Dr. Strätling im Krankenhaus vorzogen.

Nach dem, was Angelika mir erzählte, hatten *Onkel* Paul und *Onkel* Dieter aus ihrem Versteck heraus beschlossen, die beiden Frauen zu bestrafen, weil sie wütend waren über die täglichen Berichte in den Nachrichten über die Kolonie und ihre Führungsriege. Die chilenische Presse bestand immer wieder darauf, *Tante* Gudrun, ihre drei Kinder und ihren Mann wiederzusehen. Aber keiner der Anführer wollte den Aufenthaltsort von einem von ihnen preisgeben.

Von *Tante* Gudrun erfuhren wir nur das, was *Onkel* Gerd uns erzählte. Sie rang in unserem Krankenhaus mit dem Tod, als die chilenischen Behörden sie herausholten und in ein Krankenhaus in Parral brachten. Dort wurde sie wie durch ein Wunder gerettet. Mit ihren Kindern und ihrem Mann wurde sie dann wieder zurück in die Kolonie gebracht. Aber sie war völlig verloren, und alles, was sie wollte, war zu fliehen und nach Deutschland zurückzukehren.

„Der Teufel hat diese Schlacht gegen uns gewonnen“, verkündete *Onkel* Gerd.

Es gab nicht viele Einzelheiten über ihr Schicksal. Offenbar machte sie sich erneut mit den beiden Taschen auf den Weg und wanderte monatelang in Richtung der Anden. Sie überquerte die Grenze nach Argentinien oder aber starb bei dem Versuch. Niemand erfuhr, ob sie ihre drei Kinder mitgenommen hatte oder ob diese sich noch unter den Kindern der Kolonie befanden. Falls sie sie mitgenommen hat, müssen sie das gleiche Schicksal erlitten haben wie sie. Auch über ihren Ehemann gab es nicht viele Informationen. Vielleicht war er in der Gemeinschaft geblieben und musste wie andere Rebellen nachts Zwangsarbeit leisten, im Untergrund schlafen oder im Krankenhaus behandelt werden. Je weniger wir wussten, desto besser ging es uns in jenen Jahren. Nur wenige kümmerten sich um anderes Leid als ihr eigenes. Gott kümmerte sich immer um den Rest der Sünder, wenn sie nicht schon in der Kolonie die Strafen unseres Jesus Christus erhalten hatten.

Während ich auf dem Feld arbeitete, schaute ich oft auf die Berge und betete zu irgendeinem Gott für *Tante* Gudrun. Ich flehte, dass es ein schneller Tod werden möge. Und dass sie, wenn sie wie die anderen nach Deutschland zurückgekehrt war, glücklich sein würde, auch wenn sie ihre drei Kinder und ihren Mann verloren hatte. Ich flehte auch, dass *Tante* Gudrun nicht in die Prostitution zurückkehren sollte, wenn die Geschichte, die man uns erzählt hatte, wahr war.

„Klick! – *Tante* Gudrun überquert die Anden im Schnee."

„Klick! – Frauen, die ans Bett gefesselt sind und eine Isolationstherapie erhalten."

♦

Die Führungsriege erzählte uns eines Morgens, als die Sonne gerade aufging, dass die Bauern aus der Umgebung der Gemeinschaft beschlossen hatten, uns zu unterstützen und zu protestieren. Innerhalb weniger Stunden erschienen mehr als achthundert Menschen vor dem Tor, welche die Wachposten hereinließen. Hunderte von Freunden, die gekommen waren, um uns vor den unbegründeten Angriffen der Presse und der Politiker, Sozialisten wie Kommunisten, die uns wegen unserer europäischen und religiösen Werte ablehnten, zu schützen. Die Bauern und die Besitzer der umliegenden Farmen kamen in Kutschen, zu Pferde, in Lastwagen und sogar in ihren Autos. Sie waren alle sehr gut organisiert. Ihr Protest – obwohl von unseren Anführern geplant – sollte den „verlogenen Journalisten" und dem Rest der Welt zeigen, dass die Menschen im Dorf uns liebten und nicht wollten, dass wir aus Chile vertrieben würden. Denn unser Ziel war weiterhin die Bildung und Gesundheit der Kinder und die Arbeit in der Landwirtschaft.

Der Rest war nur Verleumdung.

Die jüngeren Frauen durften die Gebäude, in denen wir arbeiteten, nicht verlassen. Es wurde befürchtet, dass einige von uns von der Macht des Bösen erfasst und versuchen würden zu fliehen, wie es andere Verräterinnen getan hätten. Die männlichen Anführer der Kolonie, die in der angeblichen Abwesenheit von *Onkel* Paul und *Onkel* Dieter die Macht innehatten, begrüßten die Verbündeten vor dem Krankenhaus.

Die Chilenen brachten Schilder mit, die ich nicht verstand, weil sie auf Spanisch geschrieben waren. Aber unsere Leiterin sagte, es seien Worte des Lobes für die Arbeit auf unseren Farmen und für *Onkel* Pauls Führung und Engagement. Diejenigen *Onkel*, die ein wenig Spanisch sprachen, hielten ein paar Reden, die über die Lautsprecher in der ganzen Festung zu hören waren. Danach sprachen stundenlang die chilenischen Bauern und die Besitzer der umliegenden Ländereien. Wir, mehr als dreihundert deutsche Siedler, verstanden nichts von dem, was in den Reden erklärt wurde. Dieses Detail war aber nicht wichtig, denn der Protest und die Botschaft der Reden richtete sich nicht gegen uns, sondern gegen die Presse und gegen die anderen Feinde.

Onkel Gerd hatte für die übliche Präsentation gesorgt, die wir bei offiziellen Besuchern gaben. Die Kinder von *Onkel* Paul sangen auf Deutsch und trugen dabei ihre traditionellen Lederhosen. Die Jugendlichen spielten klassische Musik auf eigens aus Deutschland mitgebrachten Instrumenten, und die Frauen servierten unser berühmtes Essen. Und einige Jüngere, die aufgrund ihres Aussehens auserwählt worden waren, tanzten in traditionellen Kostümen, um die friedlichen Demonstranten zu unterhalten und zu täuschen. Am Ende des Tages wurde das, was als Demonstration der Ablehnung begonnen hatte, zu einer weiteren der vielen Feiern unserer Kultur, die die Chilenen so sehr liebten. An diesem Tag waren die Geschichten, die von der Presse und unseren Gegnern erfunden wurden, vergessen. Am Ende der Veranstaltung schienen alle echte Freunde und gleichermaßen sturzbetrunken zu sein. Natürlich war klar, dass wir nicht mit ihnen anbandeln würden und sie auch nicht mit uns.

In den frühen Morgenstunden dieses Tages erklärte die Führungsriege den absolut errungenen Sieg, nachdem sie die Chilenen ausgenutzt hatten, die zu dieser Stunde ohne viel Würde auf ihre Felder zurückkehrten: betrunken, sich übergebend, überdrüssig des Trinkens und des kostenlosen Verzehrs deutscher Speisen in der Colonia Dignidad.

♦

1969 kam *Onkel* Paul häufiger aus den Räumlichkeiten im Untergrund heraus. Die Behörden und Journalisten begannen, uns in Ruhe zu lassen. Die Überwachung des Geländes war verstärkt worden, und dank der neuen Schranke an der Zufahrt, die extrem sicher verschlossen war, konnte sich niemand mehr den Wegen nähern, die an unser Gelände grenzten. Dies gab *Onkel* Paul und auch *Onkel* Dieter, welcher nach monatelangem Versteckspiel in Deutschland in die Kolonie zurückgekehrt war, ein Gefühl der Sicherheit.

Inmitten der Freude darüber, dass sie nicht mehr nach *Onkel* Paul und *Onkel* Dieter suchten, erreichte uns die Information, dass für unsere Kolonie Zeiten extremer Gefahr bevorstanden. Zeiten, die denen ähnelten, die wir in Deutschland während – und auch nach – dem Zweiten Weltkrieg erlebt hatten. Eine weitere Präsidentschaftswahl stand bevor, und es wurde uns gesagt, dass Frei Montalva während seiner Amtszeit den Weg für den Sozialismus geebnet habe. Über eine lange Zeit hörten wir Nachrichten über seine Regierung, die sich auf das stützte, was sie „Revolution in Freiheit" nannten, und seine Pläne versetzten die Mitglieder der Kolonie in Angst und Schrecken. Das Wort „Revolution" war für alle ein Synonym für Krieg. Und allein der Gedanke daran ließ uns an die Vergangenheit in Deutschland denken, die das Leben eines jeden von uns direkt oder indirekt verändert hatte. Unsere Eltern hatten uns erzählt, wie ihre Träume in Europa beendet wurden und wie man ihnen alle Freiheiten genommen hatte. Dahin zurückzukehren bedeutete, alles zu verlieren, was wir besaßen und in unserem neuen Leben in Chile erreicht hatten.

Der ständige Feind in der Kolonie war der Teufel gewesen, und nun war der neue Feind der Kommunismus; der wie eine verheerende Lawine über uns kam. Ein zweifacher und endgültiger Kampf. Der eine Feind sichtbar, der andere unsichtbar. Beide würden uns auf grausame, aber unterschiedliche Weise vernichten.

Ich hatte in meinem Leben noch nie eine Zeitung, eine Zeitschrift oder ein Buch für Erwachsene gelesen. Vor der Reise nach Chile war meine einzige Lektüre die *Kinderbibel* gewesen. Die anderen Texte waren vielleicht ein paar fünfseitige Bilderbücher für Kinder, die ich in Deutschland in der Schule gelesen hatte. Seit meiner Ankunft in der Kolonie im Alter von zehn Jahren hatte ich nie wieder Zugang zu Lesestoff. Ich war ein unwissendes junges Mädchen und fast Analphabetin. Ich hatte von nichts eine Ahnung, aber das, was ich über den Kommunismus hörte, so wie es der *Onkel* erklärte, bereitete mir panische Angst und großen Schrecken.

Sie hielten uns Vorträge darüber, wie tragisch es wäre, alles zu verlieren und aus Chile fliehen zu müssen. Aber wohin fliehen? Nach Deutschland konnten wir nicht zurück, denn *Onkel* Paul wurde wegen sexuellen Missbrauchs an Kindern gesucht. Und, wie sie immer betonten, ohne ihn waren wir nichts. Aber „mit" ihm wären wir nun auch schuldig an seinen Fehlern und am „Glauben an Gott". Uns erwarteten Strafen und ein Leben in menschlichem und geistigem Elend, sowohl in Chile als auch in Deutschland.

Als die chilenischen Wahlen von 1970 näher rückten, erfuhr die Kolonie eine große Veränderung. Die Vorträge hatten mehr einen politischen als einen biblischen Charakter. Zu dieser Zeit wurden wir eher auf einen weiteren Krieg als auf ein ewiges Leben vorbereitet. So wurden die Männer mehr in bewaffneter Verteidigung als in religiöser Ausbildung geschult. Den Frauen wurde wieder gesagt, sie sollten wie immer als erste in der Verteidigungslinie stehen, aber ohne Waffen. Wir wären Kanonenfutter, wie ich einen Bauern bei einer Demonstration hatte sagen hören. Wir wurden ständig darauf hingewiesen, dass wir im Falle einer kommunistischen Invasion der Kolonie als Erste herausgehen müssten. Der Feind würde die Frauen angreifen, so dass die Männer mehr Zeit hätten, sich vorzubereiten, und dadurch würden wir ein Massaker vermeiden. Die Kinder würden wie immer in der zweiten Reihe stehen, hinter den Frauen und vor den bewaffneten Männern. Aber sie wären in Sicherheit, weil es den Chilenen leidtun würde, kleine Kinder zu töten, behauptete *Onkel* Paul.

Der Verteidigungsplan, der uns vorgelegt wurde, war klar und machte sehr viel Sinn: Sie würden uns nicht lebend aus der Colonia Dignidad herausbringen. Und wir mussten *Onkel* Paul und die männlichen Anführer der Gemeinschaft mit allen Mitteln verteidigen. Das Leben der Frauen würde zuerst geopfert werden, damit wir es waren, die das verheißene Königreich und das ewige Leben vor allen anderen erreichen würden. Ein echtes Privileg, so zu sterben! Kinder in ihrer Unschuld würde Gott vor den Männern in seine Arme nehmen, denn sie würden sterben, um diejenigen zu retten, die ihnen das Leben geschenkt hatten.

Eduardo Frei Montalva hatte es nicht geschafft, uns nach Deutschland zurückzuschicken oder uns unser Land wegzunehmen, aber der neue Kandidat für das chilenische Präsidentenamt war viel gefährlicher als der letzte. Zumindest brachte uns *Onkel* Paul diese Idee näher. Jede Wahl in diesem Land war ein Grund zum Schrecken für die Mitglieder der Kolonie. Während sich die Chilenen auf die Wahl vorbereiteten, bereiteten wir uns stets auf unsere Ausrottung vor. Sie machten Wahlkampf für die Politik, und wir kämpften ums Überleben. Diese Angst, die sie auf uns übertrugen, um unsere Verteidigung zu organisieren, übte eine überzeugende und gleichzeitig lähmende Kraft auf jedes Mitglied der Gemeinschaft aus.

♦

Die Wahlen 1970 in Chile standen kurz bevor, und die vorhergesagten Ergebnisse bildeten eine dunkle Wolke über unserer Gemeinschaft. Die Männer kündigten einen vernichtenden politischen Sturm an. Das Ende unserer Existenz, wie wir sie uns vorgestellt hatten. Für die Deutschen bedeutete der Regierungswechsel eine Rückkehr zu den Schrecken des Krieges und den Verlust aller angeblichen demokratischen Freiheiten, die sie seit ihrer Ankunft in Chile erreicht hatten.

Je näher der 4. September 1970 rückte, desto mehr änderte sich der psychische Zustand von *Onkel* Paul. In diesem Jahr begann sich das Gift in ihm auszubreiten. Und dieses Gift ließ er an uns aus. Wir Frauen und die Kinder waren wieder einmal das Ziel seiner Wut. Allerdings beide Gruppen auf unterschiedliche Weise. Uns Frauen bestrafte er mit mehr Hass, und die Kinder liebte er mit mehr Besessenheit.

Erneut wurden die Regeln in der Colonia Dignidad verschärft. Wie eine schwere Kette legte sich die Angst wieder um den Hals eines jeden Mitglieds. Das Misstrauen musste Teil unseres persönlichen Schattens bleiben, und wir durften uns keinen Zentimeter ohne dieses bewegen. Die *Bibel nach Onkel Paul* sollte weiterhin das tägliche Leben der Gemeinschaft leiten, aber seine Predigten änderten ihren Ton und ihre Richtung. Er behauptete, dass der Teufel immer noch auf der Lauer liege und versuche, uns zu verführen, wie er es schon immer getan hatte. Allerdings hatte der Satan nun einen anderen Namen, nämlich den des Teufels in Gestalt des Kandidaten der Linken, Salvador Allende Gossens. Ein Mann, der seit langem hoffte, Präsident zu werden, um ein totalitäres Regime unter der Macht und dem Schutz der Sowjetunion zu errichten.

Dieser Mann, so sagte uns *Onkel* Paul, sei der schlimmste Giftstoff, der die Kolonie an der Wurzel ausrotten könnte. Allende hatte viele Reisen nach Ost-Berlin und Moskau unternommen, um sich mit dem Sowjetkommunismus vertraut zu machen und zu lernen, wie man ein ähnliches Regime in Chile errichten könnte. Für die Älteren, die den Missbrauch dieser Systeme nach der sowjetischen Invasion und der Gründung der Deutschen Demokratischen Republik überlebt hatten, bedeutete der Kandidat Allende das Ende ihrer freien Existenz und den Beginn einer neuen Sklaverei.

„Wenn Chile fällt, fallen wir. Die einzige Alternative besteht darin, uns noch mehr abzuschotten und uns vor dem neuen Feind zu schützen. Und während sie sagen „venceremos" („Wir werden siegen"), sagen wir „los cagaremos" („Wir werden sie erledigen")", waren die ständigen Drohungen von *Onkel* Paul.

Im Jahr 1970 musste die Ein- und Ausfahrt von chilenischen Arbeitern und Menschen von außerhalb unserer Kolonie genauer überwacht werden. Wir hatten den Arbeitern nie getraut, denn sie waren diebisch, faul und schamlos, wie die Führungsriege immer wieder betonte. Aber in jenem Jahr mussten sie auch als mögliche Spitzel, Verräter und Revolutionäre wie Che Guevara betrachtet werden, weil sie uns unser Land wegnehmen und unsere Maschinen und kleinen Fabriken übernehmen wollten. Sie gehörten auch zu der neuen Gruppe von Feinden, die versuchen würden, ein Attentat auf uns zu verüben, wenn wir nicht äußerst vorsichtig wären.

Absolut niemand, der nicht zur Gruppe der Deutschen aus der Colonia Dignidad gehörte, verdiente unser Vertrauen. Von diesem Jahr an verschärfte sich das Motto „sie oder wir".

Infolge der neuen politischen Krise in Chile wurden drastische Veränderungen in der Produktion vorgenommen. *Onkel* Dieter kündigte an, dass wir viel mehr Rüstungsgüter produzieren müssten, um uns besser schützen zu können. Schusswaffen, aber auch lautlose Waffen, die keine Spuren hinterließen. Modernere biologische Waffen. Sarin-Gas. Jede Menge Sarin-Gas und lähmende Pulver. Giftige Flüssigkeiten. Handgranaten. Sogar Gegenstände, die in den Augen der Opfer unschuldig waren, wie Bleistifte und Taschenlampen, die aber Kugeln abfeuerten. Sie schufen jede Art von Waffen, die uns helfen konnten, einen weiteren ungleichen Kampf zu gewinnen. Über Jahre war Material aus Deutschland zu uns gekommen, das an versteckten, geheimen Orten aufbewahrt wurde. Aber in diesem Jahr beschlossen sie, uns über die Macht zu informieren, die – ausschließlich – für diese Art von unvorhergesehenem Fall geschaffen worden war: den Angriff der chilenischen Kommunisten auf die unschuldigen Deutschen von Colonia Dignidad. Alle Informationen, die wir erhielten, waren absolut vertraulich. Sie durften mit niemandem besprochen werden, und das Motto: SCHWEIGEN IST STÄRKE musste mehr denn je wiederholt werden. Die Information starb mit uns in dem Moment, wenn sie gehört wurde, oder wir würden sterben, wenn jemand sie hörte. Die Sicherheit und das Überleben unserer Gemeinschaft begannen und endeten mit jedem einzelnen Mitglied der Kolonie. Dieser geheime kollektive Schwur wurde nie gebrochen.

Ich glaube, 1970 fühlten wir uns geeinter als je zuvor – oder auch danach. Sie zwangen uns zu glauben, dass die Unterdrückung außerhalb lag und dass die Freiheit nur in unserer Gemeinschaft existierte. Deshalb hat in jenem Jahr auch niemand versucht zu fliehen. Wir akzeptierten mit großer Unerschütterlichkeit und Resignation, was das Schicksal uns täglich bescherte. Viel mehr Zwangsarbeit und eine Verdoppelung der Arbeitszeiten. In jenen Jahren wurden noch mehr Strafen verhängt, denn die neue Ausrede lautete, dass wir wegen unserer Sünden nicht nur in die Fänge des Satans geraten könnten, sondern dass auch revolutionäre Ideen von außen versuchen würden, uns zu verführen. Wir mussten verstehen, dass es keine andere Alternative gab. Entweder Sklaven eines unterdrückenden totalitären Systems zu sein oder das „perfekte Leben der Aufopferung“ zu akzeptieren, das wir in der Kolonie auf der Suche nach einem ewigen Leben führten.

Onkel Paul hielt eine lange, meisterhafte Rede, in der er uns in allen Einzelheiten erklärte, was der Triumph dieses Herrn Allende für jedes Mitglied der Gemeinschaft bedeuten würde. Die Älteren sollten sich an die Jahre nach dem Zweiten Weltkrieg erinnern, als sie aus erster Hand die Auswirkungen der Nachkriegszeit und die Errichtung des Eisernen Vorhangs zu spüren bekamen. Die Jüngeren sollten verstehen, dass ein Leben unter einem kommunistischen Regime bedeuten würde, Sklave in Chile zu sein oder nach Deutschland zurückzukehren und im Elend fortzubestehen. Alles, was wir besaßen, würde in die Hände des chilenischen Staates und der Partei übergehen, wie es in Kuba und in der Sowjetunion geschehen war. Die Partei würde entscheiden, wer studiert, welche Arbeit man hat, was man isst, wen man heiratet, wie viele Kinder man hat, wo man wohnt und welchen Lohn man bekommt. Niemand würde etwas besitzen, nicht einmal seinen Körper, denn alles würde den Parteibossen gehören. Diese Worte kamen mir in Bezug auf das Leben, das wir in der Kolonie führten, sehr bekannt vor, aber ich habe nie mit jemandem darüber gesprochen. Lebten wir unter einem kommunistischen religiösen Regime, waren aber zu unwissend, um es zu erkennen?

Zwei wichtige Entscheidungen wurden Monate vor den Wahlen getroffen: volle Unterstützung für den Kandidaten, Jorge Alessandri, den wir schon von seiner ersten Präsidentschaft her sehr gut kannten. Und zweitens, eine starke Kampagne gegen unseren Feind: Salvador Allende. Alessandri hatte uns geholfen, nach Chile zu kommen, und uns reichlich staatliche Mittel zur Gründung unserer Kolonie zur Verfügung gestellt. Er hatte uns geholfen, 1961 in Chile geboren zu werden, und er würde uns erneut retten, wenn er neun Jahre später erneut Präsident werden würde.

♦

Im Jahr 1970 wurde ich zwanzig Jahre alt. Keiner außer Angelika und mir wusste davon. Es war unser Geheimnis. Wie so viele andere auch. Das war ein Jahr, an das ich mich immer erinnern werde, weil ich mehr Zeit als je zuvor im Krankenhaus verbrachte, nicht wegen einer Krankheit oder einer Operation, sondern wegen einer psychiatrischen Behandlung.

Dr. Strätling wies mich im ersten Monat ins Krankenhaus ein, weil ein Anführer beichtete, mich während einer kulturellen Feier im Dunkeln mit einem Mann „körperlich vertraut werdend“ gesehen zu haben. Eine gemeine Lüge. Die reine Wahrheit war, dass ich mich an diesem Abend geweigert hatte, seinen Penis zu betatschen. Wir Frauen hatten kein Recht auf irgendeine Art von Verteidigung. Wir wussten, dass es viel einfacher war, die Schuld auf sich zu nehmen, als zu versuchen, die Wahrheit ans Licht zu bringen. Und obwohl die *Seelsorge* des Mannes öffentlich war, beschloss *Onkel* Paul, mich an diesem Tag nicht zu bestrafen. Er kündigte jedoch an, dass Dr. Strätling mir „drastische" Behandlungen angedeihen lassen würde, damit ich wieder zur Vernunft kommen und nie wieder an einen Mann denken sollte. Ich musste die Versuchungen des Teufels zurückweisen und mich wieder um meine Seele kümmern. Und ich musste auch lernen, die weiblichen sexuellen Triebe zu vertreiben, die mich vielleicht verfolgten.

Von der ersten Nacht an, nachdem ich eingewiesen worden war, legte Dr. Strätling Strom an einer Stelle meines Körpers an, von der ich nicht wusste, dass sie existierte. Es war ein Bereich in der Nähe der Öffnung zum Urinieren. Bevor sie die Metallröhre in meinen Körper einführte, sagte sie mir, dass ich lernen müsse, die Instinkte einer vom Teufel besessenen Frau zu beherrschen. Die Röhre gab Elektroschocks ab, die nicht nur in dieser Öffnung blieben, sondern den ganzen Weg über meinen Unterleib bis zu meiner Brust wanderten. Und von dort zu den Armen und zum Kopf. Mein ganzer Körper zuckte, als ob ich mitten in einem Sommergewitter vom Blitz getroffen worden wäre. Ich hielt den Schmerz so gut es ging aus, denn Weinen war während der Behandlungen nicht erlaubt. Die Ärztin wollte ein Gespräch mit den Patienten, deshalb war es notwendig, aufmerksam auf ihre Fragen zu achten. Weinen konnte ablenken, und das Nichtbeantworten ihrer Fragen führte dazu, dass die Zeit oder die Intensität der Behandlung zunahm.

„Was spürst du? Wo geht der Schock hin? An welcher Stelle spürst du ihn am stärksten?"

Dies waren einige der häufigsten Fragen von Dr. Strätling während der experimentellen Behandlungen.

Bei diesen nervenaufreibenden Sitzungen trieb einen der Schmerz oft in die Flucht. Irgendwann kommt der Moment, in dem du den Ort verlässt. Du verlierst das Bewusstsein und spürst nichts mehr. Der Schmerz wird zu deinem Verbündeten. Je stärker er ist, desto schneller entfernst du dich von dem Ort und dem Moment.

Während meines Aufenthaltes im Krankenhaus bekam ich regelmäßig diese Behandlung. Neben den Elektroschocks erhielt ich die üblichen Injektionen und hohe Dosen von Benzodiazepin, die mich in einen tiefen Schlaf versetzten, so dass ich nicht mehr zwischen dem Ende eines Tages und dem Beginn des nächsten unterscheiden konnte. Das einzige Detail, das mich mit der Realität verband, war Angelika, wenn sie durch die Tür kam. Sie wusste, wann Dr. Strätling und die anderen Krankenschwestern auf der chirurgischen Station Behandlungen und Operationen durchführten. Wenn sie über den Flur ging, betrat sie für ein paar Minuten mein Zimmer, ohne dass es jemand bemerkte. Mehrmals riskierte sie das Vertrauen des Krankenhauspersonals – und ihr Leben –, um an mein Bett zu kommen und mir mitzuteilen, dass nicht mehr viel bis zum Ende der Behandlung fehlte.

Angelika kannte alle Geheimnisse der medizinischen Verfahren, die angewandt wurden, um uns im Kampf gegen die Mächte des Bösen zu helfen. Mit ihrer Hilfe überlebte ich diesen Krankenhausaufenthalt, aber ich war nie mehr dieselbe. In jenen Jahren war ich noch jung und stark genug, um die von *Onkel* Paul auferlegten Opfer zu ertragen, aber diese Reihe von Behandlungen veränderte meinen Körper und meinen Geist auf eine andere Weise. Ich erfuhr von Angelika, dass ich einer Operation unterzogen worden war, die mich für den Rest meines Lebens daran hindern würde, Kinder zu bekommen. Ich wurde nicht nur verändert und fühlte mich jahrzehntelang nicht mehr zu einem Mann hingezogen, sondern wurde auch zu einer unfruchtbaren Frau gemacht. Eine kastrierte Hündin, wie so viele andere Frauen der Gemeinschaft.

Ich kehrte in mein Bett im *Zippelhaus* zurück, als Dr. Strätling sicher war, dass ich nie wieder daran denken würde, mit jemandem vom anderen Geschlecht zu sprechen. Und natürlich mit dem Schwur, die Einzelheiten der Methode mit niemandem zu teilen.

„Wenn du es jemandem erzählst, wirst du wieder für weitere medizinische Eingriffe eingewiesen", waren Dr. Strätlings letzte Worte, bevor sie ihre Bürotür schloss und mit dem rhythmischen Klopfen ihres künstlichen, schwer beschuhten Holzbeins den Boden der Flure misshandelte.

„Wumms, wumms, wumms, wumms!"

In den folgenden Monaten des Jahres 1970 verbesserte sich mein Verhalten, aber die Strafen ließen nicht nach. Mir wurde befohlen, wochenlang nichts zu essen. Ich sollte zu den jeweiligen Zeiten in den Speisesaal gehen und bei den anderen Mädchen sitzen, aber nicht essen. Weiterhin die Pillen nehmen, die mich schlafen und nicht denken ließen. Ja, vor allem nicht denken, das war es, was ich laut Schwester Heike in dieser Zeit tun musste.

„Gedanken lassen dich sündigen und lassen dich an dem Glauben zweifeln, den du zum Leben in der Kolonie brauchst", warnte mich die Krankenschwester täglich bei meinen Besuchen im Krankenhaus.

Mit den Strafen, die sie mir gaben, als ich zwanzig Jahre alt wurde, wollten sie mich zu besserer Disziplin erziehen. Und das erreichten sie auch. Ich redete weniger. Ich schrieb keine Briefe mehr an meinen Vater und an Gürten. Ich aß wenig. Ich sah *Tante* Waltraud nie mehr an. Ich versuchte nie mehr, in der Kinderschar die Gesichter meiner Geschwister zu suchen. Und vor allem verweigerte ich mich nicht mehr den Befehlen der Männer. Nach und nach gab ich mich auch *Onkel* Paul mit Leib und Seele hin.

♦

Am 4. September 1970 wurde in der Colonia Dignidad Wache gehalten. Das chilenische Volk wählte den Kandidaten Salvador Allende. Die schlimmsten Befürchtungen von *Onkel* Paul wurden über Nacht zur bitteren Realität.

Da wir keinen Zugang zu Fernsehen, Radio oder anderen Medien hatten, erfuhren wir erst von den Ereignissen, als *Onkel* Gerd uns am nächsten Tag die katastrophalen Nachrichten auf Deutsch vorlas. Wir Frauen und die meisten Jugendlichen wussten nicht viel über die politische Situation im Land, geschweige denn über die verfassungsrechtlichen Bestimmungen. Aber an den Gesichtern der Anführer und an der Wut von *Onkel* Paul spürten wir, dass dies der erste Tag einer weiteren langen Reihe von bestialischen Verfolgungen gegen die Kolonie sein könnte. Weit schlimmer als die, die wir bisher erlebt hatten. Der Teufel hatte den Kommunismus nach Chile gebracht.

„Eine historische Schande. Der Kommunismus ist durch eine Volksabstimmung nach Chile gekommen. Diese Ignoranten wissen nicht, was sie erwartet", sagte *Onkel* Paul inmitten der Versammlung.

Dann ergriffen andere Anführer das Wort, je nach ihrem Rang in der Kolonie. *Onkel* Dieter machte eine positivere Bemerkung. Er sagte, dass Dr. Allende nicht mit einer klaren Mehrheit gewonnen habe und dass der chilenische Senat entscheiden werde, ob er ihm die Präsidentschaft überlasse oder nicht. Er erinnerte uns daran, dass *Onkel* Paul großen politischen Einfluss habe und wir mit seiner Macht im Senat viel erreichen konnten. Wenn es ihm zuvor gelungen war, ein paar wichtige Politiker – den Intendenten von Linares und den Gouverneur von Parral – aus dem Amt zu jagen, konnte er diese Abstimmung nun erneut beeinflussen, sowohl zu unserem als auch zum Vorteil der übrigen Chilenen, die weiterhin in Frieden leben wollten. Die anderen führenden *Onkel* lobten seine Worte. Die Frauen, die nichts von dem verstanden, was besprochen wurde, hoben ihre Arme zum Himmel und riefen einstimmig:

„Halleluja!"

Der Rest des Treffens war den detaillierten Erläuterungen gewidmet, wie die Sicherheitspläne (die im Laufe des Jahres erstellt worden waren) von diesem Abend an umgesetzt werden würden.

„Hier kommt keine Fliege ohne meine Erlaubnis rein", schrie *Onkel* Paul. Und fuhr fort, Anweisungen zu geben:

„Die Wachposten werden verdoppelt und jeder, der zum Sicherheitsdienst gehört, trägt so viele geladene Waffen wie möglich bei sich, immer bereit, beim geringsten Verdacht einer kommunistischen Invasion zu schießen. Schießt, um zu töten, niemals um zu verwunden."

„Die chilenischen Arbeiter, die auf unseren Feldern aktiv sind, sind von heute an feindliche *u-pe-lien-tos* und müssen jede Sekunde und ohne Pause überwacht werden."

„Wenn sie früher ausspioniert werden mussten, damit sie keine Lebensmittel, Vieh und Werkzeuge stehlen, müssen wir sie jetzt bewachen, damit sie nicht die Felder und Werkstätten übernehmen."

„Sie sind die Kriminellen, die jederzeit unser Land und unsere Produktion an sich reißen können."

„Die Menschen, die an zwei Tagen in der Woche ins Krankenhaus kommen, werden bis zum Äußersten begleitet. Niemand wird die Werkstätten, die Bäckerei oder irgendeinen Arbeitsplatz besuchen, in den sie eindringen und den sie übernehmen können."

Die Liste der Sicherheitsanordnungen war lang. Sehr lang. Und sie erfüllte die Gemeinschaft mit panischer Angst. Eine andere Art von Angst auch für die Frauen. Hatten wir zuvor unseren Jesus Christus und den Teufel gefürchtet, so mussten wir ab dem 4. September 1970 die finstere Macht von Präsident „Salvador“ Allende fürchten, der keineswegs ein Erlöser war. Er würde den Kommunismus einführen, und dieses Krebsgeschwür wäre nicht mehr in Europa, weit weg, wie zuvor, sondern jetzt direkt vor den Toren der Colonia Dignidad, in Chile selbst.

„Und dieser satanische Mann ist nicht solidarisch und tolerant wie Hitler“, waren die letzten Worte von *Onkel* Gerd an diesem Abend.

Nach dem Treffen zweifelte niemand mehr daran, dass die Wahl von Dr. Allende eine Kriegserklärung an unseren Staat war. Wir sollten uns strategisch vorbereiten, wenn wir nicht ähnliche Ergebnisse wie die des schrecklichen Zweiten Weltkriegs in Europa haben wollten.

In jener Septembernacht spürte auch ich eine neue Angst. Ich glaube, es war dem ähnlich, was in den Köpfen aller Frauen in der Gemeinschaft herrschte, aber nicht in denen der Männer. Wir standen im Schatten und waren völlig ungeschützt. Wir kannten den Feind nicht und hatten keine Freunde. Uns drohte die Auslöschung, und wir hatten nicht einmal Waffen, um uns gegen diesen unbekannten, aber realen Gegner zu verteidigen. Bis dahin hatte man uns nie beigebracht, Schusswaffen oder andere Verteidigungsmittel zu benutzen.

In jenem Frühjahr begann ich, an der Macht von *Onkel* Paul zu zweifeln. Und vielleicht zweifelte ich sogar an dem Schutz, den Gott uns gegen diesen neuen und mächtigen Feind bieten konnte.

„Klick! – Kommunistische Invasoren, die mit mächtigen Waffen in die Kolonie eindringen, um uns zu töten.“

„Klick! – Frauen und Kinder, die nur ihre bloßen Hände benutzen, um den bewaffneten Feind zu vernichten und die Männer der Gemeinschaft zu verteidigen.“

♦

In einer der vielen Notfallsitzungen sagte *Onkel* Gerd:

„Präsident Allende wurde am 3. November 1970 mit den Stimmen von 153 Abgeordneten und der vollen Unterstützung der sozialistischen und kommunistischen Senatoren in den Regierungspalast La Moneda eingesetzt."

Er fügte hinzu, dass Chile mit Hilfe der Sowjetunion und Fidel Castro zu einem zweiten Kuba geworden sei, und dass wir jegliche Unterstützung unseres Freundes und Verbündeten, den Vereinigten Staaten von Amerika, verloren hätten.

Die Wachposten und die *Onkel* begannen, am Tag und in der Nacht mehr Waffen zu tragen. Der Zugang für alle Personen außerhalb unserer Gemeinschaft wurde weiter eingeschränkt, außer für die politischen Freunde von *Onkel* Paul. Ihm zufolge hing unsere Zukunft von ihnen ab. Und ihr Schicksal von uns. Die Gruppe, die uns – auf Einladung von *Onkel* Paul und *Onkel* Dieter – zu besuchen begann, nannte sich *Patria y Libertad* (Heimat und Freiheit). Sie kamen zu Geschäftsessen und kulturellen Veranstaltungen und blieben dann in Besprechungen bis spät in die Nacht. Oder sie verbrachten ein wunderbares Wochenende auf den Ländereien der Kolonie. Am nächsten Tag quollen die Müllcontainer über vor leeren Whiskyflaschen. Angelika erfuhr, dass diese Gruppe, wie auch *Onkel* Paul, nach Wegen suchte, damit Allende nicht bis zum Ende seiner Regierungszeit käme. Sie erzählte mir, dass sich unter diesen Besuchern auch Unternehmer, Geschäftsleute, Großgrundbesitzer, Militärs, Abgeordnete und Senatoren befanden. Alles gute Freunde von *Onkel* Paul. Er nannte sie „unsere Verbündeten im Krieg". Schließlich war für ihn jeder Feind der so genannten *Unidad Popular* – daher der Begriff *upeliento*, nach den Initialen UP – sein Freund.

Präsident Allende war der schlimmste Feind von *Onkel* Paul und den anderen Anführern unserer Gemeinschaft, aber nur am Anfang. Er bedeutete die Rückkehr zu einem Terrorregime, das uns zur Flucht aus Europa gezwungen hatte, und er war auch der Todesstoß für unsere Kontrolle über die beiden Ländereien. *Onkel* Paul kündigte uns an, dass dieser Mann den Gutsbesitzern – wie uns – das Land endgültig wegnehmen und es an die Bauern verschenken würde, die nicht einmal wussten, wie man es bewirtschaftet. Diese Nachricht sorgte für Verzweiflung in der Gemeinschaft. Und auch die Anklage, die *Onkel* Dieter dann machte, löste Panik aus. Er sagte, dass Dr. Allende uns die Aufenthaltsgenehmigung entziehen und uns alle nur mit dem, was wir am Leibe trugen, in einem Flugzeug der Sowjetunion, gesteuert von einem Kubaner, nach Deutschland zurückschicken würde.

Sobald Dr. Allende das Amt des Präsidenten übernahm, begannen wir in einem Zustand permanenter Panik zu leben. Es war eine Art panischer Angst, die jeden Zentimeter der Gemeinschaft und jeden Bewohner der Kolonie durchdrang. In jenem Jahr änderten sich die Predigten von *Onkel* Paul erneut. Er wiederholte nicht mehr die Worte seiner *Bibel*, sondern griff auch auf eine vulgäre Art Chile und die Chilenen an. Von den ersten Tagen der neuen Regierung an waren seine Predigten auch eine Aufforderung an jede Frau, jedes Kind und jeden Jugendlichen, wachsam zu sein und mit dem Leben zu verteidigen, was wir von 1961 bis 1970 aufgebaut hatten.

In der Kolonie lebten wir in einem regelrechten Belagerungszustand und mit härteren Strafen als zuvor, bis *Onkel* Gerd eine Nachricht vorlas, die die Meinung von *Onkel* Paul über Präsident Allende zu ändern schien. Offenbar hatte der Präsident beschlossen, Herrn Walther Rauff nicht nach Deutschland zurückzuschicken, einen deutschen Landsmann, der zur Zeit Adolf Hitlers für die Konstruktion und den Einsatz der „Todeslastwagen" – oder Gaswagen – verantwortlich war, in denen während des Zweiten Weltkriegs Hunderte von Juden ermordet wurden. Herr Rauff war ein persönlicher Freund von *Onkel* Paul und ein häufiger Besucher der Kolonie. Er lebte in der Stadt Punta Arenas, gut geschützt von der Nazi-Solidarität in Lateinamerika. Diese Nachricht gab uns neue Hoffnung. *Onkel* Paul verbesserte sofort seine Meinung über Allende. Er begann ihn zu bewundern, hörte aber nicht auf, sich wöchentlich mit den Feinden des Präsidenten zu treffen.

Zu dieser Zeit begannen mehr Waffen aus Deutschland einzutreffen, versteckt in verschiedenen Produkten, die für die Entwicklung der Landwirtschaft und die Ausbeutung unserer versteckten Titan- und Lithiumminen bestellt wurden. Diese Aktivitäten wurden viel vorsichtiger durchgeführt als früher, denn wir hätten nicht so viel Kontrolle über den Zoll wie in früheren Zeiten, warnte uns *Onkel* Gerd in den Abschnitten zur Information.

Ohne Zweifel befanden wir uns zwar mitten in einer Schlacht, aber wir mussten auf einen Krieg vorbereitet sein. Aus diesem Grund las uns *Onkel* Gerd nicht mehr nur die Zusammenfassung von Nachrichten vor, die er gelesen, im Radio gehört oder im Fernsehen gesehen hatte. Seine Beiträge waren echte Kriegsbulletins und detaillierte Beschreibungen der Aktivitäten der Feinde, die uns belauerten: die bösen, *u-pe-lien-tos*, linken Marxisten.

♦

Der Winter 1973 brachte viele eigenartige Besucher in das Haus von *Onkel* Paul. Er hatte wöchentliche Treffen mit wichtigen Leuten, die in ihm und bei den anderen Männern der Kolonie viel Optimismus verbreiteten. Wie üblich erfuhren wir Frauen keine Einzelheiten dieser Treffen, aber wir wurden darüber informiert, dass sich die Situation zum Besseren wenden würde. *Onkel* Gerd versicherte uns, dass es in diesem Moment einen so genannten Kalten Krieg (von dem niemand verstand, warum er nicht warm oder heiß war) zwischen der Sowjetunion und den Vereinigten Staaten von Amerika gab. In diesem Krieg verlor der Kommunismus an Boden, und wir würden die positiven Ergebnisse dieser Veränderungen persönlich erleben. Die Nachricht kam wie ein gewaltiger Donnerschlag. Und das Licht des darauffolgenden gigantischen Blitzes erhellte die ganze Gemeinde. Sofort änderten sich die Verstimmungen, die in den letzten Monaten den wechselnden Geisteszustand von *Onkel* Paul getrübt hatten. Sein Gemütszustand war wie ein Thermometer, das ständig den Frieden und den emotionalen Zustand maß, von dem jedes Mitglied der Gemeinschaft abhing. Vom Jüngsten bis zum Ältesten fühlte sich niemand wohl, wenn *Onkel* Paul unglücklich war oder das tägliche Leben nicht genoss.

Jedes Jahr sah ich die ersten Anzeichen des Frühlings auf dem Lande und stellte mir vor, dass der September gekommen war, weil die Apfel- und Pflaumenbäume blühten. In diesem Jahr gab es mit dem Einzug des Frühlings aber auch andere Veränderungen. Die erste war die Nachricht, dass es nur noch wenige Tage bis zum Ende des Kommunismus in Chile waren, und damit auch eine neue Unabhängigkeit unseres Reiches fern von Deutschland einherginge. *Onkel* Paul hatte wichtige vertrauliche Informationen erhalten. Aus diesen Mitteilungen ging hervor, dass wir bereit sein sollten, zum neuerlichen politischen Wandel im Lande beizutragen. Einzelheiten wurden uns nicht mitgeteilt, denn es musste immer diese extreme

Paranoia aufgebaut werden, wenn geheime Veränderungen oder politische Nachrichten gemeldet wurden. Wir erfuhren gerade genug, um uns Angst zu machen oder uns zu begeistern. Das Übrige kam mit der Zeit und mit der Manipulation der Ereignisse, die schließlich vor uns explodierten.

An dem Tag, an dem sie beschlossen, uns in das Geschehen einzubeziehen, sprachen sie davon, dass wir uns wieder auf den Kampf vorbereiten sollten, aber auf eine andere Art als zuvor. Dieser neue Kampf richtete sich nicht nur gegen den Kommunismus. Von nun an würden wir auch für und zur Verteidigung der freundlichen chilenischen Politiker kämpfen, die uns helfen würden, die Werte unserer Kolonie abzusichern.

In dieser Versammlung verstanden wir nur wenig von unserer neuen Rolle in der chilenischen Geschichte, aber wir waren froh, dass *Onkel* Paul und die anderen Anführer so optimistisch in unsere Zukunft blickten, und die Nachricht verschaffte uns sogar etwas Erleichterung. Die vielen positiven Berichte, die sie uns an diesem Tag präsentierten, machten uns Mut. Einer der wichtigsten war, dass die chilenischen Bauern von nun an nicht mehr unser Land an sich reißen und die Arbeiter nicht mehr die Werkstätten besetzen würden. Und vor allem würden die Razzien aufhören und *Onkel* Paul würde nicht weiter fälschlicherweise des Missbrauchs beschuldigt.

Kurzum, uns wurde klar gesagt, dass die neue geheime Regierung, die immer näher rückte, für uns ein großer Verbündeter sein würde und nicht ein weiterer Feind.

♦

Der 11. September 1973 war ein weiterer dieser Tage, die ich nie vergessen werde. In der Nacht zuvor hatte es die Warnung gegeben, dass ein Kampf bevorstand. Diese Worte reichten aus, um jedem eine schlaflose Nacht zu bereiten. Die Nähe des Kampfes bedeutete keineswegs, dass *Tante* Hilde keine Peitschenhiebe verabreichte, noch bedeutete es, dass die täglichen körperlichen Strafen, die sich aus rituellen Beichten ergaben, wegfielen. Auch beschränkte sich *Onkel* Paul nicht darauf, seine Hunde in dieser Nacht auf Frauen und Kinder loszulassen. Die Routine änderte sich für uns nicht in dieser wunderbaren Nacht vor der Befreiung Chiles und dem Tod des Kommunismus.

Der 11. September brach an, und wir gingen wie üblich zur Arbeit. Aber wir gingen mit einem schrecklichen Gefühl der Ungewissheit darüber, was uns bei unserer Rückkehr erwarten würde, auf das Feld. Ich fühlte dieselbe Angst wie Angelika, als ich sie im Speisesaal sah, um das harte Brot und den kalten Tee zum Frühstück entgegenzunehmen. In einem Moment der Unachtsamkeit seitens der *Tanten* sagte sie mir, dass das Krankenhaus fast leer sei, um Personen von außerhalb, die es nötig haben würden, aufnehmen zu können. Da wir es gewohnt waren, im Flüsterton zu sprechen, fast ohne unsere Lippen zu bewegen, sagte sie mir genau so, dass sie Angst davor habe, was uns passieren könnte. Mehr nicht. Ihre Worte machten mir noch mehr Angst, denn ich wusste, dass Angelika immer alles erfuhr. Sie sah durch Schlüssellöcher und lauschte durch Wände. Aber sie begleitete in diesen Monaten auch Dr. Strätling in die unterirdischen Räumlichkeiten, in denen sich unsere zweite Kolonie befand, versteckt vor der Außenwelt. Nichts blieb von Angelika unbemerkt.

Wie immer gab es keine offiziellen Informationen, bis es Abend wurde und die Anführer beschlossen, dass es an der Zeit war, uns die Berichte der Nachrichten von *Onkel* Gerd zu geben.

Ich lief mit Angelika vom Speisesaal zu dem, was wir für eine Notfallsitzung hielten. In der Dunkelheit war es einfacher, sich heimlich zu unterhalten, ganz langsam und ohne den Kopf zu bewegen. Angelika hatte gehört, dass Präsident Allende ums Leben gekommen war und dass Generäle, die mit *Onkel* Paul befreundet waren, das Kommando in Chile übernommen hatten. Zu diesen Freunden gehörten alle Zivilisten und Uniformierten, die während des Winters die Kolonie besucht hatten.

Onkel Paul kam pünktlich zu der Veranstaltung, was er noch nie zuvor getan hatte. Er erschien in festlicher Kleidung und in feierlicher Stimmung. Kaum hatte er den Saal betreten, begann der Chor der Colonia Dignidad, zu Ehren des Ereignisses ein prächtiges Konzert zu geben. Die wunderbaren Kinderstimmen erklangen, und die Begeisterung war sofort in den Augen von *Onkel* Paul sichtbar. Es waren seine Kinder, die an einem für ihn historischen Tag seine Lieblingslieder auf

Deutsch sangen. Die Freude war ansteckend und zeichnete sich auf den Gesichtern von *Onkel* Dieter und allen anderen Männern ab. Und obwohl viele der Frauen den Grund für eine derartige Feierlichkeit nicht kannten, gaben sie sich zufrieden, um die Anführer noch glücklicher zu machen. Es wurde getanzt und es gab Kuchen. Und eine Menge Prost! unter den Colonos. Es war ein spontanes Fest, aber es wurde gefeiert wie kaum ein anderes vor – oder nach – dem 11. September. Ein vorausgesagter Tod, aber auch eine überraschende Geburt wurden mit großem Jubel begrüßt. An diesem Septembertag wurde Chile neu geboren, mit einem Leben frei von Unterdrückung und besser für die Chilenen. Aber noch viel besser für *Onkel* Paul und für jeden von uns in der Kolonie.

Der erste, der sprach, war *Onkel* Paul. An diesem Abend war kein Nachrichtenbericht von *Onkel* Gerd nötig. Es war wichtiger, dass wir die gute Nachricht aus dem Mund des *neuen* Jesus Christus hörten. Und die gab er uns auch. Mit einer fast sündhaften Freude gab er uns alle möglichen Informationen. Er sagte, dass Allende, der feige Kommunist, Selbstmord mit einem Maschinengewehr begangen hatte, welches ihm der andere bärtige Kommunist Fidel Castro geschenkt hatte. Er habe sich das Hirn weggepustet, um nicht aufgeben zu müssen. Eine Todesart, die der *Onkel* immer gerne in allen Einzelheiten erzählte. Er erzählte uns auch, dass die Generäle der chilenischen Streitkräfte die Macht übernommen hatten. Er fügte hinzu, dass unsere Siedlung von nun an nichts mehr zu befürchten habe. Wir waren Freunde des neuen Regimes, und sie würden uns vor der Verfolgung durch die Richter, die Polizei, die Bauern und all unsere Feinde schützen; einschließlich der Presse, die uns mit Nachrichten angriff, die aus der einfallsreichen Fantasie der Journalisten erfunden waren.

Er beendete seine Rede mit Worten aus der *Bibel*, die selbstverständlich auf seine Weise interpretiert wurden.

Er sagte, wir seien die Auserwählten, wie er es immer sagte, wenn er uns das göttliche Wort darbrachte. Aber an diesem Abend wiederholte er etwas anderes, das sich einprägte. Er schloss mit den Worten, dass nicht wir ihn, sondern er uns auserwählt habe. Und so müssten wir uns bemühen, Früchte zu tragen, damit unser Werk in Chile bleiben könnte. Auch müssten wir weiterhin beten und arbeiten, damit alles, was wir im Namen von *Onkel* Paul von Gott erbaten, uns gewährt würde. Er machte deutlich, dass er nicht von menschlichen Früchten – der Fortpflanzung – sprach, sondern von Taten. In dieser neuen Regierung hätten wir eine staatsbürgerliche Verantwortung, die wir so in Chile nie zuvor gehabt hätten. Unser Staat würde Hand in Hand mit dem neuen chilenischen Staat arbeiten. Wir waren nun nicht mehr zwei Staaten, sondern ein großer, starker und mächtiger Staat.

Am 11. September 1973 begann die nächste Etappe – oder neue Ära – für die Kolonie. Für mich war es der Beginn eines neuen Erwachens. Und diese Veränderung brachte mehr körperliche Strafen mit sich. Aber auch einen neuen Hunger nach Freiheit, der meine Gedanken zu verändern begann und mir einen unbekannten Horizont eröffnete.

„Klick! – Allende bläst sich mit dem Maschinengewehr, das den Namen von Fidel Castro trägt, das Gehirn weg."

„Klick! – *Onkel* Paul feiert einen Selbstmord, eine in der *Bibel* verbotene Handlung."

♦

Im späten Frühjahr bekamen wir Besuch von General Augusto Pinochet. Er landete auf unserem Flughafen und wurde mit allen Ehren empfangen, die von *Onkel* Paul verlangt worden waren.

Nichts wurde bei der Ankunft des Generals in der Kolonie dem Zufall überlassen. Wir arbeiteten ununterbrochen an der Vorbereitung dieses kolossalen historischen Ereignisses. Der Tag dieses Besuchs ist einer der wenigen Tage, an die ich mich erinnere, an dem ich nicht unter dem wachsamen Auge und der Strafe der *Tanten* gearbeitet habe. Keiner hat diese gesegneten Stunden vergessen.

Die Feierlichkeiten begannen in dem Moment, als der General aus dem Flugzeug stieg und mit seinen Stiefeln unser Land berührte. Seine Anwesenheit erinnerte mich an die Geschichten, die meine Eltern mir über ihren General in Deutschland, Adolf Hitler, erzählt hatten. Augusto Pinochet hatte eine Aura von kolossaler Macht, unbesiegbar und makaber zugleich. Seine Anwesenheit strahlte ein unheimliches Grauen aus. *Onkel* Paul begrüßte ihn zuerst, indem er den rechten Arm hob und die Hand mit den Fingern nach oben streckte, als ob sie die Gesten des anderen sehr gut verstanden und schon immer Freunde gewesen wären. In echter chilenischer Manier umarmten sie sich dann brüderlich und solidarisch. Die ganze Gemeinschaft hatte die Begrüßung geübt, und wir wussten bereits, dass wir Reihen bilden mussten, die einen Weg formten, durch den beide Anführer in der Mitte gehen sollten. Wir hatten chilenische und deutsche Fahnen bekommen, um sie in der Luft zu schwenken und die „beiden Generäle" zu grüßen. Und ich sage „beide Generäle", weil *Onkel* Paul in diesem Moment in den Augen der Gemeinschaft auf einer Stufe mit dem Oberbefehlshaber Augusto Pinochet stand. In den Köpfen vieler von uns setzte sich der Gedanke fest, dass wir den beiden mächtigsten Männern des Landes gegenüberstanden: dem General, Präsident der chilenischen Militärjunta, und dem Oberbefehlshaber des neuen großen Staates Chile, unserer Colonia Dignidad.

Die Musik war kilometerweit über das offene Feld zu hören. Der Chor sang an diesem Tag mit unmenschlicher Kraft. Sie wollten, dass wir General Pinochet und unseren General ehren. Wir sangen „Ich hatte einen Kameraden". Die Anwesenheit des chilenischen Generals war für die Einwohner des Staates sehr bewegend. Sie fühlten sich unterstützt, bewundert und beschützt. Seine Anwesenheit gab ihnen Geltung und erklärte sie für frei. Unabhängig. Und gleichzeitig waren sie eng mit einem Militärsystem verbunden, das sie stolz machte, weil es Chile verändern würde. Viele von uns haben sich immer daran erinnert, dass General Pinochet die Tränen kamen, als er das Lied hörte.

Nach der huldvollen Begrüßung begab sich der General mit dem *Onkel* ins Gästehaus. Dort fanden sie sich stundenlang zum Essen, Trinken und Reden mit den anderen Anführern und mehreren hochrangigen chilenischen Militärs zusammen.

Während die Generäle in den Räumlichkeiten des *Onkels* feierten, setzten wir unsere eigene Feier fort. Befreiter als je zuvor. Die Wachposten waren damit beschäftigt, die Einfahrt durch Personen von draußen zu kontrollieren und die Umgebung des Gästehauses mit den Leibwächtern des Generals zu bewachen. Der Schutz musste der Macht und der politisch-militärischen Stellung entsprechen, die General Pinochet und unser General, *Onkel* Paul, innehatten. Die Welt der Kolonie war am Tag des berühmtesten Besuchs in unserer Geschichte für fast 12 Stunden befreit. Ich erinnere mich daran, dass wir alle ohne Einschränkung auf die

Toilette gehen konnten. Die *Tanten* aßen ununterbrochen, während die wenigen Verheirateten mit ihren Partnern allein und in gedämpftem Ton sprachen. Mehr als eine muss ihren Mann heimlich unter einer Trauerweide bedient haben, die an diesem Abend keine Tränen vergoss.

Das Festmahl, das wir an diesem Tag serviert bekamen, war ähnlich dem bei den Feierlichkeiten zum Geburtstag von *Onkel* Paul. Alles, was wir sonst nie aßen, haben wir an diesem Tag gegessen. Die Kinder hätten sich gewünscht, dass der General für immer bei uns wohnen bleibt, denn an diesem Tag konnten sie gut essen, frei herumlaufen und spielen. Und einige der unverheirateten Mädchen wünschten sich das auch, denn an diesem für die Kolonie historischen Tag konnten sie zum ersten Mal ein paar Minuten mit Jungen sprechen.

Als ich die Musik hörte, vermisste ich Deutschland. Und vielleicht war es diese Stimmung, die mich dazu veranlasste, meine frühere Mutter – *Tante* Waltraud – zu grüßen, als ich sie auf der Wiese in der Nähe des Restaurants sitzen sah. Ich begrüßte sie und fragte sie, wie es ihr gehe. Sie senkte den Kopf und sagte mir, ohne mich anzuschauen, dass alles in Ordnung sei. Sie fügte hinzu, ich solle auf mich aufpassen und nicht sündigen. Ich solle gehorchen und täglich auf die Worte der *Bibel* hören. Das war alles. Nach ein paar Minuten forderte mich ihr Schweigen auf, sie zu verlassen.

An diesem Tag unterhielt ich mich auch mit Angelika, während wir aßen und die fehlende Überwachung genossen. Sie lehnte mich nicht ab, wie *Tante* Waltraud es getan hatte. Im Gegenteil, sie wurde nicht müde, sich sehr lange mit mir zu unterhalten. Sie erzählte mir, dass sie seit dem 11. September damit begonnen hatten, rebellische Chilenen in die Kolonie zu bringen, um ihnen Geständnisse zu entlocken. Sie holten sie nachts mit unseren Fahrzeugen aus Parral und brachten sie direkt zu den Bunkern, die wir im Untergrund hatten. Sie hatte sie gesehen, weil sie Dr. Strätling zur „Arbeit" mit den Gefangenen begleitete. Die Ärztin kannte die Methoden zur Erpressung von Geständnissen, die in den Konzentrationslagern in Deutschland angewandt worden waren. Nun wurden sie in dem neuen Regime gebraucht, um die „revolutionäre Säuberung" zu beschleunigen. Dr. Strätling half den Vernehmungsbeamten bei der Anwendung von Elektroschocks und simuliertem Ertrinken in Fässern mit Wasser, und betäubte anschließend die Häftlinge, damit sie einschliefen und für die Verhöre am nächsten Tag besser gerüstet waren. Sie wurden wie wir mit verbundenen Augen an Feldbetten gefesselt. Einige haben die Folter nicht überstanden und sind gestorben. Diese Menschen wurden in riesigen, tiefen Massengräbern mitten auf unseren Ländereien verscharrt.

„Niemand wird sie finden", sagte mir Angelika.

An diesem Tag erzählte Angelika mir auch, dass sie sich mit einem jungen Mann unterhalte, der älter war als sie. Er war einer der liebsten *Sprinter* von *Onkel* Paul. Sein Name war Igor, und er war ohne seine Eltern nach Chile gekommen. Sie hatten sich angefreundet, seit er einige Kinder zur Behandlung bei Dr. Strätling gebracht hatte. Angelika und der junge Mann hatten viel gemeinsam und sprachen, wann immer sie konnten, über das, was sie um sich herum beobachteten. Sie wussten viel, aber sie hatten gelernt zu schweigen, um ihre Ziele zu erreichen. Sie waren durch den innigen Wunsch verbunden, zu überleben und weiterzukommen, egal wie. Ein besseres Leben zu haben, auch wenn das bedeutete, anderen im Namen von Gott und *Onkel* Paul Leid zuzufügen. Für sie war das Überleben um jeden Preis ein göttliches Gebot und Teil des persönlichen Leidens. Gott zu beichten bedeutete, die nötige Vergebung zu erhalten, auch wenn sie die Beichten verschwiegen, die sie bei *Onkel* Paul hätten ablegen müssen.

Dank des Besuchs von General Pinochet in der Kolonie konnte ich an diesem Tag zum ersten Mal seit Jahren mehr als eine Stunde lang mit einem Menschen sprechen, ohne zu beichten oder bestraft zu werden. Es war das einzige Mal, dass ich Angelikas Stimme ohne Flüsterton hörte, die mir – ironischerweise – nach zwölf Jahren des Zusammenlebens in der Kolonie so lebendige Geschichten erzählte. An diesem Abend dachte ich, dass das Gefühl, das ich beim Hören und Vorstellen dieser Geschichten hatte, vielleicht das war, was ein Mensch fühlen sollte, wenn er ein Buch liest oder einen Film sieht.

♦

Es war nicht Angelika, die gestand, mich gesehen zu haben, wie ich versucht hatte, mit *Tante* Waltraud zu sprechen. Es war *Tante* Waltraud selbst. Am Tag nach dem Besuch des Generals gab es Dutzende von Beichten. Es schien, dass niemand bereit war, die kleine Freiheit von nur ein paar Stunden in Ruhe zu genießen. Kein Vater hatte versucht, seine Kinder zu sehen, und keine Mutter hatte ein Wort mit ihren Sprösslingen gesprochen. Die Kinder, die nicht mehr wussten, wer ihre Eltern waren, versuchten es ebenfalls nicht. Aber unter den jungen Menschen, die gesündigt hatten, war auch ich. Und ich war nicht die einzige, die vom Satan versucht worden war.

In dieser Nacht gab *Onkel* Paul bekannt, dass er ein Bündnis mit der von General Pinochet geführten Militärjunta eingegangen war. Er sagte, wir würden die gründliche Säuberung unterstützen, die das Land brauche. Wir würden dazu beitragen, das marxistische Krebsgeschwür auszurotten, das Chile schon lange vor den Wahlen von 1970 befallen und Dr. Allende zum Sieg verholfen hatte. Er nannte keine Einzelheiten über unseren Beitrag zur Regierung von General Pinochet oder darüber, worin unsere Hilfe bestehen würde.

Der letzte Moment der Versammlung war gekommen, und nur diejenigen, die gebeichtet hatten, waren beruhigt. Die anderen, die verfluchten Sünder, warteten darauf, ihre Reue zu bekunden und die Konsequenzen zu tragen. In dieser Nacht flehten alle im Stillen, dass durch die Freude über den Besuch von General Pinochet in der Gemeinschaft, sich der Zorn des *Onkels* nicht allzu streng zeigen sollte. Am Tag zuvor hatten wir ihn noch glücklich gesehen, und an diesem Abend lachte er wie ein Kind über die Kommentare zu dem Besuch und zu der Unterstützung, die wir der neuen chilenischen Regierung bieten würden. Doch leider änderte sich in dieser Nacht nichts für die Gemeinschaft. *Onkel* Paul hatte unüberwindbare Regeln und niemand konnte für die täglich begangenen Fehler ungestraft davonkommen.

Ich war nicht die erste, die in dieser Versammlung bestraft wurde. Zuerst kamen die Jugendlichen, die gesehen worden waren, wie sie während des Besuchs des Generals mit einigen Mädchen gesprochen hatten. Sie wurden zur intensiven Behandlung ins Krankenhaus gebracht, nachdem sie vom *Onkel* ausgepeitscht worden waren. Wie üblich wurden sie mit heruntergelassenen Hosen ausgepeitscht, um sie noch mehr zu demütigen, und damit die Peitsche starke Schmerzen an ihren Geschlechtsorganen verursachte und tiefe Spuren an ihren Beinen hinterließ.

Dann war ich an der Reihe, und *Onkel* Paul rief *Tante* Waltraud, damit sie mir die ersten Peitschenhiebe verpasste und mir sagte, dass ich nie wieder mit ihr sprechen sollte.

„Sag ihr, dass sie nicht deine Tooochteeer ist, dass alle hier meine Kiindeeer sind und von niemandem sooonst", schrie *Onkel* Paul unaufhörlich.

Seine Schreie hallten von der Decke des Saales wider und verbreiteten sich mit großem Schrecken unter den Zuschauern. *Tante* Waltraud wiederholte seine Worte jedes Mal, wenn sie die Peitsche auf meinen Körper schlug.

„Ziiischhhh, ziiischhhh, zack!" „Du bist nicht meine Tochter."

„Ziiischhhh, ziiischhhh, zack!" „Du bist nicht meine Tochter."

„Ziiischhhh, ziiischhhh, zack!"

Ich hatte gelernt, während der Auspeitschung den Mund zu halten und auf den Boden zu starren. Aus irgendeinem unerklärlichen Grund sah ich dieses Mal aber meiner Peinigerin in die Augen, als der Schmerz mich zu überwältigen begann. *Onkel* Paul bemerkte das und sagte ihr, sie solle mich härter schlagen. Sie gehorchte ihm, aber plötzlich legte sie die Peitsche beiseite und brach weinend auf dem Boden zusammen. Auf dem Boden liegend, trat *Onkel* Paul *Tante* Waltraud mit seinen neuen Stiefeln eines Generals. Dann schlug er sie, bis er genug hatte, packte sie an den Haaren und zwang sie, aufzustehen, damit sie mich weiter auspeitschen konnte. Gleichzeitig sagte er mir, ich solle *Tante* Waltraud anschreien, dass ich nicht ihre und auch nicht seine Tochter sei. Die Tochter von *Onkel* Paul zu sein, war ein göttliches Privileg, und ich begann, es zu verlieren.

Am nächsten Tag sollte ich erfahren, wie meine Bestrafung enden würde.

„Klick! – *Tante* Waltraud peitscht mich und schreit, dass ich nicht ihre Tochter bin."

„Klick! – *Tante* Waltraud auf dem Boden mit der Peitsche in der Hand."

„Klick! – Ich schreie *Tante* Waltraud an, dass sie nicht meine Mutter ist."

♦

Onkel Paul vergaß den zweiten Teil meiner Strafe für das Sprechen mit meiner Ex-Mutter nicht, ebenso wenig wie den der anderen Mädchen, die am Tag des

Besuchs von General Pinochet mit den Jungen gesprochen hatten. Einige Stunden später übernahm Dr. Strätling die Strafe für jede der Sünderinnen. Wir wurden in die unterirdischen Räume gebracht, um die Behandlung zu verschärfen. Nur ein paar Schlucke Wasser und ein paar Krümel Brot inmitten einer scheinbar jahrhundertelangen Wartezeit. Unsere Münder zugeklebt mit Isolierband und die Augen verbunden, damit wir lernten, die Anweisung zu respektieren, nicht zu sprechen. Und vor allem, damit wir aufhörten, uns einzubilden, wir hätten noch leibliche Eltern, an die wir irgendwelche Worte oder irgendeine Art von Zuneigung richten könnten.

Während dieser Therapie zur Bestrafung wurde mir mehr als je zuvor klar, dass die Räumlichkeiten viel zu dunkel und zu kalt waren. Und das hätten sie nicht sein müssen. Der muffige Geruch war berauschend. Nachdem ich aufhörte, vor Kälte zu zittern, überkam mich Übelkeit von der Menge an Medikamenten, die sie mir auf leeren Magen verabreichten. In meiner Verzweiflung versuchte ich, im Stillen mit meinem himmlischen Vater zu sprechen, aber fühlte mich völlig verlassen, denn in jenen Jahren begann auch Er, mich nicht mehr zu beschützen.

Ich blieb in dieser Behandlung, was wohl mehrere Wochen gewesen sein muss. Es war unmöglich, das Ausmaß der „Heilungen", die uns zuteilwurden, genau zu bestimmen, denn es war nicht zu erahnen, wann es Tag oder Nacht war. Für mich war der beste Weg, die Dauer dieser Behandlung abzuschätzen, indem ich die Abfolge der Schreie berechnete, die ich aus anderen Räumen in dem Untergrund hörte. Alle paar Stunden, wenn wir weder Wasser noch Brot bekamen und wenn niemand kam, um uns Valiumtabletten oder Injektionen zu verabreichen, hörte ich Schreie. Ich stellte mir vor, dass es nachts war und dass die Schreie von Chilenen stammten, die aus Parral hergebracht wurden, weil sie gegen die Militärregierung waren. Niemand aus der Colonia Dignidad schrie bei den Behandlungen, und so wusste ich, dass diese Schreie nicht von unseren deutschen Leuten kamen.

Die Injektionen und Elektroschocks, die mir bei dieser Behandlung verabreicht wurden, hatten eine andere Wirkung als die „Heilungen", die ich zuvor erhalten hatte. Während dieser Einweisung spürte ich nur schreckliche Schmerzen in meinem Rücken, meinen Beinen und meinem Kopf. In den seltenen Fällen, wenn ich auf die Toilette gehen durfte, weil sich zu viel Urin und Kot auf dem Bett angesammelt hatte, konnte ich an meinem ganzen Körper blaue Flecken sehen. Außerdem hatte ich riesige Blutergüsse und viel tiefere elektrische Verbrennungen auf beiden Seiten meiner Stirn. Ich fühlte mich anders und merkte, dass sie es schafften, mich die Folterungen vergessen zu lassen. Mein Geist verwandelte sich zeitweise in einen leeren Raum, in dem makabre Erinnerungen verschwanden. Ein süßer, ruhiger Gedächtnisverlust, ohne jedwede Art von Angst. Dennoch versuchte ich inmitten meiner Verwirrung, mich dieser neuen Veränderung nicht zu unterwerfen und führte einen maßlosen Kampf gegen das Vergessen. Drei Jahre zuvor waren mir Teile meines Körpers und das Recht auf Mutterschaft genommen worden; nach dieser Erfahrung war ich bereit, mit all der mir verbliebenen wenigen Kraft dafür zu kämpfen, dass mir nicht auch noch mein Gedächtnis gestohlen wurde.

♦

Bei einer der jährlichen Geburtstagsfeiern von *Onkel* Paul hatte ich wieder die Gelegenheit, mich lange mit Angelika zu unterhalten. Diese Feierlichkeiten hatten sich nicht verändert. Es war das Fest, das nach der Ermordung des Weihnachtsmanns an die Stelle von Weihnachten getreten war. Es gab wenig Überwachung und ein Minimum an Freiheit. Aber es war nur auf Bewährung, damit sich niemand daran gewöhnen sollte.

An diesem Tag sah ich, dass Angelika verändert war. Sie war eine andere Frau. Sie erzählte mir, dass sie in einen der Lieblingsjungen von *Onkel* Paul verliebt sei. Dieser Junge war Igor, derjenige, der ihr Geheimnisse erzählte und den sie immer noch als ihren Freund betrachtete. Sie erzählte mir, dass er mit einem Stipendium eines deutschen Waffenhändlers, eines Freundes von *Onkel* Paul, in die Vereinigten Staaten von Amerika gegangen war, um dort zu studieren. Dieser Mann besaß ein großes Vermögen und lebte in San Francisco. Bevor Igor abreiste, küssten sich Igor und Angelika im Krankenhaus, denn er arbeitete dort stundenlang ohne große Aufsicht. Er war auch einer der Bevorzugten von Dr. Strätling. Und sein Weggang bedeutete, dass es einige Jahre dauern würde, bis sie sich wiedersehen würden. Während dieser Zeit würden sie keinen Kontakt zueinander haben. Sich gegenseitig Briefe zu schicken, hieße, sich gegenseitig in Gefahr zu bringen. Aber bevor er die Kolonie verließ, hatte Igor ihr viele Dinge erzählt. Er erzählte ihr, dass *Onkel* Paul ihn in Deutschland vergewaltigt hatte, als er erst elf Jahre alt war, wie er auch Max und viele andere vergewaltigt hatte. Und er missbrauchte ihn weiter, bis er sechzehn war, eine Zeit, in der *Onkel* Paul es oft vorzog, seine Lieblingsjungen gegen jüngere auszutauschen. Sobald er nicht mehr missbraucht wurde, begann Igor, *Onkel* Paul zu helfen, indem er ihm Jungen in sein Zimmer brachte. Manchmal zwei oder drei Jungen pro Nacht. Igor betrachtete dies als eine besondere Gefälligkeit und auch als einen Weg, sein ultimatives Ziel zu erreichen: für eine Weile aus der Gemeinschaft herauszukommen und mit Macht zurückzukehren. Sein Vorgehen war im Grunde ein Austausch von Gefälligkeiten – wie Angelika erklärte – und kein abscheulicher Akt. Beide, Angelika und Igor, hatten Mittel und Wege, um Stellen in der *Bibel* zu finden, wiederholt von dem *Onkel*, um sein Handeln zu rechtfertigen. Sie sprachen von den verschiedenen Arten der Liebe und den Opfern, die Kinder aus Ergebenheit ihren Eltern gegenüber erbringen müssen.

Irgendetwas hatte sich in diesen Jahren bei Angelika verändert. Ihre Worte waren irrationaler als früher – war sie von diesem Jungen hypnotisiert worden, wie wir alle in der Colonia Dignidad jahrelang hypnotisiert worden waren? Es machte mir Angst, ihr zuzuhören. Und es war nicht die Angst vor dem, was mir passieren würde, wenn ich ein Geständnis hörte, sondern auch die Sorge um sie. Angelika war auf einem Weg, der sie nicht zu einem guten Ende führen würde. Es fiel ihr immer noch schwer zu verstehen, was es für einen Unterschied machte, in der Kolonie eine Frau oder ein Mann zu sein.

An diesem Tag erzählte mir Angelika auch, dass ein Paar weggelaufen sei, weil die Frau schwanger war. Ihre Schwangerschaft war im Schlafsaal nicht bemerkt worden, wenn wir uns vor den *Tanten* auszogen, weil ihre Periode erst seit ein paar Wochen ausgeblieben war und sie kurz vor den Wechseljahren stand. Sie waren nach der Arbeit beim Weizenmähen weggelaufen, als die Sonne schon unterging. Aber sie kamen nicht sehr weit, denn die örtliche Polizei entdeckte sie und rief sofort bei *Onkel* Paul an. In dieser Zeit arbeiteten das Militär und die örtlichen *Carabineros* in völliger Abstimmung mit *Onkel* Paul, der sich auf eine bedingungslose Unterstützung verlassen konnte, wenn es darum ging, die Flucht von Bewohnern der Siedlung zu verhindern. Seine Freundschaft mit dem General hatte dem *Onkel* noch mehr Macht verliehen. Aus diesem Grund brachte ein Streifenwagen das Paar am Tag nach seinem Fluchtversuch zurück. Zum Dank wurden die Polizisten, wie üblich, mit Geschenken überhäuft. Unter den vielen Geschenken waren auch *Hausmacher Wurst* und eine große Menge Fleisch. Denn die örtliche Polizei liebte unsere speziellen Fleischsorten von exotischen Tieren.

Nach seiner Rückkehr wurde der junge Mann mit den chilenischen Häftlingen in Einzelhaft im Untergrund untergebracht. Und die junge Frau wurde ins Krankenhaus eingeliefert, wo Dr. Strätling ihren Fötus tötete, weil er vom Bösen gezeugt worden war. Das Baby wurde aus ihr herausgeprügelt. Angelika erzählte mir die Einzelheiten dieser Prozedur, die ohne Betäubung an den Frauen durchgeführt wurde, damit die Lektion besser verinnerlicht werden konnte. Schwangerschaften waren immer noch verboten, und Frauen, die sich nicht an die Regeln hielten, mussten brutal bestraft werden, um anderen ein Beispiel zu geben. Diese junge Frau verlor ihren Fötus und erhielt auch die Behandlung, die sie daran hindern sollte, jemals wieder schwanger zu werden.

„Klick! – Sie nehmen das Kind aus dem Körper einer anderen Frau."

„Klick! – *Onkel* Paul umringt von seinen Kindern in seinem Schlafzimmer."

♦

Bei einer Versammlung in der Wochenmitte kündigte *Onkel* Paul an, dass mein Vater aus Deutschland kommen würde. Ich bemerkte, dass *Tante* Waltraud überglücklich war, als die Nachricht verkündet wurde. Ich, die ich frisch von meiner letzten Bestrafung kam, verbarg jeden Ausdruck von Freude in meinem Gesicht, aber mein Herz schwoll an mit einer Mischung aus Glück und Hoffnung.

Der Gedanke an die Ankunft meines Vaters Holger half mir, über die direkte Beichte zu Gott, aber auch über Widerstand und meine Flucht nachzudenken. Was würde auf meinem Weg zur Erlösung passieren, wenn ich meinen Vater bitten würde, mich nach Deutschland zurückkehren zu lassen? Schließlich war er der Partner von *Onkel* Paul und hatte die gleiche Kontrolle und Macht über das Schicksal von jedem von uns in der Kolonie. Diese Gedanken gingen mir jede Minute des Tages durch den Kopf. Vor allem, wenn ich die Haloperidol-Tabletten nicht schluckte, die man mir im Krankenhaus begonnen hatte zu verabreichen.

Nachts, vor dem Einschlafen, begann ich, einen detaillierten Plan für meine Freiheit zu entwerfen. Diesen Plan würde ich meinem Vater vorstellen, sobald er in der Kolonie eintraf. Ich träumte jede Nacht von dieser Idee und ging mit dieser Skizze im Kopf zur Arbeit, bei der ich vierzehn Stunden lang schwitzte.

In meinem ersten Gespräch mit meinem Vater Holger würde ich ihm alles erzählen, was wir in der Colonia Dignidad erlebt hatten und bei dem ich den Eindruck hatte, dass es nicht zu seinem Plan für die Wohlfahrtsgesellschaft gehörte. Dann würde ich ihm von meinen Geschwistern und von *Tante* Waltraud erzählen, damit er eine Vorstellung davon bekäme, dass die Familie nicht mehr das war, was sie gewesen war, bevor wir nach Chile kamen. Allerdings beschloss ich, ihm nichts von den Behandlungen und Strafen von *Onkel* Paul und Dr. Strätling zu erzählen. Ich wollte nicht, dass er mich für feige hielt, weil ich nicht in der Lage war, die notwendigen Opfer zu bringen, die Gott von uns verlangt, um Seines Reiches würdig zu sein. Diesen Teil würde ich für später aufheben, zusammen mit anderen kleinen Geheimnissen. Auch würde ich ihm nichts von den Anschuldigungen gegen *Onkel* Paul erzählen, weil sie Freunde waren, denn damit würde sich sein guter Wille gegen mich richten. Nachdem wir uns so viele Jahre nicht gesehen hatten, war es nicht notwendig, gleich bei unserem ersten Gespräch seinen geistigen Partner und Pastorenfreund anzugreifen.

Ich nahm meine Fluchtpläne so ernst, dass ich sie nicht einmal mit Angelika teilte. Es war schade, dass ich in jenen Jahren begann, sogar meiner besten Freundin zu misstrauen.

Zwischen der Ankündigung des Besuchs meines Vaters und seiner Ankunft in der Siedlung vergingen nur vier Tage. *Onkel* Paul brauchte meinen Vater, um sich mit den Führern des neuen Regimes von General Pinochet zu treffen und unsere Verträge über Waffenverkäufe und -handel zu festigen. Auch wollte er mit ihm über die Unterstützung sprechen, die wir der Militärjunta mit ihren Gefangenen gewährten. Zu dieser Zeit boten wir immer noch die Räumlichkeiten an, um sie gefangen zu halten, und stellten Verhörmethoden zur Verfügung, die von *Onkel*

Paul und Dr. Strätling entwickelt und durchgeführt wurden, um Informationen aus ihnen herauszupressen.

Angelika war hocherfreut, als sie hörte, dass mein Vater kommen würde. Sie wollte immer neue Kontakte zu den Mächtigen in der Kolonie knüpfen und so ihr Ziel erreichen, eine der führenden Frauen zu werden. Der Partner des *Onkels* könnte das Ass im Ärmel für die Pläne meiner Freundin sein.

Sie wartete auf den Besuch meines Vaters, um sich in der Kolonie zu verewigen, während ich darauf wartete, dass er mir half, vom selben Ort zu fliehen. Beide haben wir die Macht des Partners von *Onkel* Paul völlig falsch eingeschätzt.

♦

Mein Vater kam mitten im Sommer, an einem extrem heißen Tag, von Santiago in die Kolonie. Ich erinnere mich noch sehr gut daran, denn in jenen Monaten arbeitete ich in der Bäckerei, und die Hitze der Öfen brachte mich fast um. Er wurde nicht offiziell empfangen, und seine Ankunft blieb fast unbemerkt. Dies blieb mir nicht verborgen. Es war mehr als zehn Jahre her, seit ich ihn das letzte Mal gesehen hatte, direkt vor meiner Abreise nach Chile. Ich hätte alles getan, um die Befehle zu missachten und an diesem Tag nicht zu arbeiten, nur um mich in der Nähe der Einfahrt zum Gelände zu verstecken und ihn ankommen zu sehen, wenn auch nur aus der Ferne.

Die Führungsriege der Kolonie hatte die erste Sondersitzung in diesem Sommer mit den Streitkräften anberaumt, bei der mein Vater einen Bericht über unsere Vermögenswerte und unsere wichtigsten Kontakte in Deutschland und anderswo in der Welt abgeben sollte, damit wir die chilenische Regierung weiterhin unterstützen konnten.

Wir Frauen hatten, wie immer, keinen Zugang zu diesen Versammlungen. Angelika fand heraus, dass *Tante* Waltraud meinen Vater an diesem Tag ebenfalls nicht hatte sehen können. Auch nicht am nächsten. Und auch nicht an den anderen Tagen danach. Offensichtlich waren die Baptistenpastoren, die früher eng befreundet gewesen waren, keine Partner mehr. Als sein Konkurrent eintraf, stellte *Onkel* Paul sofort seine eigenen Regeln auf, um die Aktivitäten des neuen

Besuchers zu kontrollieren. Und diese Regeln waren die gleichen wie die, die er den übrigen Colonos auferlegt hatte. Meinem Vater war es nicht erlaubt, seine Kinder zu sehen oder ein Zimmer mit *Tante* Waltraud, seiner Ehefrau, zu teilen.

Ich hatte jahrelang davon geträumt, meinen Vater wiederzusehen, und diese Wochen nach seiner Ankunft erschienen mir unglaubwürdig: Er war nur wenige Meter von mir entfernt, und ich konnte nicht einmal mit ihm sprechen, geschweige denn ihn umarmen. Seit seiner Ankunft hatte er zwar nicht die gleiche Stellung wie *Onkel* Paul, gehörte aber zu den wenigen führenden Männern, die dem *Onkel* nahestanden. Und deshalb war er nicht mehr mein Vater, sondern nur noch ein weiterer *Onkel*, der in die Kolonie gekommen war, um uns über den Weg des *neuen* Jesus Christus aufzuklären und uns bei dem Opfer für das ewige Leben zu unterstützen. Das war alles. Das wurde uns in den ersten Versammlungen, denen mein Vater beiwohnte, erklärt.

Auch wenn ich gezwungen war, ihn *Onkel* Holger zu nennen, hörte er nie auf, mein Vater zu sein. Ich hatte meine Mutter im Alter von elf Jahren verloren, und jetzt, mit über vierundzwanzig, war ich nicht bereit, auch ihn zu verlieren.

Mein Vater Holger schloss sich der kleinen Gruppe der Anführer der Kolonie an, ohne die von dem *Onkel* auferlegten Regeln in allen Einzelheiten zu kennen. Diese Position gab ihm die Möglichkeit, unmittelbar bei den Beichten der verfluchten Sünder anwesend zu sein, die nur vor der Führungsriege abgelegt wurden. Dort wurden die härtesten Strafen verhängt, denn sie hatten nicht nur die Macht, sondern auch die Mittel, den Frauen und Kindern die besten Lektionen zu erteilen, die sie zu lernen hatten.

Wenige Tage, nachdem mein Vater in die Gemeinschaft gekommen war, musste er einer der Strafen beiwohnen, die meine Schwester Dorothea erhielt, die noch immer vom Teufel versucht wurde. Angelika erfuhr von der Bestrafung, denn sie musste die Wunden an ihrem Kopf verbinden, wo Dorothea die Haare ausgerissen worden waren. Sie teilte mir keine Einzelheiten mit. Sie erzählte mir nur, dass es brutal gewesen sei und dass mein Vater, gezwungen durch den *Onkel*, hatte mitmachen müssen.

Ich konnte das Opfer, meinen Vater nicht zu sehen, nicht ertragen und beschloss deshalb, *Onkel* Paul zu bitten, mit ihm sprechen zu dürfen. *Tante* Hilde überbrachte ihm meine Botschaft. Einige Tage später erhielt ich die Nachricht, dass mir eine Audienz gewährt wurde, und an einem Abend nach der Arbeit wurde ich zu einem Treffen mit ihm gerufen.

Es war unmöglich, das Zittern in meinen Beinen zu kontrollieren, und meine Stimme versagte, als ich vor *Onkel* Paul stand. Ich schaute auf den Boden und erinnerte mich, wie oft ich an der gleichen Stelle von den Schlägen geblutet hatte. Ich wollte wegrennen und das Treffen vergessen, aber es war bereits zu spät. Sie würden mich dazu bringen, meine Absichten zu gestehen, darum zu bitten, mich zu empfangen, und mich trotzdem bestrafen. Ich durfte nicht vergessen, dass der Gedanke genauso schuldig machte wie die Handlung. Aus dem Augenwinkel konnte ich sehen, wie der *Onkel* lächelte, während er sanft die Pistole Walther PPK in seinem dunkelbraunen Ledergürtel streichelte.

Das Warten zog sich ewig hin. Die Beklemmung ergriff so sehr Besitz von mir, dass ich spürte, wie mir die Luft zum Atmen wegblieb. Ich wartete und wartete, während ich auf den Boden starrte. Man konnte nicht das Wort an den *Onkel* richten, ohne dass er dir befahl zu sprechen. Oder dir eine Frage stellte. Schließlich brach er das Schweigen, und ich hörte seine Stimme mit einer Freundlichkeit, die mich überraschte.

„Hast du ein Geständnis zu machen, mein Kind?“, fragte *Onkel* Paul.

„Nein, *ewiger Onkel*“, antwortete ich sofort. Das war der Name, den er gerne uns benutzen ließ, wenn wir ihn direkt ansprachen. Meine Antwort gefiel ihm ganz und gar nicht. Sofort änderte sich sein Tonfall und er brüllte mich an:

„Warum verschwendest du dann meine Zeit, dummes Huhn?“

Ich antwortete, was ich tausendmal in meinem Kopf geprobt hatte.

„*Ewiger Onkel*, wäre es möglich, dass du mir die wunderbare Gelegenheit gibst, meinen Vater zu sehen?“ Wieder Stille. Zu viel Raum der Stille. Und als ich schon mit Schlägen rechnete, überraschte mich der *Onkel* mit einer freundlichen Antwort und einem charmanten Lächeln.

„Ich werde darüber nachdenken. Fürs Erste zieh dich zurück, mein Kind.“

Das war alles.

Einige Tage später teilte mir *Tante* Hilde mit, dass *Onkel* Paul mir die Möglichkeit geben würde, meinen Vater in der folgenden Woche zu sehen. Von dem

Moment an, als ich diese aufregende Nachricht hörte, verwarf ich die satanische Idee, wegzulaufen, die mich bis zu der Ankunft meines Vaters besessen hatte. Ich dachte wieder über die Notwendigkeit von Opfern und die bedingungslose Liebe nach, die ich für *Onkel* Paul empfinden sollte. Ich konzentrierte mich darauf, mich wieder dazu zu zwingen, nur an die Wahrheit der Worte aus „seiner" *Bibel* zu denken. Mich ausschließlich auf das zu konzentrieren, was ich zu glauben gezwungen wurde. Und auch wenn ich schon tausendmal einer Gehirnwäsche unterzogen worden war, so musste ich mich in jenen Tagen immer wieder selbst einer Gehirnwäsche unterziehen. Es scheuern, auswringen und mit weiteren religiösen Ideen waschen, damit es von allen Zweifeln befreit wurde. Ich musste den Weg weitergehen, den meine Eltern für mich gewählt hatten. Ich versuchte mir einzureden, wieviel Glück ich gehabt hatte, als Kind nach Chile zu kommen und dem Ruf meiner drei Väter zu folgen, und nach so vielen Jahren eine Frau zu werden, die immer noch demselben Weg und denselben von ihnen auferlegten Überzeugungen entschlossen folgte.

Ich schlief sehr unruhig, bis die Nächte gezählt waren und der lang ersehnte Moment vor mir lag. Endlich war der Tag gekommen, an dem ich meinen Vater sehen würde, wie mir versprochen worden war. Ich betete, wie ich noch nie zuvor gebetet hatte, denn in meinen unschuldigen, kleinen Mädchengedanken einer jungen Frau wollte ich glauben, dass ich zum ersten Mal in meinem Leben die wunderbare und göttliche Gelegenheit haben würde, allein mit meinen drei Vätern zusammen zu sein.

Das Treffen fand in einem Raum statt, der „Bibliothek" genannt wurde. Ich erschien sehr früh, begleitet von *Tante* Hilde. Sie ging wieder weg und ließ mich allein, bis mein Vater hereinkam. Er kam ohne *Onkel* Paul und setzte sich an die andere Seite des langen Tisches, ohne auch nur ein Wort zu mir zu sagen. Er benahm sich so, als ob er mich nicht kennen würde, als ob er ein neues Mitglied der Gemeinschaft vor sich hätte, das einen religiösen Rat braucht. Inmitten der großen Stille hörte ich nur sein Atmen, wie dies auch bei den Treffen geschah, die ich mit *Onkel* Paul hatte. Ich bemerkte, dass mein Vater älter und dicker geworden war. Seine große Brille mit dem kräftigen Gestell rutschte ihm die Nase herunter, aber er machte keine Anstalten, sie zurechtzurücken. Mit gesenktem Kopf schaute er auf den Tisch, anstatt mich anzuschauen. Ich tat das Gleiche, um nicht gegen die Regeln zu verstoßen; aber ich sah ihn auch sekundenlang an, ohne dass er es bemerkte. Wir schwiegen weiter, bis er sich entschloss zu sprechen.

„Haben Sie etwas zu beichten, Fräulein?“

Meine Antwort war dieselbe, die ich *Onkel* Paul gegeben hatte.

„Nein, Vater.“

Aber mit dieser Antwort machte ich den ersten unverzeihlichen Fehler, ohne ihn zu bemerken. Ich benutzte das verbotene Wort. Mein Vater sagte mir nicht, dass ich ihn *Onkel* Holger nennen müsste, was mir ein falsches Gefühl der Sicherheit gab. Ich wartete nicht länger und stürzte mich voller Vertrauen hinein, um in dem Meer der Worte zu schwimmen:

„Vater, wie geht es dir? Konntest du mit meiner Mutter sprechen? Mit meinen Geschwistern? Mit deiner Mutter? Hier geschehen seltsame Dinge. Das ist nicht das, was du uns vor Jahren versprochen hast.“

Ich sagte ihm immer mehr. Und noch ein wenig mehr. Ich konnte nicht aufhören, mit ihm zu reden. Es war, als ob ein Wasserhahn zerbrochen wäre und der Fluss mit aller Kraft herauskäme. Jahre der Angst verschwanden. Eine seltsame neue Unabhängigkeit überkam mich, und ich konnte nicht aufhören, ihm Einzelheiten zu erzählen. Ich bemerkte nicht einmal, dass mein Vater mich nicht ansah, während ich sprach. Ich weinte untröstlich, während ich die Wahrheiten wie Steine in den Fluss warf. Ich vergoss mehr Tränen, als mir seit über einem Jahrzehnt gekommen waren. Ein unbekannter Geschmack von Freiheit erfüllte meinen Mund, mein Herz und meine Seele. Ich spürte, wie ich mich ausbreitete, wie mein Geist meinen Körper verließ und von der Decke der Bibliothek auf mich herabblickte, angeschwollen vor Stolz auf mich selbst. Dieser furchtlose Geist sagte zu mir: *‚Sprich weiter, Ilse, das ist dein Moment. Lass alles heraus, was du seit Jahren in dir trägst. Erzähle ihm von den Schrecken, die du durchlebt hast, und bitte ihn, dir zu helfen. Vertraue ihm, denn er ist auch einer deiner Väter. Vielleicht der einzig wahre Vater.‘*

Inmitten des unermüdlichen Redeschwalls öffnete sich die Tür und *Tante* Hilde erschien, um uns mitzuteilen, dass die Zeit um sei. Mein Vater stand sofort auf, als hätte er von Beginn der Sitzung an auf diesen Moment gewartet, um zu entkommen. Ohne mich anzusehen, rückte er schließlich seine eckige, schwarz gerahmte Brille zurecht, stellte den Stuhl an den Tisch und verließ den Raum, wobei er die Tür mit großer Wucht hinter sich schloss. Es klang in meinen Ohren wie das Zuschlagen von Türen, das durch die wilde Heftigkeit der Stürme hervorgerufen wird, welche die unbeugsamen Winde im Süden Chiles mit sich bringen.

Das Wichtigste an diesem Tag war für mich, dass ich meinen Vater nach so vielen Jahren wiedergesehen hatte. Es war mir egal, dass er weggeschaut hatte oder dass er kein einziges liebevolles Wort mir gegenüber gesagt hatte. Irgendetwas sagte mir, dass Gott bei dieser Begegnung bei uns gewesen war und nicht *Onkel* Paul. Wie ein unschuldiges Kind freute ich mich an dem Gedanken, dass ich vielleicht zumindest noch zwei Väter in meinem Leben hatte.

♦

In dieser Nacht konnte ich nicht schlafen. Die Befreiung, die ich empfunden hatte, als ich – bei der Begegnung mit meinem Vater – Worte wie reife Kirschen auf den Tisch geschüttet hatte, verwandelte sich bald in eine schreckliche Panik. Ein Schrecken, der mich wieder mit extremer Angst erfüllte. Ich fürchtete, was meinem Vater alles passieren könnte, weil er die Regeln von *Onkel* Paul nicht kannte. Aber ich hatte auch Angst, dass mein Vater, der die *Seelsorge* mit seinem Partner erfunden hatte, diesem alles erzählen würde, was ich seinem Kameraden alles erzählt hatte.

Es war mitten am Nachmittag, als *Tante* Hilde in der Mühle auftauchte. Sie sagte mir, dass ich mich sofort im Besprechungsraum der Gruppe der Anführer zu melden habe. Ich hatte keine Zeit, das Mehl zu entfernen, das einen Teil meiner Uniform und meiner Haare bedeckte. Ich rannte wie eine Verrückte durch die Straßen der Gemeinschaft und hinterließ eine weiße Wolke, die auf den Boden fiel. Schwitzend und außer Atem kam ich am Besprechungsraum an. Ich klopfte, und *Onkel* Paul öffnete wie immer die Tür mit seinem strengen Blick. Im Raum waren die üblichen sechs Männer versammelt. Die Oberhäupter des Staates und Anführer der Frauen. Aber dieses Mal begleitete mein Vater sie. *Onkel* Paul sagte mir, ich solle mich vor sie alle hinstellen, da sie eine Überraschung für mich hätten.

Onkel Gerd schaltete ein Gerät auf dem Tisch ein, und meine Stimme und das Schweigen meines Vaters waren zu hören. Das Gerät bewegte ein Rad, das sich für mich anhörte, als wäre es mit einem Plastikband umwickelt. Während sich das Rad drehte, beherrschten meine lauten, klaren Worte den Raum. Noch nie zuvor hatte ich ein Tonbandgerät gesehen oder den Klang meiner Stimme aus einem elektrischen Gerät gehört. In diesem Moment klangen meine Worte vor meinen Vätern und der Führungsriege absurd. Es waren die Worte einer Verrückten, die es gewagt hatte, hundert verbotene Dinge zu sagen. Eine verlorene Verrückte, die mit verzweifelter Stimme weinte. Eine von Dämonen besessene Frau, welche die Worte der *Bibel* von *Onkel* Paul völlig vergessen hatte. Schlimmer noch. Eine *Drecksau*, die den *Onkel* verraten hatte. Und meinen Vater Holger. Und auch meinen göttlichen Vater. Nichtsnutz, Widerliche, die alle drei Väter innerhalb von nur ein paar Herzschlägen verraten hatte.

Ich hatte das Bedürfnis, dass diese Männer mich gnadenlos bestrafen sollten. Ich dachte, dass ich es dieses Mal wirklich verdient hatte. Es war die Pflicht meiner drei Väter – und dieser Männer –, mich für meine Fehler büßen zu lassen. Meine Sünden mussten durch ein Opfer gesühnt werden. Ich konnte meine eigenen Worte, die aus dieser Maschine kamen, nicht mehr hören. Ich dachte, ich würde noch verrückter werden, wenn sie den Rekorder nicht anhielten, und fing an, alles das herauszuschreien, was mir durch den Kopf ging:

„Ich bin schuldig. Ich bin eine dreckige Sünderin. Ich bitte euch alle um Vergebung. Bitte habt kein Erbarmen mit mir. Ich muss mir den Teufel vom Hals schaffen. Ihr seid die Einzigen, die mir helfen können, die Erlösung zu finden, deshalb seid ihr Männer. Die Geschöpfe, die Gott durch die Worte der *Bibel* ausgewählt hat."

Onkel Paul stand auf und hielt mir seine Pistole Walther PPK an die Schläfe. Er warnte mich, dass er mit einem Schuss die Decke des Raumes mit meinem Gehirn anmalen würde, wenn ich nicht verstummen sollte. Ich verstummte sofort aus Angst vor diesem Schuss. Ich hatte immer Angst gehabt, auf diese Weise zu sterben. Eine Kugel im Körper hat mich nie so sehr verängstigt wie eine im Kopf.

Die Bestrafung muss geplant worden sein, noch bevor ich den Raum betreten hatte, denn ohne dass jemand etwas sagte, stand mein Vater auf und versetzte mir den ersten Schlag mit seiner geballten Faust. Und dann schnell noch einen, damit ich ihn nicht ansah. Einer der Schläge ging direkt auf meine Brust und ich fiel mit den Beinen in der Luft hintenüber. *Onkel* Paul beugte sich über mich und hielt mir erneut die Pistole an den Kopf. Dieses zweite Mal mitten auf die Stirn.

„Wir werden dich jetzt nicht von deinen Sünden freisprechen. Du wirst sterben und in die Hölle kommen, um mit deinem einzigen Freund, Satan, zu leben!" Er sagte diese Worte und drückte den Abzug. Das Geräusch riss mich für einen Sekundenbruchteil aus der Welt. Aber die Kugel löste sich nicht, und als ich merkte, dass ich immer noch am Leben war, öffnete ich die Augen und sah die Uhr von *Onkel* Paul mit den Diamanten, die ein Kreuz zeichneten. Und sah sofort auch sein Glasauge, das weniger hell leuchtete als die Uhr. Sein Gesicht war entstellt von dem wahnsinnigen Gelächter, das unkontrolliert aus seinem offenen Mund drang. Die anderen Männer lachten genauso laut wie er. Mein Vater war der einzige, der die Szene immer noch nicht lustig fand.

„Irgendetwas stimmt mit meiner Waffe nicht … sie hat nicht geschossen! Lasst es uns noch einmal versuchen. Aber vorher verabschiede dich von uns allen und bitte uns um Verzeihung dafür, dass du auf so niederträchtige und gemeine Weise gesündigt hast", sagte *Onkel* Paul.

An diesem Nachmittag bettelte ich unermüdlich um Vergebung. Ich demütigte mich und wälzte mich auf dem Boden, wie ein verwundetes Tier, das gerade von seinen Besitzern misshandelt worden war. Das war nicht genug. Diese vertraute Pistole setzte sich wieder mitten auf meine Stirn:

„Bereite dich vor zu sterben. Das wird die letzte verdiente Strafe sein, die du für deine Sünden und den Verrat an meiner Liebe, meinem Glauben und den Hoffnungen, die ich in dich gesetzt habe, erhalten wirst!" warnte mich *Onkel* Paul.

Das „Klicken" ertönte, und dann spürte ich ein metallisches Klopfen, das von der Pistole ausging, als sich die Metallspitze leicht auf meiner Stirn bewegte. Ein Teil von mir wünschte sich in diesem Moment zu sterben. Ich wünschte mir, dass nach dieser intensiven Qual die Kugel endlich ihren Lauf nehmen und mein verdammtes Hirn wegpusten würde, das mich auf so infame Weise hatte sündigen lassen. *Onkel* Paul lachte immer noch ohne Unterlass. Die anderen Männer hatten sich von ihren Stühlen erhoben und stimmten in sein Gelächter ein:

„Ha, ha, ha, ha!"

Nun begann auch mein Vater zu lachen, allerdings mit einem nervösen Lachen:

„He, he, he, he!"

Ich wollte glauben, dass er es tat, weil seine Tochter noch am Leben war.

Die Bestrafung ging weiter, als *Onkel* Paul wieder sprach:

„Die Pistole will sie nicht umbringen! Oder der Teufel will diese Frau, wie die anderen, nicht unter seiner Herrschaft haben. Sie sind zu böse. Wir müssen sie zu Tode prügeln und den Teufel zwingen, sie mitzunehmen", sagte er, immer noch lachend.

„Zack!" Er gab mir den ersten Schlag, kaum dass er zu Ende gesprochen hatte. Dann folgten:

„Zack, zack, zack!"

Durch die Schläge verlor ich das Gefühl für die Zeit und den Schmerz. Ich glaube, ich spürte nicht mehr viel von dem „zack", bevor ich das Bewusstsein verlor.

Ich wachte nach ein paar Stunden (oder Tagen? Wochen?) auf. Ich wusste es nicht genau. An einem hellen, sonnigen Morgen sah ich nur Angelikas süßes Gesicht neben meinem Krankenhausbett. Mehrere Verbände bedeckten meinen Kopf und meinen Hals. Ein Bein war bis zum Oberschenkel eingegipst. Ich war froh, zu spüren, dass meine Augen nicht verbunden waren.

„Klick! – *Onkel* Paul hält mir die Pistole an die Stirn."

„Klick! – Mein Vater lacht, als *Onkel* Paul abdrückt."

„Klick! – Ich, auf dem Boden liegend, bettele um Vergebung."

♦

Nach dem Verlassen des Krankenhauses erfuhr ich von Angelika, dass die Diskussionen, die mein Vater geführt hatte – über Geld und die Regeln des kleinen Staates – bei *Onkel* Paul nicht gut angekommen waren. Infolge dieses Konflikts wurde beschlossen, dass der ehemalige Partner, jetzt neues Mitglied der Elite in der Colonia Dignidad, der gerade aus Deutschland eingetroffen war, im Krankenhaus einer Behandlung unterzogen werden sollte. Nach dem, was Dr. Strätling verkündete, hatte *Onkel* Paul Informationen erhalten, die meinen Vater beschuldigten, viel Alkohol zu trinken und dass er in Deutschland ein exzessives, sündiges und unmoralisches Leben geführt hatte, nachdem wir nach Chile gegangen waren. Er habe mit allen Frauen und Männern geschlafen, die er wollte, und auch mit denen, die es nicht wollten. Aus diesen und anderen Gründen beschloss die Ärztin, dass mein Vater in Chile eine extreme Reinigung benötigte. Sie würde ihn einer spirituellen Reinigung und psychiatrischen Behandlung unterziehen, um ihn wieder in den Zustand zu versetzen, den er als ehrenwertes Mitglied der Kolonie aufrechterhalten musste. Denn dort konnte er nicht leben, wenn er Alkoholiker und ein Triebtäter war.

Damit änderte sich die Rolle meines Vaters in seiner Wohltätigkeitsgesellschaft drastisch. Vom Partner und Schöpfer des Projekts aus Deutschland wurde er zu einem neuen Feind von *Onkel* Paul. Ein weiteres *verräterisches Schwein*, einer der vielen Namen, die *Onkel* Paul seinen realen oder fiktiven Feinden gab.

Nach ein paar Monaten konnte ich meinen Vater wiedersehen. Er saß vor dem Krankenhaus in der Sonne. Er sah wie in Zeit und Raum verloren aus. Er war noch mehr gealtert. Er war nicht mehr der Mann, der uns in dem Haus in Gronau verabschiedet hatte, voller Leben und mit großen Hoffnungen für die Zukunft des neuen Projekts in Chile. Er war auch nicht mehr der Mann, der mit *Onkel* Paul gelacht hatte, als dieser mit der Pistole auf mich schoss, deren Kugel sich nicht löste.

Auf dem Weg zur Mühle, wo ich in dieser Woche arbeiten musste, versuchte ich, mich meinem Vater zu nähern, um ihn genauer zu betrachten. Niemand bemerkte meine Schritte in der Nähe des Krankenhauses. Ich war erstaunt, dass mein Vater nicht den Kopf drehte, um mit seinem Blick meinem Körper zu folgen, als ich mich in seine Richtung bewegte. Als ich spürte, dass ich mich nicht noch weiter nähern konnte, ohne überrascht zu werden, sprach ich ihn an. Ich sagte ihm, dass ich mich freute, ihn zu sehen, und dass ich mir Sorgen um ihn mache. Mein Vater bewegte seinen Kopf nicht. Er machte keine Geste und verharrte in einer Stille, die mehr an den Tod als an das Leben erinnerte. Er blieb abwesend, sein Blick verlor sich in einem fernen Horizont, vielleicht weit über Deutschland hinaus. Zu weit weg für mich. Ich bemerkte gelben, schaumigen Speichel, der aus seinem Mund tropfte. Und ich erkannte, dass sie ihm bereits die Haare geschoren hatten, wie sie es mit den anderen Rebellen des Staates taten, die elektrische Ladungen in ihren Köpfen brauchten, um ihre Gehirne zu reinigen und sie zu zwingen, wieder an Gott und die Worte von *Onkel* Paul zu glauben. Er besaß das unverwechselbare Zeichen von so vielen Menschen in der Colonia Dignidad. Dieses perfekte runde Zeichen eingebrannt in seine Haut, wie bei den Tieren auf dem Land, die einen Besitzer haben.

Ich hätte ihm gerne so vieles sagen wollen ... Aber es war keine Zeit mehr, weiter zu versuchen, mit ihm zu reden, ohne mich in Gefahr zu bringen. Ich machte mich wieder auf den Weg, ohne von einer der Frauen in den nahe gelegenen Werkstätten überrascht zu werden. Vielleicht sahen mich mehr als eine und beichteten vor Gott und nicht vor *Onkel* Paul. Sie hatten wohl Mitleid mit meinem Vater und mit mir. An diesem Tag wollte ich glauben, dass es unter den Dienerinnen des „zweiten" Jesus Christus noch so etwas wie Mitgefühl gab.

♦

Während der Regierung von General Pinochet hörten die Razzien und die unzähligen Prozesse vor den Gerichten in Südchile und Santiago auf. Zu dieser Zeit lebten wir ohne großen Druck von außen. Das heißt aber nicht, dass sich die Bedingungen der Colonos, vor allem der Frauen, im Innern verändert hätten. Es war die Zeit, als die älteren *Onkel* anfingen, die Frauen zu vergewaltigen. Die Verhaltensweisen änderten sich, und *Onkel* Paul beschloss, dass die ihm nahestehenden Männer, die Anführer, mehr Rechte über die jungen unverheirateten oder die verheirateten Frauen haben sollten, deren Ehemänner in Deutschland waren. Die Anführer hatten ihm in den Zeiten der Verfolgung von außerhalb Treue bewiesen, also war es an der Zeit, ihnen im Gegenzug für ihre Treue einige zusätzliche Vorteile zu gewähren. Die Männer genossen diese neue Freiheit in vollen Zügen und missbrauchten die Frauen, wann immer sie konnten. Und zwar maßlos.

Viele von ihnen wurden während ihrer Nachtschichten immer wieder vergewaltigt, und nachdem sie missbraucht worden waren, wiederholten die Männer eines der Mottos der Gemeinschaft: SCHWEIGEN IST STÄRKE. Und so wurden die Geheimnisse dieser Taten bewahrt, als wahre Opfer, in Erwartung auf die endgültige Bezahlung im ewigen Leben. Etwas Ähnliches geschah nach den Versammlungen. Einige der Älteren aus der Führungsriege, die ihrer Begierde nicht durch Vergewaltigung Erleichterung verschaffen wollten, zwangen uns Frauen, sie hinter den Bäumen versteckt zu befriedigen. Wir Frauen zogen diese Tätigkeit vor, weil sie uns keine körperlichen Schmerzen verursachte, sondern nur abscheulichen Ekel, wenn wir statt unserer Hände den Mund benutzen mussten. Sie zwangen uns, ihnen im Dunkeln zu dienen, damit wir ihre Gesichter oder Gliedmaßen nicht sehen konnten, und uns wurde gesagt, dass es keine Sünde sei, da sie keinen direkten Kontakt mit unseren „intimen Regionen" haben würden. Gott hatte uns geschaffen, um den Männern zu dienen. Das war Teil unserer Mission in der Welt und insbesondere in der Kolonie. Ihnen auf jede Art und Weise zu dienen, wie sie es wollten und brauchten, aber dabei immer zu vermeiden, schwanger zu werden.

Eine weitere Veränderung, die sich in dieser Zeit noch vertiefte, war die Ausweitung der Adoptionen von chilenischen Jungen. Als nach unserer Ankunft in Chile die Abtreibungen zunahmen und Schwangerschaften drastisch verboten wurden, begann die Gemeinschaft zahlenmäßig zu schrumpfen. Die Familien, die in Deutschland kinderreich gewesen waren, wurden nun getrennt und es gab keine Möglichkeit für Frauen, schwanger zu werden. Es gab nicht mehr viele Jungen in unserem Staat, denn die Kleinen, die Anfang der 1960er Jahre gekommen waren, waren zu Teenagern und jungen Erwachsenen herangewachsen. *Onkel* Paul fand heraus, dass die beste Möglichkeit, mit einer minderjährigen Bevölkerung weiterzumachen, darin bestand, chilenische Kinder zu adoptieren. Und zu diesem Zweck könnte das Krankenhaus eine gute Möglichkeit sein, diese Kinder anzulocken und sie in unserer Gemeinschaft gefangen zu halten.

In dieser Zeit begann ich, dunkle Augen, kleine braune Gesichter und schwarzes Haar bei den Kindern zu bemerken, die in der Ferne, in verschiedenen Teilen unseres Anwesens auftauchten. Diese neuen Bewohner waren von ihren Eltern in das Krankenhaus gebracht worden. Einheimische, die kein Geld für ihre Grundbedürfnisse oder für die Behandlung der Krankheiten ihrer Kinder hatten. In vielen Fällen schwere Krankheiten. Oder Kinder, die einen Unfall gehabt, und der sie an den Rand des Todes gebracht hatte. Diese armen, oft ungebildeten Bauern gaben ihre Kinder in die Obhut unseres Ärzteteams und sahen sie oftmals nie wieder. Dr. Strätling und die Krankenschwestern fanden immer einen Weg, die Kinder monatelang im Krankenhaus zu behalten, ohne dass sie ihre Eltern zu sehen bekamen. Schließlich wurden den Eltern Adoptionspapiere ausgehändigt, die sie unterschreiben mussten, ohne zu wissen, dass sie damit ihre Kinder an Fremde verschenkten.

Eine weitere Möglichkeit, die junge Bevölkerung zu vermehren, bestand darin, Kinder aus armen Familien zum „Lernen" in das öffentliche Internat zu bringen. Ein Internat, finanziell gefördert von der chilenischen Regierung, um *Onkel* Paul noch mehr Kinder zuzuführen. An diese Schule kamen Kinder, deren Eltern sie angeblich „in die richtige Spur und auf den richtigen Weg" bringen wollten, wie *Onkel* Paul zu sagen pflegte. Mit der Zeit wurde diesen Kindern verboten, ihre Eltern zu sehen, und sie verwandelten sich in neue Mitglieder der Gemeinschaft. In chilenische Kinder des *Onkels.*

Die neue junge chilenische Bevölkerung, die in der Kolonie ankam, war „nur" männlich. Es kamen keine Frauen.

„Es gibt keinen Bedarf an weiteren Frauen in dieser Gemeinschaft. Die, die wir haben, reichen für die Arbeit, die sie tun müssen, und sind mehr als genug für die Probleme, die sie verursachen können", sagte *Onkel* Paul damals.

Durch Geburtenkontrolle und vermehrte Adoptionen konnte eine jüngere Bevölkerung geschaffen werden, in der die Zahl der Männer und insbesondere der Jungen die der Frauen weit überstieg.

♦

Nachdem sich mein Vater von der von *Onkel* Paul angeordneten und von Dr. Strätling durchgeführten Behandlung erholt hatte, begann er in der Schreinerei zu arbeiten. Während dieser Zeit verlas der *Onkel* einen von meinem Vater geschriebenen und unterzeichneten Brief an die Gemeinschaft, in dem er sich dazu bekannte, seine Sünden zu bereuen. In diesem Brief erklärte er, dass er sich des übermäßigen Alkoholkonsums schuldig gemacht habe und gab zu, viele Frauen in der Gemeinschaft sexuell missbraucht zu haben. Auch sagte er in dem Brief, dass er unzählige Male einen Akt der Sodomie begangen habe. Alles Praktiken, die nicht nur gegen die *Bibel* verstießen, sondern nach Ansicht von *Onkel* Paul auch unanständig und unmoralisch waren. Eine solche Schändlichkeit würde es ihm nie wieder erlauben, das Wort Gottes zu predigen. Von diesem Moment an und für immer wäre er nur noch ein gläubiger Sünder und kein bemerkenswerter und frommer Prediger mehr. Der *neue* Jesus Christus nahm meinem Vater im Handumdrehen den Titel weg, den er mehr als vierzig Jahre lang getragen hatte. Diesen prestigeträchtigen Titel, für den er am Priesterseminar in Wiedenest in Deutschland so hart gearbeitet hatte.

Sobald der *Onkel* den Brief vorgelesen hatte, kniete mein Vater vor ihm nieder, umschlang seine Beine und bat ihn und die ganze Gemeinschaft um Vergebung. Dann hob er seinen Kopf und seine Arme zum Himmel und betete weinend wie ein Kind öffentlich zu Gott um Gnade für seine Seele.

Verwandelt in einen weiteren Arbeiter der Gemeinschaft, war mein Vater in verschiedenen Produktionsbereichen tätig. Er verrichtete Arbeiten, die er nie zuvor ausgeführt hatte. Die Vielfalt der Tätigkeiten, die ihm auferlegt wurde, öffnete ihm ungewollt die Tür, um andere Möglichkeiten zu finden. *Onkel* Paul hatte ihm seinen Titel weggenommen, aber Gott gab ihm neue Möglichkeiten. Und so kam es, dass er vom Prediger zum Helfer eines Lastwagenfahrers befördert wurde. Und diese neue Verantwortung führte dazu, dass er die von der Kolonie verkauften Produkte in die nahegelegenen Städte der Farm lieferte.

Obwohl mein Vater eine lange Zeit in der Gemeinschaft verbrachte, erlaubte *Onkel* Paul ihm nie, mit seinen Kindern zu sprechen oder bei seiner Frau zu schlafen. Mit *Tante* Waltraud wechselte er nur ein paar Worte, während andere Personen sie beobachteten.

Die Arbeit als Helfer eines Lastwagenfahrers erleichterte es ihm, die Freiheit zu finden, nach der er sich sehnte, seitdem er die Wahrheit über die Colonia Dignidad erkannt hatte. Und so kam es, dass er eines frühen Morgens, wie so viele andere, als Beifahrer eines Lastwagens losfuhr, der mit landwirtschaftlichen Produkten für den Vertrieb an chilenische Unternehmen beladen war. Er nahm nichts weiter mit als das, was er am Leib trug – schlecht trug – und hatte keinen Pfennig in der Tasche. Auch verabschiedete er sich von keiner Seele, weil er niemandem traute, der von seinem ehemaligen Partner kontrolliert wurde. Außerdem hätte er mit einem Abschied diejenigen gefährdet, die nach seiner Flucht eine Mitschuld hätten eingestehen müssen.

Der Lastwagen lieferte die Bestellungen aus, bis der von meinem Vater geplante Moment kam. Er stieg unter dem Vorwand aus, auf die Toilette zu gehen, um einen unkontrollierbaren Anfall von Verdauungsstörungen zu beruhigen. Die Zeit, um seine Koliken zu beruhigen, dauerte so lange, dass der Lastwagenfahrer ihm schließlich folgte, um ihn zu suchen. Aber er war nirgends zu finden. Mein Vater war durch die Hintertür hinausgegangen und saß bereits in einem anderen Lieferwagen auf dem Weg zur südlichsten Spitze.

Onkel Paul und die Führungsriege hatten ein sehr weites Netz an Kontakten in Chile, und er war über alles informiert, was außerhalb der Kolonie geschah, seit wir aus Deutschland angekommen waren. Er hatte all jene „bestochen", die sich hatten benutzen lassen, um sich mit schmutzigem Geld die Taschen zu füllen. Und so hatte er Freunde unter den Polizeikräften, den Bauern, den Farmbesitzern, den Politikern von rechts und links und – nach 1973 – den Streitkräften gepflegt. Abgesehen von diesen Veränderungen wurde ebenfalls eine Gruppe von Freunden der Kolonie gegründet und eine Gruppe der „ständigen Wachsamkeit" akribisch organisiert. Diese erste Gruppe war darauf vorbereitet, *Onkel* Paul und seine deutsche Gemeinschaft zu verteidigen, auch wenn sie das mit ihrem Leben bezahlen sollten.

Aus den Berichten dieser Gruppen erfuhr *Onkel* Paul, dass mein Vater, wie andere Flüchtlinge vorher auch, in Chile Geld erhalten hatte, um nach Argentinien zu fliehen. Von Buenos Aires aus bezahlten die Deutschen seine Rückreise in unsere Heimat. Bei seiner Flucht wurde er von den berühmten Baumans unterstützt. Diesem deutschen Ehepaar, das im Süden lebte und „Todfeind" der Colonia Dignidad war, wie *Onkel* Paul bekräftigte. Die Baumans waren bereits bekannte Persönlichkeiten in dem Drama der Gemeinschaft, weil sie jeden Flüchtling, der aus unserer Siedlung fliehen wollte, bedingungslos finanziell unterstützten. Sie wussten genau, was hinter den verschlossenen Türen vor sich ging.

Tante Waltraud wurde vorsorglich schwer bestraft, falls mein Vater Kontakt zu ihr aufnehmen sollte. Etwas Vergleichbares geschah mit meinen Geschwistern, die – obwohl sie nicht mehr wussten, wer ihre Eltern waren – vorbeugende Behandlungen erhielten, um jede Erinnerung an diese unerwünschte Person zu löschen. Denselben Kerl, der vielleicht hinter irgendeinem Apfelbaum befriedigt worden war, als er noch zu den Auserwählten von *Onkel* Paul gehört hatte.

Ich wurde erneut in den unterirdischen Gewölben, in denen die chilenischen Gefangenen untergebracht waren, in Isolationshaft gehalten. In diesen Nächten hörte ich die Schreie von Dutzenden von Menschen, die verschiedenen Formen der Folter unterzogen wurden. Einige davon persönlich von *Onkel* Paul geleitet. Seine furchterregenden Drohungen und seine Stimme waren unüberhörbar.

Während dieser Bestrafungen im Untergrund verhörte mich der *Onkel* selbst, damit ich ihm sagte, wie sein ehemaliger Partner die Flucht geplant hatte. Er benutzte die Technik, die sie „submarino" nannten, weil er dir den Kopf ins Wasser steckt, um zu verhindern, dass du atmest, bis du zu ersticken drohst. Ich hätte gerne alle Antworten auf seine Fragen gewusst, denn ich glaube, ich hätte zum ersten Mal meinen Vater Holger verraten und gleichzeitig diesen anderen Vater, *Onkel* Paul, verletzen können.

„Klick! – *Onkel* Paul steckt meinen Kopf in das schmutzige Wasser, um mich zu ertränken."

„Klick! – Mein verbundener Körper, gefesselt an das Metallbett."

♦

Ich bin sicher, dass die Strafe, an die ich mich am meisten erinnere, eher Gottes Werk als das von *Onkel* Paul war. Es war das, was ich einen echten „Segen" der Folter genannt habe. Ohne es zu merken, weil mir die Augen verbunden waren, entdeckte ich in dieser Nacht, dass die Frau im Bett neben mir im unterirdischen Bunker *Tante* Waltraud war.

Nach der üblichen Routine von Schlägen und makabren Verhören wurde ich in dieser Nacht, glaube ich, in den Bunker zurückgebracht, als ich ohnmächtig war. In dem Raum des Bunkers wusste ich, dass ich nicht allein war, denn ich hörte die Schritte einer Frau, die durch die Gänge ging und von Zeit zu Zeit hereinkam, um in der Nähe meines Eisenbettes herum zu laufen. Wer so viel Zeit im Krankenhaus oder eingeschlossen im Untergrund verbringt – der Stille lauschend und nur das

Innere deiner Augen sehend – dem schärft sich der Tast-, Hör- und Geruchssinn. Du wirst ohne Absicht zu einer heimlichen Wahrsagerin.

In jener Nacht hatte ich das Gefühl, dass eine Frau mit kläglichem Atem neben mir lag. Nach der Behandlung spürte ich, dass ich nicht allein war, was mich sehr beruhigte. Ich denke, dass zu dieser Zeit, als so viele chilenische Häftlinge ankamen, die Nachfrage nach Einzelzimmern in den unterirdischen Unterkünften am größten gewesen sein muss und ich deshalb den Raum mit einem anderen Opfer der Kolonie geteilt habe. Diese Person hörte irgendwann auf zu stöhnen und ihre Atmung veränderte sich. Ich dachte, dass sie entweder im Sterben lag oder dass auch sie gemerkt hatte, dass sie nicht allein war. Ich bewegte mich und das Metallbett machte ein lautes Geräusch. Die Frau atmete wieder leiser. Ich bewegte mich wieder. Die Frau bewegte sich auch. Wir kommunizierten über das Geräusch der Feldbetten, als wollten wir sagen, dass wir zusammen waren und etwas Ähnliches durchmachten. Die Betten begannen für uns zu sprechen.

„Quietsch, quietsch!"

„Quietsch, quietsch!"

Bis nach einer langen Zeit ohne Metallgeräusche, aber mit leisem Atmen, meine Folterpartnerin die Stille unterbrach und mich fragte, ob es mir gut ginge. Ich antwortete mit ja. Die Stimme der Frau kam mir bekannt vor, aber ich wagte lange Zeit nicht, mit ihr zu sprechen. Wir Frauen hatten immer Angst, miteinander zu sprechen. Zwischen uns herrschte diese unüberwindliche Regelung des totalen Misstrauens. Und dieses Misstrauen durchdrang jede Sekunde unseres täglichen Lebens. Wer auch nur im Entferntesten versuchte, ein Gespräch mit einer Siedlerin zu führen, bekam immer die gleichen Antworten:

„Ich will dich nicht hören. Sag es mir nicht. Sprich nicht mit mir. Sei still. Mach mich nicht zur Komplizin. Dein Leben und deine Gedanken interessieren mich nicht."

Wir alle akzeptierten die Worte der *Bibel*, wenn es darum ging, uns nicht zuzuhören oder miteinander zu reden, wie *Onkel* Paul meinte:

„Wer zuhört, macht sich schuldig."

„Schweigen ist Stärke."

Diese kraftvollen kleinen Sätze sind, wie so viele andere, uns immer im Ohr geblieben und haben sich in unser Gewissen gebrannt. Aber an diesem Abend brachen wir die Regeln von *Onkel* Paul. Wir machten uns schuldig, indem wir zuhörten und redeten. Meine Partnerin sündigte. Und ich auch. Nach ein paar Minuten des Schweigens fragte mich meine Zellengenossin nach meinem Namen. Es kostete mich Überwindung, das Wort auszusprechen, denn ich stellte mir das riesige Tonbandgerät von *Onkel* Gerd vor, das unter der Pritsche meiner neuen Mitbewohnerin oder unter meiner versteckt war. In diesem Moment dachte ich, wie seltsam es war, dass mir noch nie jemand diese Frage gestellt hatte, und wie oft ich von denen, die meinen Namen kannten, nicht einmal beim Namen genannt wurde. Uns Frauen wurden immer Befehle erteilt, ohne unsere richtigen Namen zu nennen:

„Geh aufs Feld!"

„Schlaf jetzt!"

„Steh auf!"

„Spreiz die Beine!"

„Hör auf zu essen!"

„Wisch den Boden der Metzgerei!"

„Lade die Säcke vom Lastwagen ab!"

„Geh jetzt auf die Toilette!"

„Sammel die Eier ein!"

„Säubere den Hühnerstall!"

„Füttere die Kühe!"

„Betatsch meinen Penis!"

„Zieh das Kleid hoch und den Schlüpfer runter!"

Wir Frauen hatten nicht nur unseren Willen durch Schläge verloren, sondern auch unsere Vor- und Nachnamen, als wir in Chile ankamen.

Ich glaubte, jemand anderen zu vernehmen, als meine Stimme zu hören war und ich sagte:

„Ilse, mein Name ist Ilse."

Die Frau sagte kein Wort, und ihr Schweigen machte mir Angst: Zeichnete sie mich auf? War diese Frau eine andere *Tante*, um mich zu verraten? Um mich wieder sündigen zu lassen? Zu spät für Reue. Ich dachte, Gott würde mir verzeihen, wie er es in letzter Zeit schon so oft getan hatte. Die Siedlerin wagte, unseren begrenzten Dialog mit einem kurzen, aber emotionsgeladenen Satz fortzusetzen.

„Du bist meine Tochter! Ilse!"

♦

Das Gespräch mit meiner Ex-Mutter war unglaublich und tragisch zugleich. Worte, die wie ein leises, gedämpftes Flüstern inmitten einer weiteren schmerzhaften und geheimnisvollen Nacht ausgesprochen wurden. Wir hatten es gewagt zu sündigen, ungeachtet der Strafe, die darauf folgen würde. Während wir sprachen, hatten wir erneut die Worte „Tochter" und „Mutter" vergessen, nachdem wir sie zu Beginn unseres Gesprächs verwendet hatten. Es war zu spät, um wieder neu anzufangen. Mein himmlischer Vater, mein biologischer Vater und *Onkel* Paul hatten eine monströse Mauer zwischen uns errichtet, Stein auf Stein, und es war schlicht unmöglich, sie in einer Nacht niederzureißen.

Tante Waltraud sagte mir, dass sie es bedauere, sich von den Ideen von *Onkel* Paul habe mitreißen lassen. Aber sie spürte, dass ihr eigener Glaube noch lebendig war. Bis zu ihrem Tod würde sie ein Mitglied der Baptistengemeinde sein. Aber in diesen Momenten wollte sie nur aus der Colonia Dignidad fliehen und nach Deutschland zurückkehren, um zu meinem Vater zu gehen. Es machte ihr nichts aus, ihre Kinder zurückzulassen, denn sie waren nicht mehr die ihren, sie gehörten *Onkel* Paul. Einem Mann, den sie in dieser Nacht mit einem Hochstapler gleichsetzte. Ein Unmensch. Ein Lügner. Ein Triebtäter.

Tante Waltraud riet auch mir zu fliehen, aber sie bot mir keine Hilfe an.

„Hier muss sich jede retten, wie auch immer, wie auch immer sie es kann", sagte sie mit tränenerstickter Stimme.

In dieser Nacht vergingen die Stunden meiner quälenden Bestrafung, ohne dass ich es bemerkte. Ich vergaß den Schmerz der Schläge. Die Angst, an die Pritsche gefesselt zu sein und die Augen fest verbunden zu haben, verblasste, während ich weiterhin *Tante* Waltrauds mitleiderregender, flüsternder Stimme lauschte, die sich fast von mir verabschiedete. Es fühlte sich mehr wie ein Geständnis als ein

Gespräch an. Aber nicht wie die, die wir in der Öffentlichkeit zu machen pflegten, sondern eine intime Erklärung einer Person, die sich auf eine Reise weit weg von ihrer Welt vorbereitet. Vielleicht fürchtete sie, dass sie diesen Ort nicht lebend verlassen würde, oder dachte sie an Selbstmord? Aus ihren Worten ging klar hervor, dass ihre Existenz keinen Wert oder Sinn mehr hatte. Das Einzige, was ihr blieb, war ihr unerschütterlicher Glaube an ein ewiges Leben, weit weg von den Leiden des irdischen Lebens, das sie in den letzten Jahren geführt hatte.

Während wir uns unterhielten, wurde mir klar, dass diese Frau nicht die Mutter war, die ich in meiner Kindheit gehabt hatte, bevor wir die Reise nach Chile antraten. Diese mitfühlende und fürsorgliche Frau, die ihre Kinder, ihren Mann und das Leben liebte, war in Deutschland und nur in meinen Träumen geblieben. In dieser Nacht, nachdem ich mir ihr langes Geständnis angehört hatte, begann ich zu verstehen, warum *Tante* Waltraud immer noch an das ewige Leben dachte, und an einen Gott glaubte, der uns so langsam vergaß. Die arme Frau hatte Angst davor, die Realität dessen zu erkennen, was diese Männer ihr eingeredet hatten, was sie mit ihrem Leben zu tun hatte. Der Gedanke, sich selbst – und ihre Kinder – der Herrschaft und den absurden Regeln einer Gruppe von Betrügern, die einem falschen Jesus Christus folgten, ausgeliefert zu haben, quälte sie zu Tode.

Ich für meinen Teil zweifelte weiter, nicht nur am ewigen Leben, sondern auch an der Existenz eines himmlischen Vaters und an der Liebe meiner Eltern zu ihren Kindern. Einfache Dinge vielleicht, aber die Zweifel waren das Einzige, was mir in jenen Jahren geblieben war. Die Kraft, die mich am Leben hielt und ein Minimum an Macht, um mich aus der religiösen Sklaverei dessen, was ich später als eine Sekte verstand, zu befreien.

In dieser Nacht bestätigte sich für mich, dass wir alle gefangen waren, physisch und emotional. Auszubrechen bedeutete mehr, als die Enge der Colonia Dignidad zu verlassen: Es bedeutete, die vom Anführer der Gemeinschaft und dem Rest der Familie auferlegten Vorstellungen für ein ganzes Leben aus dem Kopf zu löschen. Deshalb fiel es mir immer noch schwer einzugestehen, dass *Onkel* Paul ein Hochstapler war, wie *Tante* Waltraud gestanden hatte. Mir war immer eingeschärft worden, der Autorität meiner drei Väter zu gehorchen und an ihre Dogmen zu glauben. Aber in ein paar Stunden konnte ich nicht alle Überzeugungen und Werte ändern, die mir seit meiner Kindheit eingeimpft worden waren. Ich musste weiter an etwas glauben, das stärker war als ich selbst, zumindest bis ich diese heikle Welt verließ und eine neue Existenz aufbauen konnte. Ich wollte nicht die Geschichte von *Tante* Waltraud wiederholen und alleine enden. Ohne Eltern. Ohne Kinder und ohne Ehemann. Ohne Heimat und ohne Gott.

Tante Waltraud erzählte mir in dieser Nacht, dass *Onkel* Paul und die Führungsriege mit der chilenischen Militärjunta und der DINA, der Leitung des Nationalen Geheimdienstes, zusammenarbeiteten, die so etwas wie unsere Gestapo in Deutschland war. Mit ihnen hatte es die Kolonie geschafft, sich unentbehrlich zu machen, um die Gegner des Generals unter Kontrolle zu halten. Sie erzählte mir auch, dass der *Onkel* mit einem Mann über Waffenschmuggel verhandelte, der auf diesem Gebiet weltberühmt war: Gerhard Mertins. Dieser Kontakt brachte unserer Gemeinschaft große Geldsummen ein. *Tante* Waltraud war der Meinung, dass diese Verbrechen früher oder später ausnahmslos von allen Bewohnern der Kolonie bezahlt werden würden.

In diesen Stunden erzählte mir *Tante* Waltraud auch, dass *Onkel* Paul die Jungen sexuell missbrauchte. Sie wusste das, weil der *Onkel* viele Jahre lang unseren Bruder Peter missbraucht hatte. Sie erfuhr es in der Nacht, in der sie ins Krankenhaus gerufen wurde, um ihn zu besuchen. Peter war in einem sehr schlechten Zustand und man glaubte nicht, dass er überleben würde. Sie stand in jenen Jahren dem *Onkel* sehr nahe, und sie hätten nicht gewollt, dass unser Bruder stirbt, ohne dass seine leibliche Mutter ihn noch ein letztes Mal gesehen hatte.

Als unser Bruder auf der Krankenstation wieder etwas zu sich gekommen war, erzählte er *Tante* Waltraud, was *Onkel* Paul mit ihm machen würde. Dr. Strätling war bei ihr und erklärte ihr, dass Peter von den Auswirkungen des hohen Fiebers fantasieren würde. *Tante* Waltraud war bereit, der Geschichte von Dr. Strätling zuzustimmen, da sie befürchtete, dass unser Bruder sonst einer jahrelangen Behandlung unterzogen werden könnte. Oder dass der *Onkel* aufhören würde, ihn zu lieben. Für die Frauen war es besser, wenn der *Onkel* ihre Kinder auf besondere Weise liebte, als wenn er sie verachtete. Aber sie kannte die Wahrheit. Ebenso wie die Männer in der Gemeinschaft, die schwiegen und sagten, sein Verhalten sei ein

„notwendiges Ritual“ für die Jungen, die das Glück hatten, abends die bedingungslose Liebe des *Onkels* zu erfahren.

In dieser Nacht erfuhr ich mehr über die Kolonie und *Onkel* Paul als in den langen Jahren meines Aufenthalts dort. *Tante* Waltraud erzählte mir, dass sie bis zur Rückkehr meines Vaters eine der vier Frauen des Vertrauens des *Onkels* gewesen war. Ich wusste, dass die Tatsache, dass sie die Frau seines Partners war, ihr geholfen hatte, bei unserer Ankunft in Chile 1961 in diesen besonderen Kreis einzutreten. Aber sie verlor sein Vertrauen und wurde ein weiteres *verdammtes Schwein*, als mein Vater nach Deutschland floh. Das Vertrauen zu verlieren bedeutete, auf die Liste der Feinde des *Onkels* zu kommen. Seit der Flucht meines Vaters waren alle seine leiblichen Kinder, schon allein durch die Verbindung zu ihm, zu verdächtigen Personen und möglichen Verrätern der Gemeinschaft geworden.

Tante Waltraud erzählte mir, dass sie gegen ihren Willen gezwungen worden war, ein chilenisches Kind zu adoptieren. Sie sagte mir, dass wir damit neun Geschwister in jenen Jahren waren. Dieser kleine Junge war einer der vielen, die immer wieder mit gesundheitlichen Problemen ins Krankenhaus kamen und den Eltern gestohlen wurden, um *Onkel* Pauls unendlichen sexuellen Appetit zu stillen.

Dies war eine der kürzesten von allen den Nächten der Behandlungen, die ich in diesem Untergrund erhielt. Die Zeit verging wie im Fluge, während ich den Geschichten von *Tante* Waltraud aufmerksam zuhörte. Ich wusste, dass der Morgen gekommen war, denn die Schicht der Betreuer der Patienten wechselte. Die Tür öffnete sich und Licht fiel vom Korridor herein, das ich durch die Augenbinde, die mir angelegt worden war, sehr schwach wahrnahm. Auch hörte ich eine vertraute Stimme sagen:

„Guten Morgen.“

Es war die Stimme von Angelika, die ihre Schicht für die Nacht beendet hatte. Ich erschrak. Ich wusste nicht, ob sie das ganze Gespräch mit angehört oder gar aufgezeichnet hatte. Vielleicht hatte sie uns allein gelassen, damit wir zum ersten Mal miteinander sprechen konnten, oder um uns zu verabschieden?

Ich fürchtete um *Tante* Waltraud, denn sie war diejenige, welche die lange Beichte abgelegt hatte. Und sie hatte die große Sünde begangen, *Onkel* Paul als

Hochstapler und Triebtäter zu bezeichnen. Unser Schicksal lag in Angelikas Händen, denn sie würde dem *Onkel* und in aller Öffentlichkeit beichten müssen, was sie in jener Nacht gehört hatte.

„Klick! – *Tante* Waltraud und ich, mit verbundenen Augen an die Metallbetten gefesselt."

„Klick! – Angelika lauscht vor dem Zimmer im Bunker."

♦

Im Laufe der kommenden Monate verstand sich *Tante* Waltraud wieder gut mit *Onkel* Paul. Er musste wohl gedacht haben, dass er sie eher als Freundin, denn als Feindin brauchte. Das geschah immer, nachdem die älteren Frauen Behandlungen erhalten hatten, um ihr Verhalten zu ändern und sie von dem Schmutz zu befreien, den der Teufel in ihren Seelen hinterlassen hatte. Der *Onkel* benutzte sie als Beispiel dafür, wie er an Vergebung und Reue glaubte. Wenn er ihnen öffentlich vergab, sagte er, dass nur er und Gott die Macht hätten, sie von ihren Sünden zu befreien oder sie zur ewigen Strafe zu verdammen. Junge Frauen, grundsätzlich verachtet von dem *Onkel*, erhielten keine solche Absolution, sondern ewige Urteile und Strafen, die sie dazu verdammten, wie ein Feuerwerkskörper direkt in die Hölle zu fliegen.

In dieser Zeit wurde die Arbeit der Frauen weiter ausgebaut. Wir begannen, den Teilen der Feuerwaffen, die in unseren Werkstätten hergestellt wurden, sorgfältig von Hand den letzten Schliff zu geben. Sogar die Waffen, die in Chile verkauft und in andere Länder der Welt geschmuggelt wurden, wurden von uns mit peinlich genauer Sorgfalt zusammengesetzt. Ein Teil dieser Waffen blieb aber auch in dem Wohltätigkeitsverein, denn *Onkel* Paul bestand darauf, dass unsere Zukunft und unser Überleben von der Leistungsfähigkeit der Bewaffnung abhingen, die wir besaßen, um uns gegen die nächste Welle des Kommunismus zu verteidigen. In jenen Jahren verfügten wir über ein unvorstellbares Arsenal, mit dem wir das Land und einen großen Teil Südamerikas hätten verteidigen können.

Eine der vielen Arbeiten, die die jüngeren Mädchen in diesen Jahren zu erledigen hatten, bestand darin, tiefe Löcher zu graben, um Fahrzeuge zu versenken und sie weit weg, fern jedes möglichen sichtbaren Beweisen zu lassen. Laut *Onkel* Paul gehörten diese Autos und Lieferwagen den Leuten, die versuchten, unser Land illegal zu durchqueren. Wir wussten jedoch alle, dass es sich um Gefangene handelte, von denen das Militär die Forderung an die Führungsriege stellte, sie zu verhaften und zu befragen. Nach dem Verhör verloren einige der Verhafteten ihr Leben. Aus diesem Grund mussten wir, abgesehen von den Fahrzeugen, viele Menschen in diesen tiefen Löchern begraben. In meiner Erinnerung schwebten die Geister der Toten und suchten mich in den endlosen Nächten in der Kolonie immer wieder heim. Ich hatte noch nie einen Toten gesehen, denn die Menschen, die in der Gemeinschaft ums Leben kamen, wurden begraben, bevor sie jemand sah. Nur die Ärztin und die Krankenschwestern sahen die Leichen, um sie für tot zu erklären.

Bei den neuen Aufgaben, die ich zu erledigen hatte, wurde ich mehrmals von *Tante* Waltraud beaufsichtigt. Aber sie wurde nie wieder die Frau, die mir in jener Nacht in dem dunklen Bunker so viele Geheimnisse gestanden hatte. Sie wurde wieder die starke, aggressive und gewalttätige Frau, wie ihre Rolle es von ihr verlangte. Sie peitschte mich ein paar Mal auf dem Feld aus und gestand ebenso oft, dass ich mich während der stundenlangen Ausgrabungen ab und zu hingesetzt hatte. Aus irgendeinem unbekannten Grund schien unsere Verbindung wieder zerbrochen zu sein.

♦

Tante Waltraud wartete ein Jahr und floh ganz überraschend aus der Kolonie. Sie erhielt Hilfe von der gleichen Familie, die meinen Vater beschützt hatte: den Baumans. Innerhalb weniger Wochen nach ihrer Flucht waren meine Eltern wieder zusammen in Deutschland und ließen ihre acht Kinder in Chile und ihren Adoptivsohn in den Händen von *Onkel* Paul zurück. Wir leiblichen Kinder und der Adoptivsohn wurden brutal verhört, damit wir gestanden, was wir über die Flucht von *Tante* Waltraud wussten. Dr. Strätling erzählte uns allen, dass *Tante* Waltraud, die geflohen und zu einem *verräterischen Schwein* für *Onkel* Paul geworden war, in Wirklichkeit die Mutter von uns allen war. Diejenigen, die sich nicht an die Trennung erinnerten, weil sie damals noch sehr jung waren, verstanden nicht, was sie da hörten und fanden die Aussage der Ärztin widersinnig. Ganz im Gegenteil, die Älteren wurden wütend und empfanden Hass, als die Ärztin ihnen sagte, dass *Tante* Waltraud die

Verantwortung für ihre Kinder nicht tragen wollte und sie deshalb weggegeben hatte und dann weggelaufen war. Ich bin sicher, dass sich jeder von ihnen an die körperlichen Züchtigungen erinnerte, die sie von *Onkel* Paul erhalten hatten, während *Tante* Waltraud die Vorfälle miterlebte. Aber sie riefen sich sicherlich auch die Schläge ins Gedächtnis zurück, die sie ihnen verpasst hatte, als sie noch aktiv mit dabei war. Diese grausame Frau, die unfähig war, ihre Kinder zu lieben, hatte sie nach den Vorgaben des *Onkels* erbarmungslos misshandelt und sie anschließend im Stich gelassen. Diese schändliche Frau konnte nicht ihre Mutter sein.

Nach der kollektiven und individuellen Behandlung aller Kinder von *Tante* Waltraud und bevor wir aus dem Krankenhaus entlassen wurden, wurde jedem von uns der Brief vorgelesen, den *Tante* Waltraud „angeblich" für uns hinterlassen hatte. Darin teilte sie uns mit, dass sie für eine Weile nach Deutschland gehen müsse, um sich um ihren Mann zu kümmern, dem es aufgrund seines Alkoholismus und seiner Geisteskrankheit sehr schlecht gehe. Sie würde von Angesicht zu Angesicht gegen die Macht des Satans kämpfen. Sie bat uns, sie mit keinem Mittel der Kommunikation zu kontaktieren, da sie nie wieder etwas von unserer Existenz wissen wolle. Sie beendete den Brief mit den Worten, dass seit unserer Ankunft in Chile *Onkel* Paul unser Vater und Beschützer sei. Ihm und unserem heiligen himmlischen Vater verdankten wir unser Leben.

Es fiel mir schwer zu glauben, was mir vorgelesen wurde. Ich begann zu begreifen, dass diese Art von Briefen von *Onkel* Gerd auf Befehl von *Onkel* Paul geschrieben worden sein könnten. Diese Frau konnte ihre Kinder nicht so einfach im Stich lassen. Sogar die Tiere, die ich auf dem Feld sah, hatten einen Sinn für Mutterschaft, der nie starb. Wenn sie diesen Brief geschrieben hatte, warum hatte diese Frau nicht den grundlegenden Instinkt einer Mutter? Was hatte man ihr angetan, um sie zu diesem Ungeheuer von einem Menschen zu machen?

„Klick! – Neun verlassene Kinder lauschen dem grausamen Abschiedsbrief, den ihre Mutter ihnen hinterlassen hat."

„Klick! – *Tante* Waltraud rennt wie eine weitere freie Frau über die Felder im Süden Chiles."

♦

Ab 1989 ging die Regierung von General Pinochet dem Ende zu, und damit begann sich die Situation in der Kolonie erneut zu verändern. *Onkel* Paul sprach erneut von der Gefahr, die mit der Rückkehr des Kommunismus nach Chile auf uns lauerte. Das „wirkliche" Ende unserer Existenz rückte immer näher. Und dieses Mal traf laut Angelika die Vorhersage zu.

Wir Frauen wurden gezwungen, mehr zu arbeiten. Wir mussten nicht nur die Produkte, die in Chile verkauft und nach Deutschland geschickt wurden, in größeren Mengen herstellen, sondern auch die Waffen, die wir gefertigt hatten, stundenlang an geheimen Orten vergraben. Dieselben Waffen, die wir früher in aller Öffentlichkeit aufbewahren konnten, als sie über Schmuggler gehandelt wurden. In der Kolonie begann eine neue Art von Terror, denn die Militärherrschaft endete und eine neue politische Schizophrenie von *Onkel* Paul begann.

Ich glaube, in jenen Jahren habe ich verzweifelter und ängstlicher denn je gebetet. Aber ich betete nicht darum, dass Gott uns beschützen möge, wie ich es früher getan hatte, sondern ich tat es, damit ich weiter an meinem Glauben festhalten konnte. Glauben an das Einzige, was mir noch geblieben war: an diesen Vater im Himmel, dem ich immer noch meine Opfer darbrachte. Alles, was ich weiterhin tat, war für Ihn und nur für Ihn. Ich kämpfte täglich darum, dass die Vernunft nicht die Oberhand gewann und mich mit Zweifeln und Fragen ohne logische Antworten erfüllte. Wie in den Zeiten, als ich an meinen Vater Holger glaubte, verabreichte ich mir eine Gehirnwäsche, um weiterhin glauben zu können. Ich stellte mir wieder einmal dieses *Hin und Her* eines imaginären Waschtroges vor, mit einem riesigen Stück Seife Marke *Jabón Gringo* und kochendem Wasser. Ich bürstete mein Gehirn mit der Holzbürste mit steifen Haaren, um es von allen irrationalen Zweifeln zu befreien. Ich wollte nicht glauben, was ich hörte und was ich täglich mit meinen eigenen Augen sah. Diese beunruhigende, mächtige und kontrollierende Kraft, die sich meines Geistes seit meiner Kindheit bemächtigt hatte, beherrschte noch immer meine Existenz. Bei meinen täglichen Pflichten quälte mich ständig die Ungewissheit, und die Bestrafungen, die ich erhielt, lehrten mich nicht wie Jahre zuvor Disziplin, sondern erfüllten mich mit Verzweiflung und Wut. Eine Art unkontrollierbare Wut, die sich immer weiter ausbreitete. Die in mir kochte wie die Lava, die in den Vulkanen im Süden Chiles trotzig brodelt.

Die härteste Arbeit, die wir Frauen in jenen Monaten zu leisten hatten, bestand darin, die Leichen wieder auszugraben, die man uns Jahre zuvor gezwungen hatte zu verstecken. Leichen von „kommunistischen" Männern und Frauen, wie *Onkel* Paul zu sagen pflegte. Es kostete viel Mühe, sie zu finden, denn sie hatten uns gezwungen, die Gräber so gut abzudecken, dass es keine Spuren von den Vergrabenen gab. Die einzigen Anzeichen, die wir hatten, waren offenes, flaches Land ohne Kiefern. Keine anderen Spuren. Aber die Führungsriege meinte genau zu wissen, wo die Leichen lagen, und ließ uns Tag und Nacht graben, damit wir die Arbeit beenden konnten, bevor die Macht des Militärs und des Generals Pinochet zu Ende ging. Zuerst gingen die männlichen Anführer hin, um den Boden – wo die Überreste der Opfer liegen könnten – mit dem Milchpulver zu markieren, welches die Regierung uns gab, um es an die chilenischen Kinder im Krankenhaus zu verteilen. Da sie aber die genauen Stellen nicht kannten, markierten sie viele falsche Stellen mit gelbem Milchpulver, das zu allem Übel auch noch nachts verschwand, von den Tieren auf den Feldern gefressen. Deshalb mussten wir Frauen wochenlang in der Erde graben – während wir Peitschenhiebe, Schläge und Tritte bekamen – bis wir die Massengräber und die von Maden zerfressenen Leichen fanden.

Nachdem wir die Leichenteile aus dem Boden geholt hatten, mussten wir sie verbrennen, damit keine Spuren ihrer Existenz zurückblieben. Wir ließen sie in riesigen, kontrollierten Feuern in den Gruben selbst brennen, so dass nichts in der Nähe zu sehen war. Die Arbeit endete, wenn die Sonne unterging und wir Erde in die offenen Gruben schaufelten, um das Feuer zu löschen und die riesigen Massengräber zu schließen. Danach ließen sie uns sarkastischerweise Grassamen der Sorte *Chépica Alemana* aussäen, um die Wahrheit zu verbergen, und damit die Lüge das Gebiet schneller bedeckte. Ich hatte immer Wildblumensamen in meinen Taschen versteckt und warf sie mit den anderen aus, ohne dass es jemand bemerkte. Ich wollte, dass aus dieser menschlichen Asche gequälter Unschuldiger – wie die Opfer der Kolonie – eines Tages Blumen erblühen sollten, welche diese Felder mit einer neuen Hoffnung zeichneten.

♦

Im Jahr 1989 fanden in Chile erneut Wahlen statt, und wie immer in der Colonia Dignidad manifestierte sich diese Krise mit einer neuen eisernen Hand, auferlegt von *Onkel* Paul. Seit unserer Ankunft gab es bei allen chilenischen Präsidentschaftswahlen Kampagnen des Terrors in der Kolonie, bevor und nachdem die Chilenen zu den Urnen gingen. So kam es, dass *Onkel* Paul, ähnlich wie 1970 während der Kandidatur von Salvador Allende, in den Monaten vor den Wahlen im Oktober desselben Jahres wiederholte, dass wir „wachsamer denn je" sein müssten. Daher bewaffneten sich die Wachposten wieder mit allen möglichen Waffen und entließen erneut chilenische Arbeiter, die uns verraten könnten, indem sie Informationen an die Linken weitergaben. Das Krankenhaus nahm lange Zeit viel weniger Kinder auf, für den Fall, dass einer ihrer Eltern zu den Revolutionären gehörte und uns von innen her angriff.

Die Überwachung wurde verdoppelt, um herauszufinden, wer in das Restaurant zum Essen kam, und wer versuchte, die Kolonie nicht zu touristischen Zwecken, sondern zum Spionieren zu besuchen. Dies waren die politischen Unruhestifter, deren persönliche Daten erfasst und in den Akten festgehalten werden mussten. *Tante* Waltraud hatte mir erzählt, dass *Onkel* Gerd mehr als 45.000 Akten über Chilenen hatte, die er seit unserer Ankunft in Chile gesammelt hatte. Sie gehörten allen religiösen Überzeugungen und allen politischen Parteien an. Die Namen und Lebensgeschichten waren nicht nur für die Kolonie von großem Interesse, sondern auch für die Militärregierung, die 17 Jahre lang an der Macht war. Diese Akten gehörten zu den vielen Staatsgeheimnissen, die *Onkel* Paul und die Führungsriege aufbewahrten, um sie zu nutzen, wenn es galt, ein neues Regime aufzubauen oder das alte zu zerstören. *Tante* Waltraud erinnerte sich an Namen, die in diesen Akten auftauchten. Dazu gehörten der chilenische Sänger Victor Jara und die Tochter von General Alberto Bachelet, Michelle.

Die Anführer der Kolonie legten uns einen positiven Bericht vor, in dem sie uns erklärten, dass wir in dieser Zeit vor den Wahlen den Vorteil hatten, viel besser bewaffnet zu sein als zuvor, als Dr. Allende die Wahlen gewann. Wir hatten jetzt viel mehr automatische Waffen, mehr Granaten, viel mehr Gas und Sprengstoff. Und Hunderte von Gewehren, Pistolen und Revolvern, die jeder benutzen konnte, außer den Frauen.

In Chile begann ein Wahlkampf zwischen einem JA und einem NEIN. Und die Kolonie half auf jede erdenkliche Weise, damit das JA gewann. Das würde bedeuten, dass unser Verbündeter, General Pinochet, so lange an der Spitze des Landes bleiben konnte, bis er sich zur Ruhe setzen oder eines natürlichen Todes sterben sollte. Die einzigen Besucher, die wir in dieser Zeit in der Kolonie bekamen, waren Militärs und Politiker, die für ein JA stimmten.

Trotz der zusätzlichen Sicherheitsvorkehrungen, die der Gemeinschaft auferlegt wurden, gelang in diesem Jahr einem weiteren Paar die Flucht. Zuerst der Ehemann und einige Tage später auch die Ehefrau. Bevor sie nach Kanada flogen, wo sie beschlossen zu bleiben, machten sie Aussagen, die viele Mitglieder der Gemeinschaft belasteten. Ihre Anschuldigungen richteten sich nicht nur gegen *Onkel* Paul, wie bei den Colonos, die zuvor geflohen waren, sondern diesmal auch gegen die Aktivitäten von Dr. Strätling und anderen Anführern der Kolonie. Der riesige Kübel begann sich zu füllen, Tropfen für Tropfen, Liter für Liter …

Angelika hatte nicht viel Zeit, mir die Einzelheiten zu erzählen, als ich mich für meine Injektionen ins Krankenhaus begab, aber sie erzählte mir, wie immer flüsternd, dass Dr. Strätling wegen der Behandlungen angezeigt worden war, die sie den Kindern, die mit *Onkel* Paul schliefen, verabreicht hatte. Ich brauchte keine weiteren Details, denn ich erinnerte mich an das Gespräch mit *Tante* Waltraud in der Nacht, als wir in dem geheimen Untergrund miteinander gesprochen hatten. Ich fragte sie nur, ob es die Gruppenbehandlungen im Krankenhaus waren. Sie antwortete mit einer Kopfbewegung auf und ab.

In dieser Nacht dachte ich, dass viele dieser Geschichten über das tägliche Leben in der Kolonie, die nun ans Licht kamen, nicht erfunden sein konnten. Sie waren die verborgene Wahrheit einer Welt, die sich sehr von der unterschied, die mich mein Zustand der Unwissenheit hatte sehen lassen. Ich erinnerte mich wieder an das, was *Tante* Waltraud mir über meinen Bruder und die anderen Kinder erzählt hatte, und mir wurde klar, dass diese Geschichten dieselben waren, die dieses Paar den Medien erzählte. Ich stellte mir vor, wie die kleinen Jungen und unser Bruder auf dem Rücken liegend in einer der großen Krankenstationen an die Decke starrten, während Dr. Strätling ihnen eine Flüssigkeit in die Hoden spritzte, damit sie nicht die von *Onkel* Paul gehassten Erektionen bekamen. Danach wurden sie von der Ärztin zusammen mit dem *Onkel* beobachtet, um zu sehen, ob bei einem von ihnen die Wirkung des Medikaments nicht eintrat und sein kleines Organ unfreiwillig ungehorsam wurde. Wenn dies der Fall war, wurden sie geschlagen, bis der Schmerz sie zum Gehorsam zwang. Sie mussten ihnen instinktive Reaktionen wie kleinen Tieren beibringen. Die Jungen zeigten enorme Schwellungen an ihren Genitalien, wenn sie die vielen Spritzen von Dr. Strätling bekamen. *Tante* Waltraud hatte die Behandlung mit eigenen Augen gesehen. Sie sah es, als sie zur Strafe dafür, dass sie unseren Bruder Peter in der Schule besuchen wollte, zum Zusehen gezwungen wurde.

♦

In Chile gewann das NEIN. Und bald darauf gewann der neue große Feind der Kolonie die ersten Präsidentschaftswahlen seit siebzehn Jahren: der ehemalige Senator Patricio Aylwin. Das war der Beginn des „anderen" wahren Endes unserer Gemeinschaft, verkündete *Onkel* Paul in der Nacht dieser Wahlen. Seine Worte klangen wie die Warnung vor dem Wolf in den Kindermärchen, der zwar angekündigt wird, aber nie kommt. Er erzählte uns auch, dass der ehemalige Senator Aylwin angekündigt hatte, als Präsident nun alles gegen uns tun zu wollen, was er als Senator zwischen 1965 und 1973 nicht hatte tun können.

Unser Ende war 1990 absehbar. Jetzt würde der echte Wolf nach uns suchen, nicht mehr nur ein als Tier verkleideter Politiker.

Die *Onkel* Paul und Gerd informierten uns darüber, dass der erste Angriff – des jetzigen Präsidenten Aylwin – auf unsere Gemeinschaft darin bestand, der *Sociedad Benefactora y Educacional Dignidad* ihren rechtlichen Status zu entziehen, den wir unter der Präsidentschaft von Jorge Alessandri errungen hatten. Ohne diesen wäre es schwierig, weiterhin Maschinen, Fahrzeuge und vor allem versteckte Waffen einzuführen, um sie, ohne Zollgebühren und ohne Steuern, auf dem Schwarzmarkt zu verkaufen. Die Mitglieder der Kolonie verstanden nicht, was ihnen über die Auswirkungen des Verlusts der Rechtspersönlichkeit erklärt wurde. Und es war offensichtlich, dass sie es nicht verstanden, denn niemand wusste das Geringste über das chilenische Recht oder die Verwaltung unserer

Siedlung. Noch weniger über die Gewinne und Kosten der Produkte, die in Chile verkauft oder nach Deutschland geschickt wurden. *Onkel* Paul kontrollierte die Buchhaltung, und niemand wusste von seinen Machenschaften, ob legal oder illegal. Alle Dokumente der Kolonie und jeder Pfennig, der in der Kolonie ankam, wurden in seinen Räumlichkeiten aufbewahrt.

In dieser Zeit kehrte Angelikas Freund Igor aus den Vereinigten Staaten von Amerika zurück. Er hatte ein paar Jahre lang an der University of California, inmitten der Fahrräder der Stadt Davis, Musik und ein bisschen von allem und viel von nichts studiert. Er bekam keinen Abschluss. Auch wurde er in jenem Land nicht zum Medizinstudium zugelassen, weil er nicht fähig war, die Aufnahmeprüfungen zu bestehen. Nach seiner Rückkehr wurde er, dank der Kontakte von *Onkel* Paul zu den Mächtigen in Chile, an der Pontífica Universidad Católica de Chile in Santiago aufgenommen. Aber auch dort *ging er nicht zur Tür hinein*, wie andere Studenten, *sondern stieg durchs Fenster ein*. Es heißt, dass er dort das Medizinstudium abschloss, welches er nie begonnen hatte. Er studierte unter unseren katholischen Feinden, und sein beruflicher Werdegang wurde durch die Arbeit der gesamten Gemeinschaft finanziert. Hauptsächlich durch die Arbeit von uns Frauen, die wir nicht wussten, dass er der schlimmste Feind und Peiniger eben dieser Frauen werden würde.

Igor kam mit seinem Diplom zurück in die Kolonie und übernahm sofort die Leitung des Krankenhauses El Lavadero und des später errichteten Anbaus. Bei seiner Ankunft trat Dr. Strätling in den Hintergrund. Aber Igor war nicht nur für das Krankenhaus verantwortlich, er war auch der Mann, der *Onkel* Paul am nächsten stand. Er war sein Assistent und sein Beschützer. Sein Verbündeter und sein größter Verteidiger. Und mit dieser Macht wurde er, als sein Opfer, in nur wenigen Monaten vom Opfer zum Täter, zu einem furchterregenden Täter.

Angelika hatte jahrelang auf ihn gewartet und war sich sicher, dass sie nach seiner Rückkehr heiraten würden. Für eine unschuldige Frau wie sie war ein heimlicher Kuss, bei dem sie ihr Leben riskierte, mehr als nur ein Traum; es war ein Versprechen, das nicht gebrochen werden durfte. Er bedeutete viel mehr als ein Ring ohne Verlobung an ihren Finger gesteckt.

Angelika und Igor arbeiteten weiterhin zusammen im Krankenhaus, und das gab ihnen die Gelegenheit, ihre heimliche Beziehung fortzusetzen, die von heimlichen Küssen zu viel mehr führte. Viel, viel mehr. Sie taten alles, was von *Onkel* Paul verboten und bestraft wurde. Aber das Paar interessierte sich nicht dafür, an die Sünden zu denken, und so kam es, dass der Arzt nachts, wenn sie im Dienst waren, seine wilden Leidenschaften entfesselte. Igor hatte in den Jahren seiner Freiheit gelernt, wie es war, mit einer Frau zu schlafen. Etwas, das kein anderer junger Mann in der Kolonie kannte, geschweige denn die Freiheit hatte, es zu vollziehen.

Das neue Leben von Angelika begann mir direkt zu helfen. Bei den Mahlzeiten bekam sie vollere Teller und legte immer noch etwas zusätzlich auf meinen. In diesem Jahr hungerte ich weniger. Sie half mir auch, nicht so viele Spritzen zu bekommen, denn wenn ich ins Krankenhaus kam, stach mich Angelika nicht mit der Nadel, sondern ließ die Flüssigkeit an meiner Haut heruntertropfen, ohne in meinen Körper zu gelangen. Gleiches auch mit den Tabletten, die mich schlafen ließen. Sie wusste, dass ich sie nicht nahm, hat aber diese Sünde nie gebeichtet. Mehrere Monate lang bekam ich auch keine Elektroschocks. Ich erhielt nur Bestrafungen von *Onkel* Paul. Ohne es jemals in Worte zu fassen, hatten wir beide einen geheimen Pakt. Sie beschützte mich mit der kleinen Macht, welche die Beziehung zu dem Mann ihr gab, der *Onkel* Paul am nächsten stand, und ich bewahrte ihre Geheimnisse. Geheimnisse nicht nur über ihre Liebe zu Igor, sondern auch über die Dinge, die im Krankenhaus und in der Kolonie vor sich gingen.

In diesem Jahr gingen wir beide, ohne es zu wissen, langsam einer anderen Zukunft entgegen. Sie begann, sich selbst in ihrem Gefängnis zu verdammen, und ich begann, meine Freiheit jeden Tag geistig auszubauen.

♦

Die vermeintliche Liebe zwischen Angelika und Igor trug in einer Schwangerschaft Früchte. Angelika dachte, dass Igor mit *Onkel* Paul sprechen würde, sobald er die Nachricht erfuhr. Aber die Reaktion des neuen Arztes war das genaue Gegenteil. Er wurde wütend und warf ihr vor, seine Zukunft in der Kolonie zerstören zu wollen. Es gab keine andere Lösung, als ihr das sündhaft gezeugte Geschöpf zu entfernen, wie man es in solchen Fällen mit den übrigen „anstößigen“ Sünderinnen tat. Aber es war unmöglich, die Leibesfrucht zu vernichten, ohne die begangene Sünde zu beichten. Und dieses Bekenntnis musste öffentlich und vor *Onkel* Paul erfolgen.

Als die Stunde der Wahrheit kam, erschienen die Namen der beiden geschrieben an der Wand, und Igor war der erste, der zu einem Geständnis aufgefordert wurde. Er sagte, er habe gewusst, dass Angelika ein Kind bekommen würde, der Name des Vaters des Kindes aber unbekannt sei. Er bat darum, für sie zu beten, damit Gott und *Onkel* Paul ihr verzeihen würden. Er prangerte sie als verdorbene sexuelle Sünderin an, eine Anhängerin Satans, die nicht nur körperliche Züchtigung, sondern auch geistige Reinigung verdiene.

Igor war der erste, der an diesem Abend handelte, um dem *Oberhaupt* zu zeigen, dass er ein erwachsener Mann war; dass er in die Fußstapfen und Lehren der älteren Männer trat, insbesondere in die des *ewigen Onkels*. Angelika wurde nicht aufgefordert, den Namen des Vaters ihres Kindes zu nennen.

In dieser Nacht, bevor sie bestraft wurde, verkündete *Onkel* Paul, dass Igor in zwei Wochen eine der Krankenschwestern heiraten würde. Die ganze Gemeinschaft applaudierte, als sie den Namen der zukünftigen Braut hörte: Ingrid. Die Krankenschwester Ingrid war ein hässliches Entlein (wie man hier über die aus der Hand Gottes Entlassenen sagt) und viel älter als Igor. Der *Onkel* beglückwünschte sie und beide dankten ihm für die Ehre, seinen Segen zu bekommen. Igor war jetzt in einem Alter, in dem er sich eine feste Partnerin verdient hatte, und da er die rechte Hand des *Onkels* war, verdiente er das Privileg, eine Frau zu haben, die er bei Bedarf besteigen und bei der er entspannt seinen sexuellen Appetit ausleben konnte, wann immer es notwendig war, und nicht nur eilig auf den OP-Bahren des Krankenhauses.

Die Bestrafungen, die Angelika in dieser Nacht erhielt, waren schonungslos. In jenen Jahren wurden die Frauen nicht nur unmenschlich verprügelt; es wurde auch versucht, sie umzubringen. Eine weitere ungehorsame Sünderin zu beseitigen war besser, als sie am Leben zu lassen. Im Fall von Angelika war es noch schlimmer; eine Frau, die alle geheimen Annalen des Krankenhauses und der Kolonie in ihrem Gedächtnis hatte, konnte man nicht am Leben lassen. Sie hatte Glück und wurde in dieser Nacht nicht getötet, aber ihre Behandlung dauerte länger als erwartet.

Der neue Arzt, der für die Gemeinschaft nicht mehr Igor hieß und zu Dr. Höff wurde, sagte zu *Tante* Hilde, sie solle mich zu Besuch bei Angelika im Krankenhaus schicken. Ich tat dies, besessen von einer unkontrollierbaren Angst, mich noch mehr Behandlungen und noch weiteren Strafen auszusetzen. Ich hatte panische Angst vor den Geschichten, die mir meine Freundin im Krankenhaus erzählen könnte, und vor meiner Verpflichtung, sie beichten zu müssen. Ich erinnerte mich wieder einmal daran, dass Zuhören genauso schrecklich war wie Reden. Oder vielleicht noch schlimmer. Aber ich überwand meine Angst und erschien am nächsten Tag im Krankenhaus. Es gab keine Alternative. Niemand konnte sich den Befehlen des Mannes widersetzen, der *Onkel* Pauls Schatten war.

Meine Freundin befand sich in einem erbärmlichen Zustand, als ich sie auf der Krankenstation besuchte. Ihre Augen waren geschlossen und rundherum lila. Ihre Nase war zertrümmert und ihre Lippen durch die Schwellung verformt. Beide Arme waren bandagiert, von der Schulter bis zu den Händen. Sie hatten ihr den Kopf kahlgeschoren und sie sah eher aus wie ein wildes Tier als ein Mensch. Ich stellte mich neben das schmale Metallbett, ohne etwas zu sagen. Ich konnte sie nur ansehen. Ich konnte nicht weinen. Es war verboten, Tränen zu vergießen. Auch wagte ich nicht, ein einziges Wort zu sagen, das mich als Mittäterin hätte verraten können. Während ich sie ansah, dachte ich daran, wie vertraut mir dieses Bett und dieser Ort waren. Ich hatte so viele Monate und Jahre in ähnlichen Behandlungen verbracht wie Angelika. Sie sagte ebenfalls nichts zu mir. Ich glaube, die Medikamente hatten ihr einen anderen, besseren Ort geschaffen, weit weg von der Kolonie. Diesen „anderen" Ort, der mir ebenso vertraut war wie die Krankenhauszimmer und sogar die Schmerzen, die Angelika verspüren würde, sobald die Schmerzmittel ihren Körper verließen.

Ich stand da und betete still für meine Freundin, bis Dr. Höff selbst kam, um mir mitzuteilen, dass der Besuch vorbei sei. Er sagte mir, ich könne am nächsten Tag nach der Arbeit wiederkommen.

„Klick! – Angelika wird schonungslos von dem Mann ihres Lebens, dem Vater des Kindes in ihrem Bauch verprügelt."

„Klick! – Dr. Höff und seine zukünftige Frau erhalten den Segen von *Onkel* Paul für ihre Ehe, während Angelika darauf wartet, bestraft zu werden."

♦

Ich habe Angelika oft im Krankenhaus besucht. Wir sprachen nie ein einziges Wort miteinander. Wir hielten uns an jenen geheimen, unterstützenden Pakt, der unsere Freundschaft auszeichnete. Diese Art von unerschütterlicher Ruhe muss Dr. Höff ein anderes Bild von uns vermittelt haben. Vielleicht dachte er, dass wir uns nichts sagten und dass wir nur zwei erbärmliche, von Schlägen gezeichnete und vom Schrecken gebeugte Menschen waren.

Nach vier Monaten verließ Angelika das Krankenhaus. Sie sagten ihr, dass sie sich bei *Onkel* Paul bedanken solle, weil ihre Behandlung viel kürzer ausgefallen war als bei anderen Menschen. Aber in Wahrheit wollte Dr. Höff sie so lange aus seinen Augen haben, bis durch seine Heirat alle Zweifel an seiner Beziehung zu ihr ausgeräumt waren.

Im Laufe der Zeit zwang Angelikas Erfahrung im medizinischen Bereich Dr. Höff dazu, ihr die Stelle als Schwesternhelferin im Krankenhaus zurückzugeben. Meine Freundin fing wieder an zu arbeiten, aber nicht nur mit ihrem früheren Liebhaber, sondern auch mit der neuen Frau, die nicht so schön war wie die frühere Liebhaberin, dafür aber viele Jahre älter.

Wir nahmen unsere Gespräche wieder auf, weil Angelika einige der Privilegien wiedererlangte, die sie vor ihrer Schwangerschaft gehabt hatte. Eines der ersten Dinge, die sie mir mitteilte, war, Dr. Höff habe ihr gesagt, dass ich sehr genau beobachtet würde, weil meine Eltern geflohen waren und ich nicht genug Liebe für *Onkel* Paul oder unseren höchsten Vater zeigte.

Angelika erzählte mir auch, dass Dr. Höff und seine zukünftige Frau, Schwester Ingrid, eine Operation durchgeführt hatten, um ihren Fötus und gleichzeitig alle überflüssigen Organe in ihrem Unterleib zu entfernen. Dieselbe Operation, die Dr. Strätling früher an mir vorgenommen hatte. Und dieselbe Verstümmelung, die Dr. Höff, der berüchtigte „Schlächter der Frauen", an ihren Körpern vornahm, wenn er ihre Gebärmutter und Eierstöcke entfernte.

Nie wieder vergass Angelika das Gespräch zwischen dem Arzt und der Krankenschwester am Morgen ihrer Operation. Als sie nach der Abtreibung aufwachte, hörte sie, wie sie sich über sie lustig machten und sagten, dass die blutige Masse, die sie ihr an diesem Tag entnommen hatten, in den Schweinestall gebracht werden würde, damit die Schweine sie genießen könnten.

„Die Schweine können sich nun an dieser wohlbestraften Sünde laben", waren die letzten Worte, die sie hörte, bevor sie sich die Ohren zuhielt.

Dr. Höff fuhr fort, sich an Angelika abzureagieren. Der Akt wurde für ihn zu einer Art notwendigem Dienst. Sie konnte sich nicht weigern, denn sie verdankte ihm ihr Leben und ihre Arbeit im Krankenhaus. Diese Beziehung war ihrer Meinung nach positiv, weil sie *Onkel* Paul davon abhielt, ihr einen missbräuchlicheren Ehemann zu suchen, denn sie musste weiterhin ihr Keuschheits- und Treuegelübde gegenüber Dr. Höff einhalten.

Angelika war nicht die einzige, die Dr. Höff auf diese Weise diente, und der Arzt war nicht der einzige führende Mann in der Kolonie, der die „besonderen Dienste" der jüngeren Frauen in Anspruch nahm. Meine Freundin erzählte mir, dass die Schwangerschaften, die von diesen älteren Männern, die *Onkel* Paul nahestanden, verursacht wurden, zu dieser Zeit zunahmen. Aber es gab nicht eine einzige Geburt. Der Schlächter der Frauen sorgte immer dafür, dass diese „Todsünden" getilgt wurden. Die einzige große Veränderung bestand darin, dass die Sünderinnen während der Prozedur eine Anästhesie und Medikamente bekamen, die sie vergessen ließen. Auch Gebete und Schläge unterstützten den Prozess des Vergessens. Die Kombination der Methoden war so wirksam, dass die Frauen selbst oft vergaßen, dass sie vergewaltigt worden oder schwanger geworden waren, bevor sie ihre Babys verloren. Gott vergab ihnen, aber nicht *Onkel* Paul. Die Männer, die für diese Schwangerschaften verantwortlich waren, wurden nie bestraft, und nie erfuhren wir die Namen der Väter jener Kinder, die nie auf die Welt kamen. Dies war ein weiteres Rätsel, das mit den Überresten der Föten, die ihre Mütter verloren, begraben wurde. Nur die Frauen wurden bestraft. Und sie wurden erbarmungslos bestraft, bevor man die Geschöpfe in ihrem Unterleib zerstörte.

Von Angelika erfuhr ich, dass Schwester Ingrid und Dr. Höff beschlossen hatten, ein Kind zu bekommen, aber wegen ihres Alters konnte Ingrid nicht schwanger werden. So wurden sie Eltern mit der einzigen Alternative, die den wichtigen – und privilegierten – Paaren in der Kolonie der Jahre von *Onkel* Paul zur Verfügung stand. Eines Tages erschienen zwei Bauern mit einem sehr kranken kleinen Kind im Krankenhaus. Die Schwere der Erkrankung erforderte, dass der Junge auf der Intensivstation und ohne elterliche Besuche bleiben musste, bis eine gewisse

Heilung sich einstellte. Die Tage vergingen, und nach den Informationen, die den Eltern gegeben wurden, ging es dem Jungen nicht besser. Im Gegenteil, es ging ihm immer schlechter. Sein kritischer Zustand machte es notwendig, ihn erneut zu operieren, und zu diesem Zweck wurden die Eltern dazu gebracht, Dokumente zu unterschreiben, die die Operation und die Nachbehandlung genehmigten. Beide Eltern unterschrieben sofort, als Dr. Höff, einer der wenigen, die in der Kolonie sehr gut Spanisch sprachen, den Inhalt des Dokuments und die Einzelheiten der Operation erklärte. Die beiden Analphabeten drückten ihren rechten Daumen, als Unterschrift, auf das Papier und besiegelten damit das Schicksal des kleinen Jungen, der zum Adoptivsohn des Arztes und der Krankenschwester wurde. Der Junge, der wie sein Vater Igor Höff genannt wurde, wurde zu einem weiteren Lieblingskind des *Onkels*. Seine Eltern gaben ihm den Nachnamen nur auf einem Stück Papier, und der Junge wuchs wie wir alle bei *Tanten* auf, verbrachte aber die Nächte in den Räumlichkeiten von *Onkel* Paul.

♦

Im Herbst 1996 wurde mir bewusst, dass ich bald sechsundvierzig Jahre alt werden würde und immer noch eingesperrt war. Ich erinnere mich sehr genau an diese Zeit, denn das waren die Monate, in denen ich an Selbstmord dachte. Ich wollte meine Existenz auf welche Art auch immer beenden. Wenn ich diesem Ort nicht lebendig und zu Fuß entkommen konnte, musste ich es tot in diesen schlecht gemachten Kisten aus gewöhnlicher Douglasie tun. Meine einzige Hoffnung war, dass sich jemand meiner erbarmte und die geschlossene Kiste auf ein Schiff nach Deutschland warf, damit ich nicht von Mäusen gefressen würde. Oder dass sie meine Überreste verbrennen und meine Asche in den *Fluss Lauquén* werfen würden.

Ich nahm die Idee des Selbstmordes an, nachdem meine Mutter geflohen war. Sie hatte mir erzählte – in jener denkwürdigen Nacht der Bestrafung –, dass eine Frau in unserem Dorf Gronau mit ihren beiden Töchtern Selbstmord begangen hatte, um dem Befehl ihres Mannes, nach Chile zu gehen und in der Kolonie zu leben, nicht Folge zu leisten. Die Nachricht wurde in der chilenischen und deutschen Presse sowie in anderen Ländern der Welt verbreitet. Die herzzerreißende Verzweiflung dieser frommen Frau brannte sich in mein Gedächtnis ein und änderte meine Vorstellung von der religiösen Unterwerfung durch eine Sekte. Ich war voller Bewunderung für ihren Ungehorsam und ihren Mut. Anstatt den Verlust ihrer Freiheit zu akzeptieren und unter den Befehlen von *Onkel* Paul und der Führungsriege zu leben, beschloss sie, sich und ihre Töchter in der Küche ihres Hauses in Deutschland mit Gas zu ersticken. Sie wählte den Tod für sich und ihre Töchter anstelle eines Lebens der Unterdrückung in der Kolonie. Hunderte Male habe ich mich gefragt: Was wusste diese Frau in Deutschland über die Lebensbedingungen, die uns Frauen in der Gemeinschaft in Chile auferlegt wurden, um diese tragische Entscheidung zu treffen? Und was wusste sie über das ewige Leben, das ich noch nicht entdeckt hatte?

Sobald ich vom Tod der Frau und ihrer Töchter hörte, überkamen mich Zweifel und ich begann, über meine drei Alternativen nachzudenken. Die erste und einfachste war, meine Existenz in der Gemeinschaft durch Selbstmord zu beenden. Die zweite war, zu versuchen zu fliehen, wohl wissend, dass man mich töten würde, wenn man mich erwischte. Und die dritte war, die körperlichen und geistigen Strafen, die mir abverlangt wurden, fortzusetzen, was schließlich auch mein Leben beenden könnte. Alle Alternativen führten mich zu demselben Ende. Aber aus irgendeinem Grund drängten mich meine Gedanken immer wieder dazu, die aufgezwungenen religiösen Vorstellungen abzulehnen und die Befreiung aus meiner Knechtschaft durch Selbstmord zu akzeptieren. Mir gefiel der Gedanke, mich selbst zu töten, bevor einer meiner drei Väter mir das Leben nahm. Ich dachte, wenn eine andere Gläubige aus derselben Baptistenkirche eine so drastische Entscheidung getroffen hatte, bevor sie in die Kolonie kam, nur bei der Vorstellung der Wirklichkeit, warum konnte ich diese nicht auch treffen? Schließlich hatte ich die Herrschaft, Kontrolle und Folter von *Onkel* Paul und den anderen Anführern am eigenen Leib erfahren. Für mich war dieses Leben keine Einbildung, es war Teil meiner täglichen Realität, und ich sollte das Recht haben, es zu beenden.

In den mehr als drei Jahrzehnten des Bestehens der Colonia Dignidad hatte keine Frau Selbstmord begangen. Und auch kein Mann. Warum? Könnte es die Stärke jener blinden Überzeugung sein, die uns von Anfang an eingeflößt wurde:

dass unser Leben nicht unser eigenes war und allein in den Händen Gottes und von *Onkel* Paul lag? Könnte es jener Glaube sein, der uns auf dieselbe Weise ins Gehirn eingepflanzt wurde: keinen Zugang zum ewigen Leben zu haben, wer sich umbringt? Oder könnte es sein, dass die Macht von *Onkel* Paul stärker war als die Macht Gottes und nur er uns töten konnte?

Mit Selbstmord als einer meiner möglichen Fluchtwege zweifelte ich weiterhin täglich an den Worten der *Bibel* nach *Onkel* Paul. Ich stellte mich taub gegenüber seinen Predigten und missachtete erneut seine Anweisung, meine Gedanken zu beichten.

Ich begann damit, seinen Befehl gänzlich abzulehnen:

„Die Sünde beginnt vor der eigentlichen Tat, in den Gedanken."

♦

Die chilenischen Kinder, die zum Sport, zur Arbeit und – angeblich – zum Lernen in die Kolonie gebracht wurden, waren es, die 1997 erneut *Onkel* Paul anzeigten. Ihre Verwandten hatten sie an den Aktivitäten der Gemeinschaft teilnehmen lassen, ohne zu wissen, dass sie damit dem Missbrauch von dem *ewigen Onkel* ausgeliefert waren. Diese Kleinen arbeiteten umsonst auf den Feldern und erhielten nur wenige Stunden Schulunterricht pro Woche. Wie die Frauen durften auch diese Kinder das Grundstück unter keinen Umständen verlassen. Sie wurden gefangengehalten. Wie der Rest von uns auch.

Diese tapferen Kinder erreichten endlich, was kein chilenischer oder deutscher Politiker tun wollte. Die chilenischen Kinder prangerten in allen Einzelheiten an, was in den Gebäuden, im Krankenhaus und vor allem im Schlafzimmer von *Onkel* Paul vor sich ging. Doch der Kampf war von Anfang an ungleich, denn diesen Unschuldigen stand die unbesiegbare Macht korrupter Politiker, der Großgrundbesitzer, die vom Handel mit der Siedlung profitierten, und des Freundeskreises der Kolonie gegenüber. Diese Gruppen und viele andere setzten ihre ganze Macht und ihren Einfluss ein, um *Onkel* Paul und die Patriarchen der Kolonie zu verteidigen. Doch all diese Unterstützung verhallte ungehört vor den chilenischen Gerichten, weil ein paar Worte eines Jungen einen nicht mehr aufzuhaltenden

Sturzbach in Gang setzten. Ein chilenischer Anwalt, ein vorbildlicher und hilfsbereiter Mann, startete eine juristische Kampagne, die niemand innerhalb – oder außerhalb – der Kolonie zum Schweigen bringen konnte. Dieser Anwalt war einer der meistgehassten Feinde von *Onkel* Paul. Er wurde nicht nur innerhalb weniger Monate zu einem weiteren *niederträchtigen Schwein*, sondern auch zum neuen chilenischen Satan. Dennoch gelang es Dank des Engagements dieses Anwalts, einen Haftbefehl gegen *Onkel* Paul zu erwirken.

Wie so oft in den letzten Jahrzehnten wurden wir Frauen auf die absurde und manipulierte Verteidigung des „zweiten" Jesus Christus vorbereitet. Diesmal, indem wir dem Feind unseren eigenen Körper als menschlichen Teppich vor die Nase legten. Sowohl wir als auch die Kinder sollten uns jetzt auf den Boden werfen und einen Schutzwall aus Fleisch und Blut bilden, um die Polizei und die Detektive aufzuhalten, wenn sie neue Haftbefehle gegen *Onkel* Paul mitbrachten. Wir hatten ein so starkes internes System, wie zu Zeiten von General Pinochet. Nicht nur die Zäune mit Alarmanlagen und Kameras um die Peripherie, sondern auch neue Systeme, die während der Diktatur aus Deutschland eingeführt worden waren. Auf dem Weg zum Eingang der Kolonie hatten wir künstliche Bäume mit geheimen Kameras, die jede noch so kleine Bewegung eines Eindringlings wahrnahmen und aufzeichneten, sowie ausgehöhlte Steine mit winzigen Linsen, die es uns ermöglichten, jeden Moment und jedes Detail dessen, was vor ihnen ablief, zu beobachten. Abgesehen von der neuen Technologie verfügten wir über das beste und leistungsfähigste geheime Kommunikationssystem in Chile. Zu dieser Zeit war unser Staat (innerhalb des Staates Chile) eine echte Festung und ein Minenfeld, in dem jeder Mensch sein Leben riskierte, wenn er versuchte, mit oder ohne Genehmigung hineinzugehen.

Um unser persönliches Engagement bei der Verteidigung des befestigten Geländes zu verstärken, kontrollierten sie unser Essen stärker als je zuvor. Wenn *Onkel* Paul der Meinung war, dass wir das Gelände gut verteidigt hatten, bekamen wir etwas zu essen. Andernfalls mussten wir hungern und lernen, dass wir Frauen beim nächsten Mal härter kämpfen mussten, um *Onkel* Paul vor den Feinden Gottes zu verteidigen, die ihn verhaften und ins Gefängnis stecken wollten.

Bei jedem Versuch der Behörden, einzudringen, stand an vorderster Front – hinter dem menschlichen Teppich – eine Miliz aus starken, deutschen Guerillakämpferinnen. Ohne Furcht, schreiend, in dem Versuch, die „Eindringlinge" mit bloßen Händen zu schlagen, wie es uns beigebracht worden war. Die Zukunft der Kolonie und damit auch unser eigenes Schicksal hingen von uns ab. Wir waren die unbewaffnete Armee, während sich die bewaffneten Männer und *Onkel* Paul mit seinen beiden Pistolen in den sicheren, unüberwindbaren Bunkern der Kolonie versteckten.

Sie organisierten auch einen vorgetäuschten Hungerstreik, um auf heroischere Weise zu protestieren. Der *Onkel* schickte eine Gruppe seiner jungen Lieblinge, nachdem er sie mit Essen satt gemacht hatte, unter das riesige weiße Zelt, um ihre Unzufriedenheit über die mögliche Verhaftung ihres Vaters zu demonstrieren, indem sie sich mit hungrigen Augen hinlegten. Diese Jugendlichen gaben eine hervorragende theatralische Darstellung. Während die Presse sie aus der Ferne beobachten konnte, überprüfte die Polizei aus nächster Nähe die fiktive interne Unterstützung, die es für *Onkel* Paul zu geben schien.

Jedes Mal, wenn eine neue Geschichte in der chilenischen oder deutschen Presse erschien, wurden wir Frauen hart bestraft. *Onkel* Paul warf uns vor, dass wir ihn nicht mit der ganzen Liebe verteidigten, die seine Person erforderte. Er blieb das geistige Oberhaupt der Gemeinschaft und sagte uns täglich, dass er, so wie Jesus Christus vor zweitausend Jahren am Kreuz gestorben war, um uns zu retten, nun von uns erwartete, dass wir ihn vor den Ungerechtigkeiten und Lügen, die über ihn erfunden wurden, retten würden. Diese neue biblische Interpretation bestand darin, dass wir nun diejenigen waren, die gekreuzigt wurden, um ihn zu retten. Aus diesem Grund mussten wir uns oft auf dem Weg zur Einfahrt auf den Boden legen, unsere Arme in Form eines Kreuzes ausgebreitet. Bei anderen Gelegenheiten mussten wir genau so mit offenen Armen hinausgehen, mit entblößter Brust und bereit, gekreuzigt zu sterben und unser Leben für den *neuen* Jesus Christus zu opfern, der dieses Mal nicht für uns sterben wollte.

Um zu zeigen, dass unser Vater in der Kolonie nicht nur eine Vorliebe für Jungen hatte, suchte Dr. Höff ein kleines Mädchen, damit es von *Onkel* Paul adoptiert werden konnte. Dieses kleine Mädchen ereilte das gleiche Schicksal wie alle Kinder, die den chilenischen Eltern gestohlen wurden, sobald sie ins Krankenhaus gebracht worden waren. Es wurden falsche Papiere für sie ausgestellt, und von einem Tag auf den anderen geschah das Wunder, dass sie auf den Straßen der Kolonie auftauchte. Dieses kleine entführte Mädchen wurde „die Tochter von *Onkel* Paul" genannt und war das einzige Kind, das von einem unverheirateten Mann adoptiert wurde. Sie wurde auf den Namen Ruth getauft und erhielt den Nachnamen Schäfer, wie ihr Vater. Von dem Moment an, als sie in die Gemeinschaft kam, wurde sie mit einer besonderen, überschwänglichen, zweifelhaften und kränklichen Zuneigung behandelt, sowohl von ihrem Adoptivvater als auch von den übrigen Colonos. Von dem Tag an, an dem sie seine Tochter wurde, saß sie bei Versammlungen, Mahlzeiten und allen besonderen Ereignissen immer neben *Onkel* Paul. Sie studierte Musik, um besondere Konzerte für ihren Vater zu geben, und wuchs wie er sehr autoritär auf, um alle Frauen, die es verdienten, und alle Kinder, die ihrem Adoptivvater keine bedingungslose und absolute Liebe entgegenbrachten, mit Schlägen zu misshandeln.

Ruth wurde in wenigen Jahren das weibliche Ebenbild von *Onkel* Paul.

♦

Die letzte Vision, die ich von *Onkel* Paul in Erinnerung habe, war die Nacht, in der wir uns versammelten, um mit ihm und für ihn zu beten. Er hielt uns eine dieser leidenschaftlichen Predigten, in denen er seine Version der *Bibel* wiederholte und uns wie immer sagte, dass wir unser Leben für ihn geben müssten. Ich erinnere mich, dass er uns an diesem Abend seltsamerweise auch sagte, dass er uns niemals verlassen würde, solange er lebe, denn der göttliche Vater müsse bei seinen Kindern bleiben, bis er sterbe. Sogar nach dem Tod, denn wir müssten ihm weiterhin aus der Ferne gehorchen, um vereint ins ewige Leben zu gehen. Er versprach uns, dass er, wie der erste Jesus Christus, auf die Erde zurückkehren würde, sollte er gekreuzigt oder getötet werden.

Am Ende seiner Predigt, als wir mit dem Beten fertig waren, wechselte er das religiöse Thema und ging zu praktischeren und trivialeren Dingen über. Er sprach über das Geld, das wir für die Bedürfnisse der einzelnen Mitglieder der Kolonie gespart hatten. Er erklärte, dass es uns finanziell besser ginge als je zuvor und dass wir viel gespart hätten durch all unsere Arbeit ohne Lohn. Er teilte uns mit, dass das gesamte Vermögen in seinen Räumlichkeiten in Tresoren mit gepanzerten Türen aufbewahrt werde.

Vor dem Ende der Versammlung gingen wir zu den Beichten über. Alles schien bis ins Detail geplant zu sein, nicht nur die Namen der Frauen, sondern auch die Strafen. Das erste Geständnis kam von Dr. Höff. Er gestand, dass Angelika mit dem Gedanken spiele, wegzulaufen, und dass in der Uniform als Schwesternhelferin ein Brief gefunden worden war. In diesem Schreiben, das sie nach Deutschland zu schicken hoffte, schrieb sie, dass *Onkel* Paul ein Kinderschänder und Mörder sei. Dr. Höff stand von seinem Stuhl auf und las den Brief vor, Wort für Wort, während Angelika ihn anflehte, um Gottes und *Onkel* Pauls Willen nicht zu lügen. Der Arzt hatte noch andere jüngere Krankenschwestern, die ihm ihre „Dienste" leisteten und ihn zufriedenstellten. Die Zeit war gekommen, sich Angelikas zu entledigen. Damals war sie, glaube ich, fast fünfzig und hatte die unschuldige Schönheit ihrer Jugend verloren.

Die ganze Gemeinschaft verlor die Kontrolle und tobte, bevor *Onkel* Paul verfügen konnte, welche Strafe Angelika verdient hätte. Die Männer waren die ersten, die meine Freundin angriffen. Sie packten sie an den Haaren und zerrten sie nach vorne in den Saal. Dort begannen Dr. Höff und seine Frau, sie zu verprügeln. Dann folgten *Onkel* Paul und seine Tochter Ruth. Angelikas Körper war lange Zeit nicht zu sehen, nur ihre Schreie waren zu hören, mit denen sie die Sünde, die ihr angelastet wurde, abstritt. Sie blutete mehr als andere Frauen, die in dieser Nacht bestraft wurden. Mitten in der Blutlache bat *Onkel* Paul um eine Schere und schnitt ihr gewaltsam die Haare ab, wobei er Teile ihres Schädels freilegte, als wäre sie unzählige Male von einem Tier gebissen worden. Er schnitt so viel ab, bis er fand, dass Angelika wie ein Mann aussah und sagte zu ihr:

„Jetzt bist du zu einem Vergewaltiger geworden. Gott hat dich dafür bestraft, dass du mir wehgetan und mich so verleumdet hast. Ich liebe Kinder und sie lieben mich."

Die ganze Gemeinschaft weinte um *Onkel* Paul und forderte im Chor, dass Angelika nicht mehr im Krankenhaus arbeiten solle. Wie war es möglich, dass eine Fachkraft im Gesundheitswesen, die von allen respektiert wurde, zum lebenden Abbild des Satans geworden war? Sie weinten und umarmten *Onkel*

Paul in bedingungsloser Liebe, wie immer. Und sie versprachen ihm mehr Opfer und mehr Schutz gegen den Feind außerhalb der Colonia Dignidad und mehr Kraft, um die teuflische Macht zu überwinden, die uns auch von innen bedrohte. Der *Onkel* ließ das übliche Seil bringen, und Angelika wurde an den Händen an der Decke aufgehängt, bis die Versammlung zu Ende ging. Ihre Arme schienen sich von ihrem Körper lösen zu wollen, als sie in einem langsamen, rhythmischen Schwung hin und her pendelten. Ich versuchte, auf den Boden zu schauen, denn ich konnte den Schmerz nicht ertragen, den Körper meiner Freundin in ein blutgetränktes menschliches Pendel verwandelt zu sehen, das um sein Leben kämpfte.

In dieser Nacht nutzte der *Onkel* auch die Gelegenheit, mehrere Jugendliche zu bestrafen, die nicht mehr in seinen Räumlichkeiten schliefen, sowie einige chilenische Kinder, die darauf bestanden, ihre Eltern zu sehen.

„Klick! – Angelikas Körper hängt von der Decke wie ein totes Tier, das zerteilt werden soll."

„Klick! – Onkel Paul wiederholt seine bedingungslose Liebe uns gegenüber."

♦

Nach dieser unvergesslichen Nacht flüchtete *Onkel* Paul aus der Kolonie. Er verabschiedete sich von niemandem, außer von den männlichen Anführern, die daraufhin für die Gemeinschaft verantwortlich waren. Seine Flucht war bis ins kleinste Detail und ein paar Jahre im Voraus geplant. Er flog mit einem der Privatflugzeuge der Kolonie. Er flüchtete mit Ruth, seiner Adoptivtochter, und einigen *Onkeln*, die er sorgfältig ausgewählt hatte. Er nahm gerade genug Kleidung mit, aber eine Menge Koffer und riesige Seesäcke voller Bargeld. In den Tresoren hinterließ er keinen einzigen Pfennig.

Die Menschen in der Gemeinschaft reagierten gut, denn sie sahen darin keine Flucht mit einem Raub, sondern ein Opfer und den Schutz des „Retters", der so vieler ungerechter Lügen beschuldigt wurde. Sie glaubten, dass er nur für eine Weile fortging und dann, wie es schon bei seinem vorherigen Versteckspiel geschehen war, in die Gemeinschaft zurückkehren würde, die er so sehr liebte. Er musste sich vor der Gefahr einer weiteren möglichen Kreuzigung retten, vor den Juden, den Barbaren und den Heiden.

Sein endgültiges Ziel war Argentinien. Dort sollte er in einem anderen riesigen Anwesen unter strengster Bewachung bleiben, bis die Verfolgungen in Chile aufhörten. Nicht nur die *Onkel*, die seine Freunde waren, würden mit ihm in dem Lager leben, sondern auch eine Mannschaft von Wachtposten und junge Leute, die ihn beschützen und ihm die Pflege und Zärtlichkeiten geben würden, die er verdiente – das wurde bei der nächsten Versammlung berichtet.

Vor der geplanten Flucht war eine Gruppe führender Männer in die Städte in der Nähe von Buenos Aires gereist, um einen Ort abseits von Menschen zu suchen, wo *Onkel* Paul versteckt und in Ruhe leben konnte. Sie fanden ein kleines Dorf namens Chivilcoy, wo sie genügend Land kauften, um nicht so viele Nachbarn in der Nähe zu haben. Diejenigen, die das Land kannten, beschrieben es als eine weitere kleine Kolonie, weit entfernt von der chilenischen Kolonie. Dort ließ sich unser Oberhaupt nieder, physisch sehr weit weg von uns, aber er setzte seine Herrschaft aus der Ferne fort. Und in der Colonia Dignidad fuhren fast alle mit den Gebeten fort und befolgten seine Befehle aufs Wort.

Die Männer, die in Chile blieben, wurden die neuen Anführer der Gemeinschaft. Wir mussten sie immer noch *Onkel* nennen, und im Gegensatz zu *Onkel* Paul sahen sie sich nicht als geistige Oberhäupter, sondern als Herren und Meister des Staates und seiner Bewohner. Auf diese Weise und sobald sie wussten, dass sie es waren, die die neuen Regeln aufstellten, säten sie eine neue Schreckensherrschaft unter den Frauen und den übrigen Bewohnern der Siedlung.

Die Versammlungen fanden nicht mehr täglich statt, und die öffentlichen Beichten wurden auf die wenigen Tage der einzelnen Versammlungen beschränkt. Die Gebete in den Gruppen wurden fortgesetzt und gingen nun bis zum Äußersten, denn es musste nicht nur für die Zukunft der Kolonie gebetet werden, sondern auch für die Sicherheit von *Onkel* Paul in Argentinien. In dieser Zeit nahm das Krankenhaus nicht viele chilenische Patienten auf, aber Dr. Höff setzte seine medizinischen Experimente mit den Bewohnern der Gemeinschaft fort.

Angelika kehrte nicht zur Arbeit als Schwesternhelferin im Krankenhaus zurück, sondern wurde in den Kartoffelkeller geschickt, um mit anderen Frauen, die in der Kolonie als *verdammte Schweine* auf der schwarzen Liste standen, kiloweise Kartoffeln zu schälen. Dort arbeiteten diejenigen, die versucht hatten zu fliehen. Diejenigen, die heiraten oder Kinder haben wollten. Diejenigen, die ungehorsam waren. Diejenigen, die jung waren und von der Macht des Bösen in Versuchung geführt werden konnten, oder einfach diejenigen, die den älteren Männern gedient hatten und bereits gegen jüngere ausgetauscht worden waren. Angelika gehörte zur letzteren Gruppe. Zu der Reihe derer, die berühmt geworden waren, weil sie göttliche Befehle und die Befehle von *Onkel* Paul missachtet hatten. Sie war ein *niederträchtiges Huhn* und eine *Drecksau*, aber mehr noch, war sie auch eine gefährliche und rebellische Sünderin. Sie gehörte zu den Miserablen, die Satan angeworben hatte. Jene chronisch und psychisch kranken Frauen, die weder durch die speziellen Behandlungen von Dr. Strätling noch durch den neuen Direktor der Klinik, Dr. Höff, geheilt werden konnten.

Nach der Flucht von *Onkel* Paul mussten einige der Regeln angepasst werden. Die wenigen Anführer, die noch zuständig waren, hatten nicht genug Zeit, um die Buchhaltung zu führen, die Farm vor Razzien der Polizei auf der Suche nach dem Flüchtigen zu schützen und gleichzeitig die Frauen mit langen Folterungen zu bestrafen. Es war notwendig, effizienter zu sein als zuvor, und so wurden die Strafen nicht weniger, sondern nur effektiver und schneller durchgeführt. Es gab keine Drohungen mehr mit Pistolen nach Art von *Onkel* Paul, auch keine Verbrennungen, kein Einsperren in dunklen Räumen im Untergrund oder Injektionen zur Kontrolle von Menstruation und Schwangerschaften. Nur die Behandlungen mit Elektroschocks, Folterungen, Vergewaltigungen von Frauen und der Missbrauch von Jungen wurden fortgesetzt. Die Anführer hatten noch viele Frauen zu bestrafen, aber nicht genug Zeit, um weiterhin die zeitraubenden alten deutschen Methoden aus den Konzentrationslagern anzuwenden. Außerdem verfügten sie nicht über das umfangreiche Wissen über Foltertechniken, das *Onkel* Paul, Dr. Strätling und einige der männlichen Anführer der Kolonie, die mit ihm nach Argentinien gegangen waren, auswendig kannten.

Innerhalb weniger Monate nach der Flucht des *Onkels* war eine der ersten Änderungen, die dazu beitrugen, die Menschen glücklich zu machen, die Erlaubnis für Junggesellen, zu heiraten, wen sie wollten, und verheirateten Männern zu erlauben, bei ihren Partnerinnen zu schlafen. Die kindlichen Frauen begannen, ihre Dienste in geheiligter und organisierter Form anzubieten. Ältere Männer schränkten Vergewaltigungen und andere sexuelle Forderungen ein. Die neuen Anführer erkannten, dass es besser war, einige oberflächliche Freiheiten zu gewähren, als auf Klagen über fehlenden Lohn zu antworten oder über Geld zu sprechen, das der Gemeinschaft gestohlen worden war. Seit *Onkel* Paul geflohen war, gab es in ein paar Jahren mehr Eheschließungen als in den dreieinhalb Jahrzehnten zuvor. Auch die Schwangerschaften nahmen zu, nicht aus religiösen Gründen, sondern weil sie dachten, dass die Kolonie sich auflösen würde, wenn man das Verbot der Geburten aufrechterhielte. Die meisten Bewohner wurden alt und hatten nicht mehr genug Beine, Arme und Hände, um das Land zu bearbeiten und die Produktion in den Werkstätten fortzusetzen. *Onkel* Paul hatte gesagt, dass unser Staat sterben würde, wenn er stirbt, und dass es daher keinen Grund gäbe, sich zu vermehren. Die neuen Anführer dachten genau das Gegenteil. Sie wollten weiterhin von der Arbeit der Frauen und der Ausbeutung der Kinder profitieren, um ihre wirtschaftliche Zahlungsfähigkeit für die Zukunft zu sichern.

♦

Angelika und ich hatten mehrere gemeinsame Nachtschichten, um Kartoffeln zu schälen und miteinander sprechen zu können. Die Wachsamkeit der *Tanten* hatte nachgelassen, da sie mehr Stunden brauchten, um die Farm Tag und Nacht zu bewachen, und mehr Zeit benötigten, um ihren Männern zu dienen, die in jenen Jahren begannen, die Exklusivität des sexuellen Vergnügens zu jeder Zeit und an jedem Ort zu verlangen.

Die vermeintlichen Feinde der Kolonie, die Behörden und die Polizei, belästigten die Mitglieder der Gemeinschaft weiterhin 24 Stunden am Tag, sieben Tage die Woche. Sie wollten nicht nur wissen, wo sich *Onkel* Paul versteckt hielt, sondern auch, wo die Waffen und die Leichen der Opfer, die wir während der Diktatur auf den Feldern vergraben hatten, versteckt waren. Sie waren daran interessiert, weiterhin nach Beweisen für die Misshandlungen durch den *Onkel* zu suchen, da die Anklagen täglich zunahmen und die Fälle ständig in den nationalen und internationalen Nachrichten auftauchten.

Einige der geflohenen Colonos gaben Erklärungen in Deutschland über die Lebensbedingungen, unter der Herrschaft von *Onkel* Paul aus der Ferne, und das Verhalten der neuen Anführer ab. Diese Berichte tauchten auch in den chilenischen Gerichten auf. Die Vorhänge begannen sich zu öffnen und all die Geheimnisse, die fast vier Jahrzehnte lang verborgen waren, kamen ans Licht. Angelika und ich dachten, dass dies der Moment war, um nach Möglichkeiten zur Flucht zu suchen. Während die Anführer der Kolonie noch damit beschäftigt waren, sich gegen äußere Feinde zu verteidigen und die innere Welt der Gemeinschaft unter Kontrolle zu halten, würden wir diesen kleinen Freiraum für unsere Flucht nutzen.

So kam es, dass wir in einer der Sommernächte, in denen wir bis in die frühen Morgenstunden Kartoffeln schälen mussten, beschlossen, aus dem Gefängnis auszubrechen. Der Plan, den wir uns ausgedacht hatten, war einfach. Wir würden mit dem fliehen, was wir am Leibe trugen, und tagsüber fortgehen, um die Hunde und die bewaffneten Wachposten in der Nacht zu umgehen. Es sollte ein Samstag sein, an dem immer ein wenig Aufruhr herrscht, wenn die „unschuldigen" und glücklichen chilenischen Touristenfamilien hier absteigen, um die von gefolterten deutschen Frauen und vergewaltigten jungen Männern zubereiteten und servierten Köstlichkeiten zu genießen. Während dieser Stunden werden Außenstehende ungehindert an solchen Orten spazieren gehen und Lärm machen, zu denen die Colonos keinen freien Zugang haben. Wir würden etwas Essen in unserer Unterwäsche verstecken. Geschälte Nüsse und andere kleine Dinge, die nicht viel wiegen und uns beim Überleben helfen. Während wir die Einzelheiten der Flucht planten, riefen wir uns die Erfahrungen anderer Ausbrecher ins Gedächtnis. Wir erinnerten uns daran, dass *Tante* Gudrun tagelang überlebt hatte, indem sie Brombeeren von den Sträuchern aß, die die Feldwege säumten. In dieser Nacht dachten wir auch an andere Geschichten. Wir erinnerten uns an die Opfer, die ertrunken waren, weil sie es nicht geschafft hatten, den *Fluss Lauquén* zu durchschwimmen. Oder an die Deserteure, die *Onkel* Pauls uniformierte Freunde getroffen hatten. Jene, die aus Loyalität und Dankbarkeit die Flüchtlinge nach ihren gescheiterten Fluchtversuchen zurückbrachten.

Die Nacht, in der wir unsere Flucht planten, war lang. Zu lang. Wir erinnerten uns an Jahrzehnte gescheiterter Befreiungsversuche, aber auch an viele andere mit einem glücklichen Ende. Max in Deutschland, der eine neue Existenz genießt. Meine Eltern in Gronau, die einen Frieden vorfanden, den es in der Kolonie nicht gab. Das Ehepaar, das in Kanada lebt und die neue Freiheit genießt. An sie alle, die weit weg von Qualen und Bestrafungen leben. In dieser endlosen Nacht erschöpften wir uns in Gedanken an alle Risiken der Flucht. Aber nachdem wir alles durchgerechnet und abgewogen hatten, beschlossen wir zu warten und in neun Tagen die Flucht in Angriff zu nehmen. Diese Zeit brauchten wir, um die Hauptverkehrszeiten der Touristenströme zu beobachten, die wir aus der Ferne in der Nähe des Tores sahen, sowie die Ankunfts- und Abfahrtszeiten der chilenischen Bauern, die täglich zur Arbeit auf die Farm kamen.

Inmitten der großen Hoffnung, der Kontrolle der Sekte entkommen zu können, gab es aber auch Momente intensiven Zweifels und der Mutlosigkeit. Angelika und ich waren geistig immer noch wie zwei kleine Mädchen, und doch wollten wir versuchen, die Tore des riesigen Kerkers zu durchschreiten und als Frauen über fünfzig in einer Welt frei zu sein, die für uns beide völlig neu und ungewohnt war. Wir hatten unser ganzes Leben in einem physischen und psychischen Gefängnis verbracht. Äußerlich kontrolliert und innerlich außer Kontrolle.

Kurz davor, die Ketten zu sprengen, konnten wir uns nicht vorstellen, was außerhalb der Kolonie lag, in der Welt, von der wir so sehr träumten. Wir hatten noch nicht einmal einen Film gesehen, der uns einen Hinweis auf die wahre Realität außerhalb unserer Gemeinschaft gegeben hätte. Wir waren nie auf die Idee gekommen, dass es einen Unterschied zwischen dem normalen Leben und dem schrecklich Abnormalen im täglichen Leben unserer Gemeinschaft geben könnte. Das Einzige, wovor sie uns immer gewarnt hatten, bestand darin, dass die Welt da draußen, so nah und doch so fern, voller Bösem, Hass, Sünde, Schmutz und Missbrauch war.

Angelika stand in Kontakt mit einem deutschen Ehepaar namens Schulte. Diese Deutschen hatten ihre Tochter mehrmals zur medizinischen Versorgung ins Krankenhaus El Lavadero gebracht. Dann kamen sie nicht mehr, nachdem sie bemerkt hatten, was mit den chilenischen Jungen geschah, die ins Krankenhaus eingeliefert wurden und ihre Eltern nie wiedersahen. Dieses Ehepaar glaubte den Anschuldigungen, die in den Zeitungen erschienen, und hatte zu Angelika gesagt, dass sie ihr helfen würden, wenn sie sich jemals entschließen sollte, „diesen schrecklichen Ort" zu verlassen. Meine Freundin erinnerte sich an ihre Namen und hatte sich die Adresse des Grundstücks bei Catillo eingeprägt. Unser Plan war, zu Fuß dorthin zu gehen. Dieser Name – Catillo – kam uns vertraut und bekannt vor, denn wir wussten, dass *Tante* Gudrun bis zu den Termas de Catillo gelaufen war, die nicht allzu weit vom Dorf entfernt waren und an einem Ort liegen sollten, der fußläufig zu erreichen war.

In dieser letzten Woche habe ich nachts nicht geschlafen und konnte mich tagsüber nicht auf die Arbeit konzentrieren. Ich versuchte vergeblich, meine ehemaligen jüngeren Geschwister zu sehen, um mich von ihnen als Erwachsene zu verabschieden, aus der Ferne, in meiner Vorstellung. Es war unmöglich, denn sie alle hatten unterschiedliche Arbeitsplätze und schliefen in getrennten Gebäuden. Es tat mir weh, an meine Schwestern zu denken, die niemals dort weggehen konnten. Und an unseren Bruder, der vielleicht schon von einem anderen Anführer der Kolonie beherrscht und missbraucht wird. Ich stellte mir vor, dass nach meiner Flucht, wenn ich die Wahrheit über das erzählte, was ich erlebt hatte und was hinter diesen Türen vor sich ging, die deutsche oder die chilenische Regierung kommen würde, um zumindest meine Schwestern und andere Frauen zu befreien. Oder ich selbst könnte gestärkt zurückkommen und sie retten. In den letzten Tagen meiner Gefangenschaft wollte ich träumen, dass die Kolonie in naher Zukunft von den chilenischen Behörden für immer geschlossen würde. Ich wollte mir ausmalen, dass kein Tourist der Welt diesen quälenden Ort mit seiner makabren Vergangenheit besuchen würde. Dass alle Frauen nach Deutschland zurückkehren würden, frei von den Ketten der Unterdrückung, der Folter und des Missbrauchs. Ich würde zuerst mich selbst befreien und dann die anderen Opfer retten. Diese Bilder, die mir durch den Kopf gingen, halfen mir, meine Meinung nicht zu ändern und unsere endgültige Flucht weiter zu organisieren. In diesen letzten Tagen half mir der Gedanke an den Erfolg derjenigen, die zuvor versucht hatten zu fliehen – und es geschafft hatten – den Plan nicht aufzugeben.

♦

Der Morgen der erwarteten Flucht kam. Als es auf die Mittagszeit zuging, sahen wir in der Ferne die Touristen, die langsam ankamen, um die Colonia Dignidad zu genießen. Wir rechneten damit, dass wir uns nach dem Mittagessen, wenn wir auf die Toilette gehen durften, gegenseitig beobachten würden, um zu sehen, wann wir in aller Ruhe zu der Stelle gehen konnten, an der wir beschlossen hatten, den Zaun zu überwinden, ohne von den wenigen diensthabenden Wachposten gesehen zu werden. An den Wochenenden gab es weniger Überwachung, und die Kolonie kleidete sich in eine ländlich einfache Ruhe, sobald sich die unerschrockenen Besucher auf dem Gelände verteilten. Damals wurden enorme Anstrengungen unternommen, um den Eindruck zu erwecken, dass die Presseberichte über die Grausamkeiten der Kolonie noch immer eine bösartige journalistische Erfindung waren.

Nachdem wir die Toiletten verlassen hatten, gingen wir getrennt. Angelika trug einen Korb mit tierischen Abfällen, um zu zeigen, dass sie Befehlen gehorchte. Ich schob eine Schubkarre mit Säcken voller Kartoffeln zum Kartoffelkeller. Noch nie in meinem Leben habe ich eine solche Angst empfunden wie an diesem Tag. Und es war nicht nur wegen der Flucht aus dem Gefängnis selbst, sondern auch die entsetzliche Panik darüber, dass ich so kurz vor der Freiheit in einem mir völlig unbekannten und fremden Land stand. Beide wussten wir, dass die jetzige Flucht, ohne *Onkel* Paul als Oberhaupt, anders war. Die Wachposten erschossen nicht mehr diejenigen, die zu fliehen versuchten, und ließen auch nicht mehr die Hunde auf die Verräter los. Die Art und Weise hatte sich geändert. In diesen Zeiten wurde man nur verprügelt und in die dunklen Zellen ohne Bad und ohne Essen gesperrt, zusätzlich zu den Behandlungen von Dr. Höff im Krankenhaus. Beide hatten wir solche Strafen in der Vergangenheit schon hunderte Male erhalten, und zu diesem Zeitpunkt in unserem Leben war das nicht unsere größte Sorge.

Ich erinnere mich lebhaft daran, wie ich zitternd durch die Drähte ging, wie ein nasser Hund im Winter. Ich hatte Angst zu gehen, und Angst zu bleiben. In diesem Moment hätte ich mir gewünscht, dass ein mörderischer Wachposten die Entscheidung für mich getroffen hätte. Dass er mich mit ein paar finsteren Kugeln direkt in den Kopf – „bäng! bäng!" – am Weiterleben hindern würde, wie *Onkel* Paul es mir immer versprochen hatte. Glücklicherweise ging mein verwirrtes

Flehen nicht in Erfüllung. Angelika und ich krochen durch die frisch gewässerte Erde und schafften es, in Schlamm gebadet, wie Reptilienfrauen bis auf die andere Seite der unmittelbaren Grenze des Anwesens zu kommen. Wir sagten kein Wort zueinander. Ich erinnere mich, dass wir uns nicht einmal ansahen, sondern nur etwas den Schlamm abwischten und losliefen. Wir wussten, dass sie außer den Kameras auch Geräte hatten, die alle Geräusche aufzeichneten. Aus diesem Grund war ein Teil des Plans, nicht zu sprechen. Wie auch sich vor den Wipfeln der Bäume zu verstecken, weil wir dachten, dass sich dort die neuen Kameras befanden, welche die Bewegungen der Tiere und Menschen beobachteten. Wir liefen lange Zeit langsam und ganz leise, bis wir uns entscheiden mussten, ob wir dem unbefestigten Weg folgen oder versuchen sollten, an den Rändern der unbebauten Felder entlangzugehen, damit wir von weitem wie Tiere und nicht wie Menschen aussahen. Beide wussten wir, dass die Führungsriege in den nahe gelegenen Hügeln Wachposten hatte, die die Straßen von den Gipfeln aus beobachteten, um rechtzeitig eine bevorstehende Polizeirazzia, die zu diesem Zeitpunkt noch auf der Suche nach *Onkel* Paul durchgeführt wurden, anzukündigen. All diese detaillierten Informationen, die wir für die Planung der Flucht nutzten, lernten wir aus den informativen Mitteilungen, die die Führungsriege an die Gemeinschaft weitergab. Sie hatten den neuen Schutz geschaffen, um diejenigen aufzuspüren, die auf der Suche nach unserem flüchtigen Anführer von außen kamen. Die Ironie des Augenblicks: Was für sie ein Schutz war, um zu verhindern, dass jemand in die Kolonie eindrang, war für uns wesentliches Material, um zu lernen, wie man aus dieser Kolonie herauskam.

Wir betraten das erste Feld, das mit Mais bepflanzt war, und das half uns ungemein, denn wir liefen zwischen den hohen grünen Stängeln, wo uns niemand sehen konnte. Über Stunden liefen wir einfach weiter, und wenn wir an Stellen kamen, an denen es nur Vieh gab, kamen wir auf die Idee, auf allen Vieren zu gehen, damit die Tiere uns verdeckten und die Wachposten uns mit den Kühen, Schafen oder anderen Tieren verwechselten, die auf der Suche nach Gras zum Fressen herumstreiften.

Das erste Gefühl von Freiheit stellte sich nicht ein, als wir losliefen, sondern als wir anhielten, um Nüsse zu essen. Zum ersten Mal seit vielen Jahren konnten wir essen, was wir wollten, ganz in Ruhe. Und mehr noch, wir konnten uns beim Essen unterhalten, ohne dass uns jemand einen Peitschenhieb verpasste. Wir redeten, ohne zu flüstern, wie wir es seit Jahrzehnten nicht mehr mit einem anderen Menschen getan hatten. Wir lachten ununterbrochen. Wir weinten und schluchzten. Und ohne darüber nachzudenken, umarmten wir uns. Es war ein so seltsames Gefühl, Liebe und einen Körper in meiner Nähe zu spüren, dass ich meine Freundin nicht mehr loslassen wollte. Angelika muss das Gleiche gefühlt haben, denn wir blieben noch lange in den Armen des anderen. Wir ließen unsere Hände über den Rücken der anderen streichen, mit einer weiblichen, weichen, schwesterlichen Liebkosung. Als es Nacht wurde, suchten wir nach Bäumen mit tiefhängenden Ästen, die uns Versteck und Schutz bieten würden. Mit einer unschuldigen und kindlichen Freude, als ob wir nur damit spielten, frei zu sein, legten wir uns zum Schlafen. Ohne ein einziges Wort zu sagen, schmiegten wir uns eng aneinander und schliefen die ganze Nacht umarmt, um der Kälte zu entgehen und uns gegenseitig selbstlose menschliche Wärme zu schenken, die uns niemand gegeben hatte, seit wir als Kinder in Chile angekommen waren. Es war eine viel zu kurze Nacht. Die Sonne ging früh auf, und als ich die Augen öffnete, umarmten Angelika und ich uns immer noch. Wir standen auf, und da wir an Stille gewöhnt waren, wagten wir es nicht, etwas zu sagen, und setzten unseren Weg in die Freiheit fort. Durch die Anklagen derjenigen, die zuvor geflohen waren, gingen wir davon aus, dass wir mindestens zwei Tage zu Fuß unterwegs sein würden, um Catillo zu erreichen.

Uns gingen die Nüsse aus, und wir stellten fest, dass Brombeeren erst viel später im Sommer reif wurden. Wir fanden Himbeeren und pflückten für den Rest der Reise so viele, wie wir konnten. Wir verschlangen alles Unkraut auf dem Feld, das uns vertraut war. Schon oft hatten wir es gegessen, wenn wir unter Strafe standen und nicht essen durften. Am liebsten aß ich den Großen Wegerich, aber Angelika mochte Wildblumen, und so stopfte sie sich die Taschen mit kleinen Gänseblümchen und den gelben Blumen voll, die das Feld bedeckten. Die Hitze war erdrückend, und wir konnten nur Wasser trinken, wenn es bewässerte Felder gab. Und wir tranken, bis wir fast platzten. Wir mussten nicht mehr mit angezogener Unterwäsche urinieren oder unsere Verdauung kontrollieren. Unsere neu gewonnene Freiheit erlaubte es uns, für längere Zeit unbeaufsichtigt unsere

Notdurft zu verrichten. Eine weitere einfache Erfahrung, die wir in diesen ersten Stunden der Unabhängigkeit sehr genossen.

Der zweite Tag war ruhiger als der erste, weil wir langsam das Gefühl bekamen, dass sie uns nicht mehr finden würden. Und vielleicht unterhielten wir uns deshalb Stunde um Stunde, während wir unseren Weg fortsetzten, bis uns der Mangel eines reichhaltigen Mahles dazu zwang, eine Pause einzulegen.

Angelika erzählte mir die Wahrheit über Igor, von dem wir zunächst dachten, er sei ein Opfer von *Onkel* Paul. Dieser Junge verstand es, seine Privilegien als Günstling seines Schänders heimtückisch auszunutzen, um später selbst ein Peiniger zu werden. Sie erzählte mir, was sie jahrzehntelang im Krankenhaus in der Kolonie taten. Aus irgendeinem Grund wollte Angelika, dass ich diese Krankenhausgeschichten für den Fall aufbewahrte, dass wir gefunden würden und sie nicht überleben sollte. Sie erzählte mir von den schrecklichen und unmenschlichen Behandlungen, die sie mit ansehen musste, gegen die sie aber nie etwas tun konnte. Sie fühlte sich schuldig. Sie fühlte sich mitschuldig an der menschlichen Folter, die sie jahrelang mit ansehen und auch ausführen musste. Sie hatte nie eine Wahl, denn in der Kolonie war man entweder ein Opfer oder ein Peiniger. Und viele Frauen hatten nicht die gleichen Möglichkeiten wie Männer und waren am Ende immer nur die Opfer. Sie erzählte mir von der bekannten Methode der Elektroschocks, die vor allem an den Sexualorganen eingesetzt wurde, um Verhalten und Ideen zu ändern oder einfach nur, um jede Handlung zu bestrafen, die *Onkel* Paul für sündig hielt. Der Schatten des Satans, der in die Kolonie kam, um uns zum Sündigen zu bringen, wurde mit brutalen Elektroschocks an den intimsten Stellen des Körpers entfernt, nicht nur am Kopf. Ihre Worte ließen mich die Qualen, die ich mit dieser Maschine erlitten hatte, nochmals erleben. Angelika erzählte mir auch von den Mengen an Medikamenten, die sie ohne Rezept in den Apotheken von Parral kauften, um die Frauen in der Kolonie zu betäuben und zu beherrschen und sie unter der absoluten Kontrolle von *Onkel* Paul und den anderen Anführern zu halten. Ähnlich wurde mit den wenigen jungen Männern verfahren, die rebellierten und heiraten wollten, oder mit jedem, der die von unserem Oberhaupt gepredigten Worte der *Bibel* in Frage stellte. Aber es waren nicht nur die Erwachsenen, die täglich starken Drogen ausgesetzt waren, sondern es waren die Kinder, die am meisten unter den Narkotika litten. Sie wurden nachts in den Räumlichkeiten von *Onkel* Paul betäubt, damit sie die Demütigungen ihres beschützenden Vaters nicht spürten und sich am nächsten Tag nicht an das Erlebte erinnerten.

Sehr wenig von dem, was Angelika mir während unserer Flucht erzählte, war mir neu. Ich hatte diese Wahrheiten schon vorher von *Tante* Waltraud gehört, in der einen Nacht, die ich gefoltert zusammen mit ihr verbracht hatte. Allerdings erzählten Angelika und *Tante* Waltraud die Erfahrungen aus sehr unterschiedlichen Blickwinkeln. Angelika hatte sie ausgeführt und *Tante* Waltraud hatte sie empfangen oder miterlebt. Neu waren mir aus den Erzählungen meiner Freundin die Einzelheiten ihrer Beziehung zu Dr. Höff, nachdem er von seinem Medizinstudium an der Pontífica Universidad Católica heimgekehrt war. Nach seiner Rückkehr kam er als Doppelgänger von *Onkel* Paul zurück. Er gewann an Einfluss und wurde mit dieser neuen Macht genauso unheimlich und missbräuchlich wie die anderen Anführer. Und Angelika wurde von seiner Geliebten zu einer Sexsklavin, wie alle Frauen der Kolonie. Vor seiner Abreise hatte er sie noch zärtlich geküsst, aber nach seiner Rückkehr, verwandelt in Dr. Höff, nutzte er die erste Gelegenheit, mit ihr allein zu sein, um sie auf monströse Weise zu vergewaltigen, indem er sie schlug, während er in sie eindrang, ganz im Stil der Vergewaltigungen, die *Onkel* Paul mit ihm gemacht hatte. Das größte Vergnügen für Dr. Höff war es, dem anderen Körper so viel Schmerz wie möglich zuzufügen, während er den sexuellen Akt genoss.

Auf der Wanderung am zweiten Tag begann ich, mich an Momente mit meinem Freund Gürten in Gronau zu erinnern. Während ich von seinen blauen Augen und seinem makellosen Lächeln erzählte, wurde mir bewusst, dass ich einen Jugendlichen von dreizehn Jahren beschrieb, den ich seit mehr als dreißig Jahren nicht mehr gesehen hatte. Und ich beschrieb ihn so, als wäre ich immer noch das kleine Mädchen, das ich gewesen war, bevor ich nach Chile ging. Die Zeit begann mich zu ohrfeigen, als ich spürte, dass ich äußerlich vielleicht eine Frau mit deformierten Brüsten und ohne Menstruation war, aber innerlich immer noch das kleine Mädchen, das sein unschuldiges Leben wiedererlangen wollte, das weit weg, versteckt, in Deutschland geblieben war.

Wir beschlossen, den Marsch zu unterbrechen, um das Dorf nicht bei Nacht zu erreichen. Als wir in der Ferne Lichter sahen, machten wir ein Bett zwischen den

Pflanzen und spielten wieder, frei zu sein. Es war schwer einzuschlafen, während wir dem Geräusch von Fröschen und Grillen lauschten, das uns unaufhörlich begleitete. Es war unmöglich, die Augen zu schließen, denn wir wurden vom starken Licht des chilenischen Mondes geblendet, der uns nie alleine ließ und nicht aufhörte, uns anzustrahlen. Ich erinnere mich, dass es wieder eine viel zu kurze Nacht war. Ohne viel Essen und Wasser verlangte unser Körper danach, und wir mussten früh aufbrechen. Die Sonne ging gerade auf, und wir wussten beide, dass sie am Mittag auf unsere Körper stechen würde. Wir mussten an unserem Ziel ankommen, bevor sich die Temperaturen gegen uns richteten.

„Klick! – Zwei schlammige Frauen überwinden den Elektrozaun der Colonia Dignidad."

„Klick! – Angelika und ich schlafen Arm in Arm mitten auf dem Feld."

♦

Das Dorf Catillo erschien wie ein bunter Film vor unseren Augen. Jene Filme, die wir uns immer vorgestellt hatten. Es war ein unwirklicher Moment für uns beide. Das erste, was uns auffiel, waren die chilenischen Frauen, die wir zum ersten Mal aus der Nähe sahen. Sie waren ganz anders gekleidet als wir: Sie trugen Hosen! Enge Hosen oder kurze Kleider, die ihre unbehaarten Beine zeigten. Sie trugen Schuhe mit hohen Absätzen, Turnschuhe oder Sandalen mit hohen Sohlen. Sie hatten alle möglichen Frisuren und liefen mit geschminkten Lippen und Augen an uns vorbei. Sie trugen Sonnenbrillen und hatten Portemonnaies, Handtaschen und Rucksäcke dabei. Die Frauen unterhielten sich freimütig auf der Straße, während sie liefen. Sie lächelten. Einige liefen Hand in Hand oder Arm in Arm mit Männern. Fahrzeuge in allen Farben hupten überall und manövrierten sich zwischen Pferdekarren, Motorrollern und Fahrrädern durch die engen Straßen. Kinder an der Hand ihrer Eltern hüpften fröhlich über die Bürgersteige. Eine bunte Wirklichkeit voller Neuheiten, die wir in unserer begrenzten und versteckten Existenz in der Kolonie nicht hatten.

Das neue Leben, das an diesem Morgen vor uns lag, erfüllte uns mit Verzweiflung und Beklemmung. Wir waren in völliger Stille, in der völligen Einsamkeit eines grausamen und bösen dystopischen Staates mit etwas mehr als dreihundert Menschen und an einem Ort völliger Sklaverei gefangen gewesen. Und plötzlich fanden wir uns in einer verwirrenden, aber realen neuen Welt freier Wesen wieder, die genauso dystopisch sein konnte wie die, aus der wir geflohen waren. In dieser neuen Umgebung lösten selbst die Schreie der Straßenhändler, die mit ihren Karren vorbeifuhren und lautstark ihre Waren anboten, Panik in uns aus. Panik, weil wir nicht einmal wussten, was sie riefen, denn wir verstanden kein einziges Wort Spanisch. Wir wussten nicht, ob die Leute vor Wut oder vor Freude schrien. Die Autos, die auf der Straße vorbeifuhren, machten uns Angst, nicht nur wegen des neuen und verworrenen Verkehrs, sondern auch, weil in einem dieser Autos ein Anführer auftauchen und uns zurück ins Gefängnis prügeln könnte.

Wir hatten ein winziges, zerknittertes Stück Papier mit dem Namen der Familie, dem Sektor und einer Nummer, die unserer Unkenntnis nach eine Telefonnummer oder sogar das Nummernschild eines Fahrzeugs hätte sein können, denn das Unbekannte begann für uns ebenso verwirrend wie rätselhaft zu sein. Wir dachten, das Haus läge außerhalb des Dorfes, aber wir wussten nicht, in welcher Richtung. Bei dem Versuch, den Zettel zu entziffern, gerieten wir erneut in Panik und wurden wieder von Angst und vielen Fragen überschwemmt: Wie sollten wir nach dem Weg zum Haus der Familie fragen, wenn wir die Sprache nicht konnten? Was würde passieren, wenn wir auf dem Grundstück ankamen und sie umgezogen waren? Was, wenn sich die Schultes nicht an Angelika erinnerten und das Hilfsangebot nur eine freundliche Geste gewesen war? Ich versuchte, meine Freundin zu beruhigen, die noch verängstigter war als ich. Aus irgendeinem Grund barg die Freiheit für sie mehr Gefahren als Vorteile. An diesem Morgen sagte sie zu mir, erkannt zu haben, dass das Leben in der Sklaverei für eine Frau wie sie Vorteile hätte. Sie hatte noch nie die Welt draußen gesehen und war sich sicher, dass sie nicht darauf vorbereitet war, dies zu überleben. Ich versuchte, sie zu überzeugen, indem ich meinte, dass, wenn es Jahre der absoluten Kontrolle über uns, der Zwangsarbeit und der ständigen Folter gebraucht hatte, um uns einer Gehirnwäsche zu unterziehen, es auch Jahre dauern würde, um aufzuwachen, zu unseren eigenen Gedanken zurückzukehren und wieder auf uns selbst zu hören. Ich war überrascht über meine eigenen Worte, als ich so mit Angelika sprach. Es waren alles Lügen, denn auch ich war in diesem Moment nicht sicher, ob wir das Zeug dazu hatten, ein neues Leben zu beginnen, allein und ohne die Ketten, die uns im alten Gefängnis Sicherheit gaben. Ich spürte ein großes Prickeln, als ich durch dieses Dorf voller Menschen ging, die so anders waren als wir. Ich dachte, dass Angelika Recht haben könnte, und die unbekannte und fremde Freiheit vielleicht genauso schmerzhaft sein könnte wie die vertraute und bekannte Sklaverei.

Wir ließen uns an einem Ort nieder, der wie ein Platz aussah. Es muss ein Montag gewesen sein, denn der Weg zum Dorf dauerte zwei Tage. Ich erinnere mich an Kinder, die mit dem Finger auf uns zeigten und ein Wort riefen, das wie „Zigeuner" klang. Unser Aussehen muss für sie absurd und komisch zugleich gewesen sein. Wir waren in hellblaue Uniformen gekleidet, mit langen Ärmeln und Röcken, die nur die dicken weißen Strümpfe sehen ließen, die über das Ende unserer groben Stiefel ragten. Weiße Schürzen. Geflochtene Haare. Haut rot wie eine reife Tomate, ein Produkt der unaufhörlichen Verbrennung durch die Sonne auf der weißen, strapazierten Haut, die früh gealtert war. Ebenso weiße Kopftücher auf den Köpfen, wie Krankenschwestern. Beide genau gleich gekleidet. Und beide ekelhaft schmutzig. Lehmverschmiert. Schlammig. Verschwitzt und stinkend, wie wilde Stuten.

Mir kam in den Sinn, das Stück Papier einer jungen Frau zu zeigen, die uns im Vorbeigehen zulächelte. Sie kam näher und las es. Sie lächelte wieder und sagte zwei Worte zu uns: Colonia Dignidad. In diesem Moment fingen Angelika und ich an, uns wie zwei verzweifelte kleine Mädchen aufzuführen. Wir stellten eine Art Straßentheater dar. Wir sprachen durch kindliche Zeichen. Zuerst baten wir sie, indem wir den Mund mit dem Zeigefinger zuhielten, nichts zu sagen. Dann – mit Gesten, die Weinen, Gehen und Laufen andeuteten – gaben wir ihr zu verstehen, dass wir geflohen waren. Die Frau zeigte Zuneigung und eine Solidarität, die uns unbekannt war. Ich denke sogar, dass sich ihre Augen mit Tränen füllten, als sie sah, wie wir verzweifelt gleichzeitig die Gesten der Angst und des Schmerzes darstellten. In den Minuten, in denen wir mit dieser netten Frau interagierten, dachte ich, dass sie die Nachrichten gelesen hatte und sicherlich über das Leben in der Kolonie informiert war. Mit Zeichen, die die Bewegung eines Kreises zwischen ihren Händen andeuteten, versuchte sie uns mitzuteilen, dass sie ein Fahrzeug besitze und zurückkommen würde, um uns zu holen und uns zu dem auf dem Papier angegebenen Ort zu fahren.

Die Wartezeit erschien uns endlos. Das erste, was uns in den Sinn kam, war, dass die Frau vielleicht gegangen war, um unsere Flucht zu melden, so dass Colonos geschickt werden konnten, um uns zu ergreifen und uns an den Haaren und mit Faustschlägen zurück in die Kolonie zu zerren. Angelika und ich hatten im Laufe der Jahrzehnte gelernt, dass es unter Frauen keine Loyalität gab. Es gab keine Geheimnisse untereinander. Es wurden keine Gefallen getan. Und es musste absolutes „Vertrauen in das Misstrauen" geben. Solidarität und Vertrauen gab es nur mit Gott und *Onkel* Paul. Rette dich, wie du kannst – und wie du es allein schaffst –, um in den Himmel zu kommen und das ewige Leben zu erreichen. Das war die Losung, die uns seit unserer Kindheit eingebläut worden war.

Ich erinnere mich, dass ich mir während des Wartens dutzende Male dieselbe Frage stellte: Warum setzten wir uns der extremen Gefahr aus, nur Stunden davon entfernt, frei zu sein, und vertrauten einer Frau, die wir noch nie zuvor gesehen hatten und von der wir nicht einmal den Namen kannten?

Das Warten wurde unterbrochen, als ich das Geräusch hörte: „piep! piep! piep! piep!" Ein graues Auto parkte vor uns am Bürgersteig, und aus dem Fenster winkte uns unsere mögliche Retterin mit einem breiten Lächeln auf den Lippen zu. Zunächst wussten wir nicht, was wir tun sollten, und spürten wieder einen Hauch von Reue. Ich denke, Angelika zweifelte mehr als ich, denn sie setzte sich wieder hin und fing an zu weinen, wobei sie ihr Gesicht mit den Händen bedeckte. Ich ergriff ihren Arm und zwang sie zu gehen, weil ich wusste, dass dies die einzige Alternative war, die mir blieb. Lieber tot als zurück in die Colonia Dignidad.

♦

Was ich an diesem Tag auf dem Weg zum Haus derer, von denen wir hofften, dass sie unsere Retter sein würden, empfand, ist schwer zu erklären. Ich erinnere mich sehr deutlich daran, dass wir in diesen Momenten wie zwei Außerirdische aussahen, die auf einem neuen Planeten angekommen waren, den sie noch nie zuvor gesehen hatten, nicht einmal auf Fotos oder auf einem Fernsehbildschirm. Ein anderer Ort, der nur in unserer verzerrten Vorstellung von Kindheitserinnerungen existierte. Für uns war die Welt im Deutschland unserer Kindheit stehengeblieben. Aber man hatte uns nach Chile verfrachtet, und dort waren wir in einer Zeitkapsel eingeschlossen geblieben. Und plötzlich öffnete sich diese Kapsel ganz unerwartet, und wir befanden uns im Jahr 1998 und sahen uns einer Welt gegenüber, die ganz anders war als die, in der wir 1960 in Europa steckengeblieben waren. Mitten in dieser modernen Realität waren wir zwei Frauen aus der Vergangenheit, aus vergessenen Zeiten. Erwachsene deutsche Frauen, unwissend und unschuldig, gekleidet wie die Stoffpuppen von gestern, unterwegs im Auto einer Frau, die die Kleider der neuen Zeit trug. Die Frau von heute. Eine unabhängige und selbstbewusste Frau. Wir verstanden kein Wort von dem, was sie sagte, aber zum ersten Mal seit Jahrzehnten vertrauten wir wieder einer von uns. Vielleicht vertrauten wir ihr, weil sie eine andere Art von Frau war. Aus einer neuen Generation und einer anderen Kultur. Ich wollte glauben, dass es möglich war, dass diese chilenischen Wilden, die man uns in der Kolonie falsch dargestellt hatte, nicht das Produkt des Teufels waren, sondern eines anderen Gottes. Eines gerechteren Gottes. Barmherziger und liebevoller. Ich glaubte an diesem Tag an einen anderen Irrsinn.

‚Was, wenn Gott eine Frau wäre?'

Der Weg zum Grundstück von den Schultes war weit. Oder er kam mir wegen der Angst beim Warten so lang vor. Mit Gesten hatten wir es geschafft, unsere Namen mehrmals zu sagen und zu wiederholen. Wir erfuhren, dass unsere Retterin Carmen hieß, ihr väterlicher Nachname war Pereira und ihr mütterlicher Name Suárez. Sie fand heraus, dass sie Angelika und Ilse an Bord hatte. Beide ohne Nachnamen. Die hatten wir schon vor langer Zeit verloren. Wir versuchten ihr zu erklären, dass wir unser ganzes Leben in der Kolonie gelebt hatten, ohne unsere Namen zu benutzen und ohne unsere Nachnamen zu kennen, damit niemand wusste, dass wir Eltern oder Geschwister hatten. Carmen konnte diese Erklärung nicht verstehen.

Nach der Anfahrt über einen schmalen Feldweg kam ein Haus in Sicht, das eine Nachbildung der Häuser sein könnte, die ich aus meinen Schulbüchern in Deutschland kannte. Ein Holzhaus mit einem Metalldach. Ich wollte glauben, es sei im bayerischen Stil gebaut. An allen Fenstern hingen weiße gehäkelte Vorhänge. Mir traten Tränen in die Augen, weil ich für einen Moment das Gefühl hatte, dass meine Flucht mich aus Chile herausführte und schnell wieder nach Deutschland brachte.

Carmen hielt das Auto vor dem Haus an und mehrere Hunde kamen uns entgegen. Angelika und ich wollten nicht aussteigen, denn wir waren daran gewöhnt, dass Hunde nur dazu da sind, Menschen gnadenlos anzugreifen. Unsere Retterin muss unsere Besorgnis gespürt haben, denn sie stieg alleine aus und ging zur Haustür des Hauses der Schultes. Jemand öffnete sofort, und nach einem kurzen Gespräch kam ein Ehepaar aus dem Haus und ging mit ihr in Richtung des Autos.

Die Schultes waren ein Ehepaar in ihren Siebzigern. Ihre Großeltern waren nach Chile gekommen, um sich im Süden niederzulassen und das Land zu bestellen. Sie gehörten zu den „anderen" Deutschen. Sie empfingen uns mit einer menschlichen Herzlichkeit, die für uns eine große Überraschung war. Wir hatten die Kolonie noch nie verlassen und wussten nicht einmal, dass man sich in Chile zur Begrüßung einen Kuss auf die Wange gab. Und die Umarmungen, die sie uns gaben, waren mit die herzlichsten, an die ich mich erinnern kann. Es fiel mir schwer, mich von ihren Körpern zu lösen. Ich hatte das Gefühl, eine gute Version meiner Eltern zu umarmen, nachdem ich ein Leben lang darauf gewartet hatte. Die Schultes freuten sich, Angelika wiederzusehen. Es gefiel ihnen, dass sie das Angebot, das ihr Jahre zuvor gemacht worden war, nicht vergessen hatte.

Da die ganze Familie Deutsch sprach, hörten sie sich unsere Geschichte sehr genau an und übersetzten Carmen das Wichtigste. Angelika fühlte sich schlecht und wollte nicht reden. Ich erzählte ihnen von der Flucht und bat sie um Hilfe, um nach Deutschland zurückzugehen. Mehr nicht. Ich schämte mich, von den Misshandlungen, der Sklaverei und all den Schandtaten zu erzählen, die wir überlebt hatten. Im Laufe des Gesprächs wurde mir bewusst, wie schwierig unsere Situation war, während die Worte aus meinem Mund kamen. Wir hatten keinen Pfennig in der Tasche. Wir hatten keine Ausweise, weder chilenische noch deutsche. Und wir hatten niemanden in Chile, außer diesen drei Menschen, die ihr Leben für zwei Fremde riskierten. Im Fall der Schultes war es noch komplizierter, denn sie mussten denken, dass sie einer „anderen Art" von deutschen Frauen helfen sollten. Ihre Nachkommen waren nach dem Ersten Weltkrieg gekommen und waren katholisch. Und diese beiden Frauen könnten das Beispiel für die Feinde ihrer Vorfahren sein. Vielleicht waren es nur ein paar geistesgestörte, fanatische Baptisten, die einem finsteren Ort entkommen waren, den die Presse als eine Sekte bezeichnete, die von entarteten Ex-Nazis gegründet und von einem Pädophilen geleitet wurde.

Einige meiner Befürchtungen begannen zu schwinden, als die Schultes ihre herzliche Gastfreundschaft zeigten. Da sie jedoch die Nachrichten in der Presse verfolgt hatten, erzählten sie uns von Ereignissen, die für uns völlig neu waren. Sie schienen mehr über die innere Welt der Colonia Dignidad zu wissen als wir selbst, die wir erst wenige Stunden zuvor herausgekommen waren. Ich schämte mich noch mehr, als ich die Nachrichten hörte. Ich fühlte mich gleichzeitig als Komplizin und Opfer. Wie hatte ich dieses Leben jahrzehntelang ertragen können? Warum war ich nicht früher geflohen? Zu den Nachrichten, die sie uns mitteilten, gehörte das Thema aller Prozesse gegen die Kolonie und insbesondere gegen *Onkel* Paul. Wir erfuhren, dass Dr. Höff wegen seiner Mitschuld an den von *Onkel* Paul begangenen Verbrechen verhaftet werden sollte. Die Misshandlungen und Gesetzwidrigkeiten, die Dr. Höff an Dutzenden von Frauen und Kindern im Krankenhaus begangen hatte, waren öffentlich bekannt geworden. Die Polizei suchte nach ihm. Angelika war erfreut und traurig zugleich über die Nachricht, die in dem Gespräch aufkam. Sie war sich immer noch nicht sicher, was wir erreichen wollten. Ihre Familie war weiterhin unter der Herrschaft der Anführer eingesperrt, und sie wusste, dass in diesem Moment jeder von ihnen für ihre Entscheidung, die Kolonie zu verlassen, am eigenen Leib leiden würde.

Als das große Mittagessen vorbei war, setzten wir uns wieder ins Wohnzimmer und besprachen die Möglichkeiten, mit den Fluchtplänen fortzufahren. Die Schultes warnten uns, dass wir Gefahr liefen, überall gesucht zu werden, und wenn man uns finden würde, würde man uns zurück in die Kolonie bringen. Sie wussten von Fällen anderer Colonos, die geflohen waren und sich nur schwer gegen die bewaffneten Männer verteidigen konnten, die in regelrechten Menschenjagden auftauchten. Auch griffen sie die an, welche diejenigen schützten, die als „Flüchtige" aus der Siedlung galten. Unsere einzige Möglichkeit, sicher zu sein, bestand darin, einige Tage bei der Familie zu bleiben und zu versuchen, die Botschaft und meine Eltern zu kontaktieren. Unsere Zukunft sah sehr ungewiss aus. Wir durften eine lange und angenehme Mittagsruhe machen, weil wir erschöpft waren. Die erste Siesta meines Lebens! Die Unterhaltung wurde am Nachmittag bei Tee und Köstlichkeiten, die Frau Schulte zubereitet hatte, fortgesetzt. Um diese Zeit zu essen wäre eine sehr chilenische Tradition, die *once* genannt würde, erklärte uns die Familie. Die beiden Mahlzeiten, die uns in diesem Haus dargeboten wurden, waren die besten, die wir seit Jahren gegessen hatten. Sie servierten uns volle Teller, und wir konnten Nachschlag bekommen. Und die große Überraschung war, dass uns am Ende der Mahlzeit ein riesiger Nachtisch und ein Likör für die Verdauung serviert wurden. Es war ein neues Gefühl für mich, zu essen, ohne danach hungrig zu bleiben. Alles war anders in diesem Esszimmer. Es gab süße kohlensäurehaltige Getränke und sogar Stoffservietten auf dem Tisch. Und sie servierten uns Wein. Zum ersten Mal hatten wir die Möglichkeit, Alkohol zu probieren. Wir taten dies mit großer Schüchternheit und ein wenig Angst, dass diese gefährliche Droge uns auf sinnlose Weise um den Verstand bringen würde, so wie es bei den Männern, die wir zuvor beim Trinken gesehen hatten, der Fall war. Alkohol war in der Kolonie verboten, nur *Onkel* Paul, wichtige Besucher und die führenden Männer durften ihn täglich und in extremen Mengen trinken.

Bevor sie uns in das Schlafzimmer führten, das sie für uns vorgesehen hatten, sagten sie, dass sie uns am nächsten Tag helfen würden, Kontakt zu Mitarbeitern der Botschaft und mit Verwandten aufzunehmen, die uns von Deutschland aus helfen könnten. Wir schliefen wie nie zuvor in wunderschönen, handbestickten Baumwollnachthemden, die uns Frau Schulte geliehen hatte. Sie hatten einen blumigen Duft voller Zärtlichkeit, den ich nie vergessen möchte. Glücklich schliefen wir in dieser Nacht auf Betten mit richtigen, bequemen Matratzen und sauberen, gebügelten Bezügen. Wir sahen den hellen, runden Mond, den wir liebten und der diesmal nur uns ansah. Und in dieser Nacht spürte ich durch den Schein, der durch das Fenster fiel, dass der Mond das Gesicht einer Frau hatte und glücklich war. Er erhellte den Raum mit der Wirkung eines Schlafliedes, um uns zu beruhigen und uns daran zu erinnern, die Kolonie in der Vergangenheit zu lassen. In diesem Schlafzimmer gab es nur Angelika, den Mond und mich. In dieser ersten Nacht im Haus einer chilenisch-deutschen Familie war die Zeit eine andere, und niemand beobachtete uns mit einer Peitsche in der Hand, um uns zum Schweigen zu bringen und zum Schlafen zu zwingen. Wir waren weit, weit weg von *Tante* Hilde. Und noch weiter weg von *Onkel* Paul.

♦

Ich öffnete meine Augen, als die Sonne auf die Scheibe des kleinen Holzfensters traf. Ich hatte Mühe zu erkennen, wo ich mich befand, und als ich mich an die Flucht erinnerte, sprang ich aus dem Bett, um Angelika guten Morgen zu sagen. Die grüne Tagesdecke war fein säuberlich aufgelegt, und alles war in militärischer Ordnung, wie es bei den alten Pritschen im *Zippelhaus* üblich war, aber Angelika war nicht im Bett. Ich zog mir die gleichen schmutzigen Kleider an und lief die Treppe hinunter, um meine Freundin im ersten Stock zu suchen. Ich hörte Stimmen in der Küche und ging den Geräuschen nach, bis ich auf Familie Schulte stieß. Sie saßen alle beim Frühstück. Niemand hatte Angelika an diesem Morgen gesehen. Wir gingen hinaus in den Hof, um zu sehen, wo sie sein könnte, aber von meiner Freundin gab es keine Spur. Die Schultes entschieden, dass wir nach ihr suchen sollten, denn es war gefährlich für sie, alleine auf dem Land herumzulaufen. Sie sprach kein Spanisch, und wenn die Anführer ihre Kontaktpersonen im Dorf um Hilfe gebeten hätten, könnte sie vielleicht jemand erkannt haben und sie in die Kolonie zurückbringen. Bevor wir uns auf die Suche nach ihr machten, lieh mir Frau Schulte eine Hose und eine Bluse, um die schmutzige Uniform, die ich seit der Flucht trug, zu wechseln. Ich nahm ihr Angebot an, obwohl ich noch nie eine Hose getragen hatte. Ich ging nach oben, um mich umzuziehen, und als ich meine Kleidung auf dem Bett ordnete, sah ich einen Zettel auf dem Nachttisch. Es war eine Nachricht von Angelika, geschrieben auf ein Stück Papier eines Notizbuchs, das sie im Schlafzimmer gefunden hatte. Es sah aus, als wäre es von einem kleinen Mädchen geschrieben worden, das nie richtig schreiben gelernt hatte. Ich hatte Mühe, die Worte zu entziffern. Ich überprüfte sie mehrmals, weil ich nicht glauben konnte, was ich da las. In dem Brief teilte Angelika mir mit, dass sie beschlossen hatte, zurückzugehen. Sie konnte der einzigen Welt, die sie jemals gekannt hatte, nicht entfliehen und ein neues Leben unter Fremden beginnen, fern von ihrer Mutter und ihren Geschwistern. Weit weg von den *Onkeln* und *Tanten*. Weit weg vom Gefängnis und den Strafen. Weg von dem einzigen ihr Vertrauten in ihrem Leben. Sie bat darum, mich nicht auf die Suche nach ihr zu machen, denn das sei das Schicksal, das Gott für sie vorgesehen habe, und sie wolle ihm freiwillig folgen. Ihre Worte kamen mir so irrational vor, dass ich zunächst überlegte, ob ich sie berücksichtigen und nicht nach ihr suchen sollte, aber dann änderte ich meine Meinung und rannte nach draußen zur Familie Schulte. Ich musste Angelika finden und sie davon überzeugen, dass es ein anderes Leben gab, fern von der Folter von *Onkel* Paul und der Kolonie. Ich musste ihr begreiflich machen, dass wir es verdienten, frei zu sein und ohne Missbrauch zu leben, fern von den Verbrechern und der Sekte.

Wir fuhren langsam mit dem Wagen der Familie die unbefestigte Straße entlang. Wir stiegen mehrmals aus, weil wir glaubten, in der Ferne, zwischen den Bäumen und Büschen, eine Leiche gesehen zu haben, aber wir konnten Angelika nicht finden. Herr Schulte beschloss, dass wir zu meiner eigenen Sicherheit und der meiner Freundin zur Polizei gehen sollten, um den Vorfall zu Protokoll zu geben und um Hilfe zu bitten. Als wir dort ankamen, um die Anzeige aufzugeben, war der diensthabende Polizist sehr nett zu mir. Aus den Übersetzungen durch Herrn Schulte wurde mir klar, dass sie nicht unsere Feinde waren – wie *Onkel* Dieter sagte –, sondern dass sie jetzt *Onkel* Paul finden wollten, weil sie wussten, dass er „ein schlechter Mensch“ war. Das war die einzige Bezeichnung, die sie ihm gaben. Ich hätte dieser Beschreibung noch viele weitere Adjektive hinzufügen können, aber dies war nicht der Moment. Angelika zu finden, bevor sie wieder in der Kolonie ankam, war zu diesem Zeitpunkt mein einziges Ziel.

In der Gegend um Catillo und allen umliegenden Gebieten wurde eine umfangreiche Suche durchgeführt. Es vergingen Tage, ohne dass eine Spur von Angelika gefunden wurde. Die lokalen Zeitungen veröffentlichten die Nachricht, dass zwei Frauen mit großen Geldbeträgen, die sie der Gemeinschaft gestohlen hatten, aus der Colonia Dignidad geflohen waren. Die Führungsriege hatte wieder einmal die Presse belogen, um eine breite Unterstützung der Chilenen zu erhalten. Sie hatten auch den Freundeskreis der Kolonie und die Öffentlichkeit belogen, um die Idee zu verbreiten, dass jemand, der uns suchen und finden sollte, Anspruch auf eine große Summe Geldes haben würde.

Wir konnten Angelika nicht finden. Auch die Polizei konnte sie nicht ausfindig machen, und da die Durchsuchungsbefehle für die Kolonie nicht akzeptiert wurden, wussten wir lange Zeit nicht, ob es ihr gelungen war, in die Gemeinschaft zurückzukehren. Es fiel mir schwer, die Entscheidung meiner Freundin zu akzeptieren, aber schließlich wurde mir klar, dass die Gehirnwäsche, der wir in dieser Sekte unterzogen worden waren, schwer zu überwinden war. Die Macht der Kontrolle und der Vernichtung, die sie – *Onkel* Paul und die anderen Anführer – über das Denken und den Körper der Frauen ausgeübt hatten, war fast unmöglich zu löschen. Und vor allem: zu besiegen. Ich dachte Tag und Nacht daran, dass Angelika zu fünf Geschwistern zurückgekehrt war, die nicht wussten, wer sie war, und zu einer Mutter, die jahrzehntelang nur eine entfernte *Tante* gewesen war. Und mit ihrer Rückkehr kehrte sie zurück in eine Welt der Qualen, der Ausbeutung, des Missbrauchs und der Grausamkeit. Einem Ort, von dem selbst *Onkel* Paul, der uns von der Herrlichkeit dieses Ortes überzeugt hatte, für immer geflohen war.

Die Botschaft in Santiago stellte mir nach vielen bürokratischen Hürden einen deutschen Pass aus. Die Familie Schulte bat um Polizeischutz, um zu verhindern, dass die Führungsriege bewaffnet zu ihrem Haus käme, um mich abzuholen und in die Kolonie zurückzubringen. Der Schutz war sehr effektiv und notwendig, denn mein Vater Holger hatte eine offizielle Erklärung vor Gericht abgegeben, in der er *Onkel* Paul und die anderen Anführer wegen Verbrechen anklagte, die in Chile und in Deutschland strafbar waren. Ich musste mich schützen, denn da sie meinen Vater in Deutschland nicht beseitigen konnten, konnten sie mich in Chile für die Schuld der Familie büßen lassen.

In diesen ersten Monaten waren die Schultes meine Beschützer. Ich blieb lange Zeit bei ihnen wohnen. Ich arbeitete im Kleingarten und half im Haus beim Kochen. Ich konnte meine Gewohnheit langer Arbeitszeiten ohne Pause nicht ändern. Frau Schulte half mir zu verstehen, dass das Leben keine Kette von Opfern ist und dass ich auch das Recht hatte, Momente der Muße zu genießen, denn man lebt nicht, um zu arbeiten, sondern arbeitet, um besser zu leben und sein Dasein zu genießen. Sie lehrten mich grundlegende, einfache und mir unbekannte Dinge, die ich schon viel früher im Leben hätte lernen sollen. Durch sie lernte ich, Vertrauen in die Menschen zu haben. Zu lieben, wenn du geliebt wirst. Zu lachen. Die

Angst loszulassen und nicht täglich körperliche Gewalt zu erwarten. Ich lernte, den Menschen direkt in die Augen zu sehen, wenn sie mit mir sprachen. Und mit ihnen erlebte ich auch die Idee des Zusammenlebens in der Welt eines neuen Jahrtausends, das sich ankündigte. In diesem Haus sah ich das Farbfernsehen, von dem ich nicht wusste, dass es existiert. Ich konnte unzensierte deutsche Bücher lesen. Und zum ersten Mal in meinem Erwachsenenleben konnte ich mir einen Film ansehen. Ich sah Filme, in denen sich Menschen küssten. Frauen sich verliebten. Sie bekamen Kinder. Und sie hatten die Wahl, mit jemandem zu schlafen, ohne verheiratet zu sein, und sich zu verlieben, in wen sie wollten. Aber vor allem hatten sie das Recht, frei zu sein und nicht misshandelt zu werden.

Meine Eltern schickten mir Geld, um mich zu unterstützen, bis ich beschließen sollte, nach Deutschland zurückzukehren, um bei ihnen zu leben. Diese Entscheidung musste gut überlegt sein, denn für mich waren sie genauso fremd und seltsam wie das Land, das ich in meiner Kindheit verlassen hatte. Außerdem hatte ich mich entschlossen, Chile nicht zu verlassen, ohne zu versuchen, meine Geschwister und Angelika aus der Colonia Dignidad herauszuholen.

♦

Mit Hilfe der Familie Schulte und ihrer Freunde suchten wir einen Anwalt, der mir helfen sollte, unter Schutz in die Siedlung zu kommen. Nach dem, was sie mir erklärten, hatten die Anführer in jenen Jahren öffentlich erklärt, dass niemand gegen seinen Willen in der Kolonie bleiben würde. Das gab mir Zuversicht, denn ich dachte, dass ich vielleicht meine Geschwister und meine Freundin Angelika ohne größere Probleme herausholen könnte. Herr Schulte begleitete mich bei diesem Besuch, denn allein hätte ich nicht in das Konzentrationslager zurückkehren können, in dem ich fast vier Jahrzehnte lang gefoltert worden war.

Wir fuhren eines Tages frühmorgens hin, weil ich mir sicher war, dass es einfacher sein würde, mit den männlichen Anführern zu sprechen, die tagsüber nichts anderes taten, als die Menschen zu beaufsichtigen und sich auszuruhen, wenn die meisten Colonos arbeiteten. Als ich in der Kolonie ankam, fühlte ich, was unschuldige Gefangene erleiden müssen, die eines Tages zurückkehren, um die

Zelle zu besuchen, in der sie jahrzehntelang zu Unrecht eingesperrt waren. Oder, noch schlimmer, was die Überlebenden anderer Konzentrationslager empfunden hätten, wenn sie zu Verwandten gebracht worden wären, die noch nicht entlassen waren und immer noch bestialisch gefoltert wurden.

Schon am Eingang der Siedlung spürte ich wieder die Qual, aber sie war anders als die vorherigen. Was ich an diesem Morgen erlebte, war ein tiefer, fast körperlicher Schmerz, weil ich mich wegen meiner neugewonnenen Unabhängigkeit schuldig fühlte. Diese neu gewonnene Freiheit tat genauso weh wie die Strafen zuvor. Ich fühlte mich schuldig, dass ich aufgewacht war und die Möglichkeit gesucht hatte, diesen schrecklichen Ort zu verlassen, an dem die anderen Opfer immer noch eingesperrt waren. Diese anderen Gequälten, die vielleicht nie aus dem Missbrauch, der Unterdrückung und der Vergiftung durch die Sekte erwachen würden. Warum ich und keiner meiner Geschwister, warum nicht Angelika?

Mit der Last der Schuld und dem Schrecken der Erinnerungen ging ich mit den Menschen, die mich an diesem Tag begleiteten, weiter. *Tante* Hilde hatte an der Einfahrt Dienst und tat so, als hätte sie mich noch nie zuvor gesehen. Ich musste meinen Namen und alle persönlichen Daten angeben, die sie von jedem Menschen verlangen, der versucht, den verdammten Eingang zu diesem Ort zu passieren. In jenen Jahren war es immer noch so schwer, hineinzukommen, wie es war, hinauszukommen. Nachdem sie uns lange hatten warten lassen, erschien *Onkel* Dieter. Er sah mich mit dem üblichen Abscheu an, mit dem er Frauen immer ansah. Ohne daran zu denken, ob jemand Deutsch sprach, nannte er mich *Nuttensau* und lächelte dann die anderen Männer an, die mich begleiteten, und schüttelte ihnen die Hand. Herr Schulte, der viel klüger war als er, tat so, als ob er seine ordinäre Bemerkung auf Deutsch in diesem Moment nicht verstanden hätte. Sie wiesen uns an, in einen kleinen Besprechungsraum zu gehen. Derselbe dunkle, holzgetäfelte Raum, in dem ich Jahre zuvor vor jenes unvergessliche Tonbandgerät gestellt worden war, um meine eigene Stimme zu hören, mit der ich meine drei Väter und die Grundsätze der Gemeinschaft verraten hatte. Aber das lag verdeckt in der Vergangenheit, und an diesem Morgen kam es mir nur wieder in den Sinn, um mir die Kraft zu geben, mein Ziel, andere Opfer aus der Kolonie herauszuholen, weiter zu verfolgen. Der Anwalt, der mich begleitete, mit dem

Nachnamen Vergara, bat mich, an der Spitze der Gruppe in Richtung des Raumes zu gehen. In diesem Moment tauchten einige Frauen auf, die mir Beleidigungen zuschrien, und die immer aus Protest organisiert wurden. Die Angriffe kamen mit den Beschimpfungen, von denen wir alle wussten, dass sie direkt aus der Fantasie von *Onkel* Paul und seinem Mund kamen:

„Verräterin!"

„Verrückte!"

„Lügnerin!"

„Dämonin!"

„Tochter des Satans!"

„Die Hölle erwartet dich!"

„Gott wird dich strafen!"

„Verflucht seist du!"

Und wie es die Männer ihnen beigebracht hatten und was mir in meiner Erinnerung sehr vertraut war, stellte sich die Gruppe der Frauen in einer Reihe auf, um mich beim Vorbeigehen anzuspucken. Sie machten das Geräusch, das von der Nase in den Rachen kam, damit sie den Rotz sammeln und mit dem Speichel ausspucken konnten. Die Beamten, die mich begleiteten, stellten sich schützend vor mich, als einige von den Frauen mein Gesicht zerkratzen oder meine Haare und meine Kleidung packen wollten, um mich zu Boden zu werfen und zu treten, wie sie es bei den Versammlungen taten. Das gelang ihnen nicht und sie beschlossen, die bekannten kleinen Holzkreuze zu werfen. Während sie mich mit Kreuzen überschütteten, verunglimpften sie mich und beschworen die Strafe, die ich nicht nur von *Onkel* Paul, sondern auch beim göttlichen Jüngsten Gericht erhalten würde.

In dem Raum saßen die Männer, die *Onkel* Paul abgelöst hatten. Neben ihnen saß Dr. Höff, der gerade auf Kaution aus dem chilenischen Gefängnis entlassen worden war. Der Arzt begann das Gespräch in perfektem Spanisch. Er schaute nur die Männer in der Gruppe an und sagte in einem sanften und herzlichen Ton, dass er überrascht sei, dass ich meine Geschwister besuchen würde, da keiner von ihnen mich sehen wollte und sie sehr glücklich in der Kolonie lebten. Nach diesen Worten wurde mir das Wort erteilt. Zuvor hatte ich Herrn Schulte gebeten, für mich zu übersetzen, weil ich sicher sein wollte, dass meine Worte die uns begleitenden Beamten erreichten, und auch, weil ich mir das Vergnügen gönnen wollte, mit dem Arzt und den Anführern in meiner eigenen Sprache zu sprechen und nicht in dem schlecht gesprochenen Spanisch, das ich in diesen Monaten noch lernte. Indem ich ihm direkt in die Augen schaute, was ich noch nie zuvor mit jemandem aus der Kolonie getan hatte, sagte ich laut zu Dr. Höff:

„Ich muss Ihren Worten keinen Glauben schenken, und es ist mein Recht, meine Geschwister selbst zu fragen, ob sie mich sehen wollen. Auch bin ich hier, um meine Freundin Angelika zu sehen, die Sie jahrelang misshandelt haben."

Der Arzt ignorierte meine Worte und ein langes, breites Schweigen erfüllte den Sitzungssaal. Die Oberhäupter entschuldigten sich und gingen in eine Ecke des Raumes. Sie unterhielten sich ganz leise miteinander. Nach einigen Augenblicken kamen sie zurück, um Rechtsanwalt Vergara und den Beamten mitzuteilen, dass sie meine Geschwister holen würden, dass wir aber Fräulein Angelika nicht sehen könnten, weil sie verstorben sei. In diesem Augenblick ergriff Dr. Höff das Wort:

„Die Siedlerin Angelika kam sehr krank in unser Haus zurück, weil sie lange Zeit hungerte und fror, nachdem sie mit dieser Frau, Ilse, weggelaufen war. Ich selbst habe versucht, sie mit den verfügbaren Mitteln und Behandlungen zu retten, aber es war unmöglich. Sie starb ein paar Tage nach ihrer Rückkehr."

Ich hatte mir vorgestellt, dass sie bei ihrer Rückkehr getötet werden würde, aber ich wollte die Stärke meiner Vorahnung nicht akzeptieren. Angelika musste nicht nur für ihre Flucht bezahlen, sondern auch für meine. Ich bin sicher, dass sie unter Schlägen verhört wurde, sie aber nie Einzelheiten über mein Versteck verraten hat. Angelika wäre lieber im Gefängnis gestorben, als mir meine Freiheit zu nehmen. Sie war die Einzige, die jeden Moment meiner eigenen Tragödie mit mir durchlebt hatte. Sie muss eine kleine Genugtuung empfunden haben, bevor sie getötet wurde, denn wir waren beide aus der Kolonie entkommen. Eine lebend und die andere tot.

Da die Behörden keinen Durchsuchungsbefehl hatten, beschlossen die Beamten, die mich begleiteten, nachdem sie einige Fragen zum Tod meiner Freundin gestellt hatten, weiterhin darauf zu bestehen, dass ich mit meinen Geschwistern persönlich sprechen dürfe. Ich bat darum, Angelikas Grab auf dem Friedhof der Siedlung besuchen zu dürfen, aber mir wurde gesagt, dass dies noch nicht möglich sei, weil der Grabstein mit ihrem Namen noch nicht aufgestellt worden war. Wer weiß, ob sie überhaupt begraben wurde. Möglicherweise hatten sie ihre Leiche den wilden Tieren zum Fraß vorgeworfen. Oder sie hatten ihre Körperteile an die Schweine verfüttert, wie sie es mit dem Fötus getan hatten, den sie ihr vor der Geburt aus dem Leib gerissen hatten. Nichts überraschte mich mehr bei diesen Männern.

Sie ließen uns lange warten, bis nur sechs meiner Geschwister in Begleitung von Dr. Höff im Raum erschienen. Weder das Adoptivkind noch Dorothea wurden hergebracht. Beide, so der Arzt, waren in einem schlechten Gesundheitszustand und konnten das Krankenhaus nicht verlassen. Ich stellte mir vor, wie sie einige Meter vom Besprechungsraum entfernt eine unerbittliche und quälende Behandlung mit Medikamenten und Strom erhielten. Keiner der Geschwister vor mir hob den Kopf, um mich anzusehen, oder kam herüber, um mich zu begrüßen. In diesem Moment respektierten sie das Verbot des Sicht- und Körperkontakts mit Menschen. Um meine Anschuldigungen zu widerlegen und gleichzeitig die Besucher zu beeindrucken, hatte man sie dazu gebracht, saubere Kleidung ohne Flecken zu tragen. Ich schaute mir jeden meiner Geschwister genau an und versuchte zu erraten, welcher von ihnen mir als erster antworten würde, wenn ich ihm eine Frage stellte. Ich stand nach so vielen Jahren vor diesen Menschen, die einander und mir selbst fast fremd waren. Wir waren nur Blutsschwestern, und zwischen uns lagen Jahrzehnte der Trennung. Seit 1961, dem Jahr unserer Ankunft in Chile, hatten wir ohne Eltern gelebt und nicht mehr miteinander gesprochen. Wir waren nun eine Gruppe von Fremden, misshandelt vom Leben, von unseren Eltern und von *Onkel* Paul. Wir alle hatten, auf unterschiedliche Weise, unsere Unschuld verloren. Die jüngste, Edeltraud, die in der Kolonie geboren wurde, war vielleicht schon achtunddreißig Jahre alt. Ingrid, neununddreißig. Magdalena, einundvierzig. Ruth, zweiundvierzig. Peter, vierundvierzig. Henrietta, fünfundvierzig ... Einen Moment lang dachte ich daran, ihnen zu sagen, dass ich sie nur begrüßen wollte und mich dann verabschieden könnte. Nur noch diesen unheimlichen Ort verlassen und nie wieder daran denken, jemanden zu retten. Aber als ich sie sah, überdachte ich den Zweck meines Besuchs. Und innerhalb von Sekunden wurde ich wieder von

Zweifeln geplagt: Warum war ich gekommen, um sie zu suchen, wenn sie immer noch körperlich und geistig von der Ideologie eines verkommenen Mannes und seiner Gruppe von Anhängern kontrolliert wurden?

Ich schob meine Bedenken beiseite und ging das Risiko ein, ruhig und fast kindlich mit ihnen zu sprechen, damit sie mich verstehen konnten. Schließlich waren wir immer noch kindliche Erwachsene. Sie hatten uns mit Drogen körperlich und mit Schlägen und Lügenpredigten geistig an der Entwicklung gehindert. Sogar meine Stimme veränderte sich, als ich diese fremden Wesen ansprach. Ich wurde wieder die kleine, zerbrechliche Ilse aus Deutschland. Zuerst sagte ich, dass ich mich freuen würde, sie zu sehen. Ich sagte ihnen, dass ich ihre große Schwester sei. Dass ich zurückgekommen sei, um sie mit nach Deutschland zu nehmen, um sie zurück in unser Land und in das Leben zu bringen, das wir früher mit unseren Eltern gehabt hatten. Ich erzählte ihnen, dass ich mit unseren Eltern in Verbindung stehe und dass sie sie grüßten und hofften, sie bald wiederzusehen. Die sechs kindlichen Erwachsenen starrten weiterhin auf den Boden und zeigten keinerlei Reaktion auf meine Worte. Ich erklärte ihnen weiter, dass sie die Kolonie freiwillig verlassen dürften und dass unsere Eltern bereit seien, für jeden von ihnen ein Flugticket zu schicken. Es gab keine Reaktion. Kein einziges Wort kam aus ihren Mündern. Ich fuhr fort darauf zu beharren, mit Argumenten, die vor diesen seltsamen Wesen, die nicht einmal genau wussten, wer ich war, und die sich auch nicht daran erinnerten, wer diese sogenannten Eltern waren, von denen ich ihnen erzählte, langsam absurd klangen.

„Lasst uns gemeinsam an diesen wunderbaren Ort zurückkehren, den wir vor so vielen Jahren verlassen haben. Lasst uns wieder glücklich sein und mit unseren Eltern in Gronau leben."

In diesem Moment kam mir nicht in den Sinn, dass meine jüngste Schwester, die über dreißig Jahre alt war, in der Kolonie geboren wurde und noch nie in ihrem Leben gewusst hatte, wer ihre Eltern waren oder wo Deutschland lag.

Da niemand auf meine Fragen und Kommentare antwortete, beschloss Dr. Höff einzugreifen:

„Gibt es jemanden unter euch, der mit dieser Frau gehen möchte?", fragte er sie.

Mein Bruder Peter war der erste, der sich meldete und sagte:

„Ich kann hier nicht fortgehen, Fräulein, denn es gibt niemanden, der den Rasen mäht und sich um die Gärten kümmert. Und ich mag Blumen sehr gerne."

Ich dachte, ich hätte mich verhört, aber als ich das Lächeln auf den Gesichtern der Anführer sah, wurde mir klar, dass dies die Antwort meines Bruders in den Vierzigern war, aber mit dem Verstand eines Kindes, das nicht nur gequält, sondern auch durch Drogen verändert worden war. Eine weitere menschliche Maschine, darauf programmiert, die Worte anderer zu wiederholen, Befehle zu befolgen und nicht selber zu denken. Meine Schwestern sprachen erwachsener als Peter. Sie sagten einfach, dass sie kein Interesse daran hätten, zu wissen, wer ich oder diese sogenannten Eltern waren. Sie fügten hinzu, dass sie nicht verstehen würden, warum ich den Medien so viele Lügen über *Onkel* Paul und die *Onkel* in der Kolonie erzählt habe. Sie hatten von meinen Aussagen gegenüber der Presse aus den Nachrichten erfahren, die *Onkel* Gerd für sie vorbereitet hatte. Sie ergänzten, dass sie keine Eltern hätten, nur *Onkel* und *Tanten*, und dass diese die einzige Familie seien, die sie bräuchten. Dass sie glücklich seien in der Colonia Dignidad. Es war ihr Zuhause. Ihr Heim. Ihr Eigentum und ihre Arbeit. Ihre einzige Zukunft. Dass sie an dem arbeiten würden, was allen gehörte, und mit Gottes Hilfe und seinem Schutz würde es ihnen immer gut gehen, bis der einzige Vater, den sie auf Erden hatten, *Onkel* Paul, von seiner Reise zurückkehrte.

Es gab keine Verabschiedung. Als die Anführer ihnen sagten, sie könnten gehen, gingen die sechs ganz automatisch wie kleine Soldaten einer Armee von Marionetten hinaus, den Blick auf den Boden gerichtet, mit kurzen Schritten, die sie mit der Bewegung ihrer Arme koordinierten. Sie gingen stumm und ausdruckslos, so wie sie den Versammlungsraum betreten hatten. Als sie sich entfernten, hörte man nur die militärischen Schritte ihrer Stiefelsohlen, die die Fliesen berührten. Dr. Höff, der von einem Ohr zum anderen grinste und meine Anwesenheit ignorierte, aber mit der Leistung meiner Geschwister zufrieden war, fragte die Männer der Gruppe, ob sie noch etwas bräuchten. Die Beamten und der Anwalt Vergara erklärten, dass sie weiterhin mit den Anführern der Kolonie in Kontakt bleiben würden, um zu prüfen, ob die anderen Geschwister bereit seien, die Gemeinschaft zu verlassen.

Bevor er den Raum verließ, wandte sich Herr Schulte an Dr. Höff und sagte in seinem perfekten Deutsch zu ihm:

„Das degenerierte Schwein bist du. Ich hoffe, dass sie dich eines Tages wieder ins Gefängnis bringen, damit du für die Verbrechen, die du an den Frauen und Kindern dieses Ortes begangen hast und weiterhin begehst, bezahlst."

Leider erfüllten sich die Wünsche von Herrn Schulte nicht. Kurz nach seiner Freilassung auf Kaution entkam Dr. Höff wie durch ein Wunder der chilenischen Justiz. Das Wunder muss das Werk chilenischer und deutscher Politiker gewesen sein, die die Arbeit der Kolonie und ihres Arztes unterstützten.

Dr. Igor Höff floh mit dem Rest des in der Kolonie verbliebenen Geldes nach Deutschland. Er wurde von seiner Frau, der Krankenschwester Ingrid, begleitet. Gemeinsam begannen sie ein neues Leben in der Nähe des Dorfes Gronau.

„Klick! – Meine sechs Geschwister, kindliche Erwachsene, stehen in einer Reihe, mit dem Kopf zu Boden gesenkt."

„Klick! – Mein Bruder Peter mäht das Gras seiner Peiniger."

♦

Ich lebte und arbeitete lange Zeit bei der Familie Schulte und wartete darauf, dass eines meiner Geschwister nachkommen und wir gemeinsam nach Deutschland gehen würden. Ich lehnte mich gegen den Gedanken auf, keinen von ihnen befreien zu können. Ich konnte diese unschuldigen und gequälten Menschen, die in der Colonia Dignidad lebten, nicht allein lassen.

Im Frühjahr 2000 lernte ich den jüngeren Bruder von Herrn Schulte kennen. Er war sechzig Jahre alt und seit zehn Jahren verwitwet, bevor ich ihn kennenlernte. Carlos Schulte besaß ein großes Grundstück in der Nähe von Osorno, auf dem er Obst für den Export anbaute und Schafe züchtete. Er war ein chilenisch-deutscher Bauer, aufgewachsen mit der Mischung der beiden Kulturen und beider Sprachen. Seine Frau war wie er eine Nachfahrin der Deutschen gewesen, die nach dem Ersten Weltkrieg nach Chile gekommen waren. Unsere Freundschaft wuchs, als wir die Räume des Schmerzes mit Worten der Ermutigung füllten. Wir verbrachten Stunden damit, uns gegenseitig von Momenten aus der Vergangenheit zu erzählen und uns zu ermutigen, auf die Verheißungen zu vertrauen, die die Zukunft bringen könnte. Carlos und ich waren zu dieser Zeit zwei Menschen, die sich die nicht verheilten Wunden leckten. Seine Frau war 1990 zusammen mit drei seiner Kinder bei einem Autounfall in der Nähe der Stadt Chillán ums Leben gekommen. Von einem Moment auf den anderen hatte Carlos fast seine gesamte Familie verloren. Seitdem hatte er sich zurückgezogen, um seine damals siebenjährige Tochter Sarah aufzuziehen, und wartete auf das Alter und ein Wiedersehen mit seinen Lieben irgendwo am Ende seines Lebens.

Carlos, Sarah und der Rest der Familie Schulte halfen mir, in Chile außerhalb der Kolonie zu überleben. Sie schützten mich vor der Verfolgung durch die Colonos und begleiteten mich bei allen Schritten, die ich unternehmen musste, um einen legalen Aufenthaltsstatus zu erhalten. Aber das Wichtigste war, dass ich durch ihre Augen dieses neue Land sehen konnte, das in meiner Vorstellung entstanden war, als ich es in meiner Kindheit, bevor ich aus Deutschland kam, nur auf Bildern gesehen hatte. Wir reisten durch Chile von Süden nach Norden und bewunderten die Landschaft mit ihren Flüssen, Seen, Vulkanen und dem endlosen Pazifischen Ozean, der das Land auf so magische Weise zeichnet. Und zum ersten Mal in Freiheit bewunderte ich dieselbe Linie der Anden, die ich von meinem Gefängnis aus gesehen hatte. Ich traf physisch die Bewohner dieses Landes, das so nah und doch so fern war. Jenes Land, das jahrzehntelang auf der anderen Seite der elektrischen Zäune der Kolonie präsent war, aber im Schmerz meiner Existenz nicht vorkam. Nach meiner Befreiung lernte ich die unschuldigen Komplizen meines Unglücks kennen, und ich begann, sie auf eine besondere Weise zu bewundern und zu lieben. Sie waren nicht wie alle anderen, und alle anderen waren nicht wie sie. Ich begann, mich Chile durch die einfachsten Dinge zu nähern, und so probierte ich die Speisen dieses Landes, die ich nicht kannte. Ich begann ihre Bräuche zu verstehen. Ich lauschte ihrer Musik und bewunderte ihre Tänze. Ich versuchte zu vergessen, dass Chile eine große Schuld an meiner Tragödie trug. Dieses Land, das mich adoptiert hatte, ohne es zu wissen, und das seit meiner Kindheit meine Folter in einem Konzentrationslager neben den eigenen Häusern ignoriert hatte. Ein Land mit mitschuldigen, feigen und scheuen Menschen, die sich geweigert hatten, mich und uns zu retten.

In meinen langen Gesprächen mit Carlos kamen immer wieder dieselben Fragen auf: Wo waren die Behörden, das Volk und alle seine Leute, während die

Frauen und Kinder der Colonia Dignidad unterdrückt und missbraucht lebten, in diesem so genannten Staat im großen Staat Chile? Warum ließen sie zu, dass um die Ecke und oft sogar vor ihren eigenen Augen ein Konzentrationslager existierte? Warum hatten die chilenischen Frauen so wenig Solidarität und Mitgefühl mit uns? Warum kamen sie, um die Mahlzeiten zu genießen, die von roboterhaften und gefolterten Frauen zubereitet wurden, und protestierten nie gegen unsere Inhaftierung und die Vergewaltigungen der Jungen? Wie war es möglich, dass sieben Präsidenten aller politischen Richtungen nie einen Finger gerührt haben, um uns zu befreien und die Kolonie zu schließen? Warum wollte uns niemand zuhören und unsere Geschichten glauben, die in der chilenischen und ausländischen Presse erschienen?

Carlos versuchte mich davon zu überzeugen, dass die Menschen in Chile keine Schuld an der Existenz der Colonia Dignidad trugen. Diese Menschen waren ebenfalls Opfer derselben Politiker und nationalen Behörden, die die Kolonie, die Missbräuche von *Onkel* Paul und den übrigen männlichen Anführern der Siedlung unterstützt hatten.

Für Carlos begann ich mit der Zeit, die Menschen in Chile zu entlasten, und begab mich auf einen langen Weg, der mich dazu brachte, meiner zweiten Heimat zu vergeben. Langsam verliebte ich mich in ihren leidenschaftlichen Geist, ihre Kraft und die Zuneigung ihrer Menschen. Und dieser Weg der Entdeckung führte dazu, dass ich mich in den ersten Mann verliebte, den ich auf dem Weg ins hohe Alter unbeholfen auf den Mund küsste. In diesen Jahren erfuhr ich auch die bedingungslose Liebe von Sarah, der Tochter von Carlos, die einen Teil meines Herzens als Mutter, das ausgetrocknet war, zum Blühen brachte. Diese Tochter kam mit ihrer tiefen Liebe in diesen innerlichen Teil, um dort für immer zu bleiben.

♦

Ich habe nicht aufgegeben, bis es mir gelungen ist, Dorothea und Edeltraud aus der Gemeinschaft zu holen. Ich war froh, dass ich sie retten konnte, auch wenn es nur zwei waren. Beide Schwestern waren völlig unterernährt und erhielten starke Medikamente, als wir sie mit den Behörden abholten. Carlos bot ihnen sein

Haus an, in dem sie bleiben konnten, bis sie die Papiere für die Rückkehr nach Deutschland hatten. Tagelang schliefen meine Schwestern und wachten nur auf, um zu essen. Sie sprachen nicht und weigerten sich, einen Arzt aufzusuchen. Sie hatten panische Angst vor Krankenhäusern, Krankenschwestern und jeglichem medizinischen Personal, das ihnen schaden könnte. Wie alle Frauen in der Kolonie dachten sie, sie würden ins Krankenhaus gehen, um bestraft und behandelt zu werden, damit der Satan aus ihrem Körper vertrieben würde, und nicht, um von Krankheiten geheilt zu werden. In den Krankenhäusern, an die sich meine Schwestern erinnerten, wurden die Menschen nicht geheilt, sondern nur gefoltert.

Obwohl ich die Lügen von *Onkel* Paul und die Niedertracht einer Ansammlung finsterer Sektenanhänger durchschaut hatte, waren meine Schwestern immer noch verwirrt und unfähig, die Wirklichkeit von der Vorstellung zu trennen. Sie kämpften mit der Überwindung der Entgiftung jener Drogen, die sie erhalten hatten, nachdem sie den Entschluss gefasst hatten, die Siedlung zu verlassen. Bis zum letzten Moment wurde darum gekämpft, sie eingesperrt zu halten. Aber es gelang uns, sie dort herauszuholen, und es dauerte Monate, bis ihr Körper und ihr Geist wieder in einen Zustand zurückkehrten, den man als normal bezeichnen kann. Vor allem Dorothea hatte jahrelang hohe Dosen von Modecate bekommen, kombiniert mit Valium und anderen Psychopharmaka, sowie Hormone, die ihre Menstruation verhinderten. Sie war gezwungen worden, täglich etwa zwanzig Pillen, zusätzlich zu den Injektionen, die sie bekam, einzunehmen. Es dauerte lange, bis sie das Bett verlassen konnte, ohne zwanghaft zu zittern und länger als ein paar Stunden wachzubleiben. Als sich beide erholt hatten, sprachen wir tagelang über die Erfahrungen, die jede von uns unter der Herrschaft von *Onkel* Paul gemacht hatte. Wir versuchten, die Entscheidung unserer Eltern zu verstehen, uns nach Chile zu bringen und dann im Stich zu lassen. Es waren schmerzhafte Gespräche, denn wir waren drei Frauen, die nur durch das Blut unserer Eltern verbunden waren und von denselben Wesen getrennt wurden, die uns als Familie zusammengeführt hatten, als wir auf die Welt kamen. Nach einem langen Leben waren wir Andere, Fremde und Unbekannte füreinander. Keine von uns hatte klare Erinnerungen an das Familienleben in Chile oder in Deutschland. Das Einzige, was wir gemeinsam hatten – und es blieb beunruhigend in der Erinnerung einer jeden von uns – waren die Traumata, die durch die Misshandlungen und die Gewalt der vergangenen Jahrzehnte in der Enge der Kolonie und in einem Land namens Chile entstanden waren. Als ich meinen Schwestern zuhörte – und meinen eigenen Worten während unserer Gespräche lauschte – wurde mir klar, warum Angelika in die Kolonie hatte zurückkehren müssen. Die Übel der Kolonie kannte sie, aber die der übrigen Welt musste sie erst noch kennenlernen. Und wie sie bereits gesagt hatte: Die Freiheit konnte mehr Gefahren bergen als Vorteile bringen.

♦

Im Oktober 2001 flogen meine Schwestern und ich mit einer Maschine der Lufthansa nach Deutschland. Die Begegnung mit unseren Eltern war etwas, auf das weder sie noch wir vorbereitet waren. Es war schwierig, einander wieder neu kennenzulernen und sich als Teil einer Familie zu fühlen. Ich erinnere mich an diesen Tag, als ob es heute wäre. Unsere leiblichen Eltern, alt, krank und gezeichnet von dem Leben, das sie selbst gewählt hatten, empfingen uns mit einem breiten Lächeln. Sobald sie uns sahen, streckten sie ihre Arme vor unseren kalten Blicken aus. Wir hingegen waren mit einer Mischung aus Groll und Mitleid nicht in der Lage, sie zu umarmen, als wir sie zum ersten Mal am Flughafen sahen. Wir brauchten Zeit, um uns Raum zu geben zu verstehen, zu vergessen und zu vergeben. Wir verlangten verzweifelt nach Antworten auf unzählige Fragen. Ein tiefes WARUM? setzte sich in meinem Kopf fest und wollte während vieler Stunden des ersten Tages, den wir fünf zusammen verbrachten, nicht weichen. Und etwas Ähnliches passierte an den restlichen Tagen mit meinen Schwestern. Während unsere Eltern versuchten, uns das Unerklärliche zu erklären, griffen wir dieses ältere, fremde Ehepaar pausenlos mit endlosen und gnadenlosen Verhören an. War unser Haus 1961 noch ein Tempel gewesen, in dem eine religiöse Familie mit sieben Kindern unter der Leitung eines Pastorenvaters und einer frommen Mutter jeden Tag still betete, so war es 2001 zu einem gewalttätigen Schlachtfeld ohne Schützengräben geworden. Das alte Ehepaar hatte nach wie vor nur noch die *Bibel* zur Verteidigung. Wir hingegen hatten die Beweise für unser Leben in einem Gefängnis und unser Martyrium unter der Folter vor Augen. Wir hatten die stärkste geladene Waffe, die direkt zum Angriff auf die Täter führte. Auf diejenigen, die für uns nicht mehr unsere Eltern waren, sondern nur noch ein seltsames Paar religiöser Fanatiker, die schuldig waren.

Die Familie konnte sich nicht versöhnen, weil die Liebe entglitt, und ihr Schatten sich grausam von unseren Herzen entfernte. Es gab zahllose uneingestandene Fehler, riesige Lügen, die aufrechterhalten wurden, und viele täuschende Überzeugungen. Und außerdem hatte die menschliche und göttliche Gerechtigkeit noch nicht an die Türen ihrer Herzen geklopft. Auch nicht an unsere.

Mein Vater war krank, und die Ärzte gaben ihm nur noch sehr wenig Zeit zu leben. Die alte *Tante* Waltraud – in dieser neuen Zeit wieder meine Mutter – kümmerte sich sehr um ihn und betete zu Gott, ihn zu retten, vor sich selbst und vor dem Tod, wie sie es schon so oft getan hatte. Es waren tragische Zeiten für das Ehepaar, das sich dem Ende eines schlechten Lebens und der Schande gegenübersah, dass sie ihre Kinder gezwungen hatten, Gefangene in dem Gefängnis zu sein, das sie mit aufgebaut hatten. Alte verbrauchte und erledigte Leute, die Hauptdarsteller einer historischen Tragödie waren, in der sie ihre Seelen nicht an den Teufel, sondern an einen falschen Jesus Christus verkauft hatten.

Unser Vater Holger sprach stundenlang über die Fehler, die er gemacht hatte, als er sich von einem verrückten, teuflischen Pädophilen hatte beherrschen lassen. Ein verfluchter Antichrist, wie er ihn in jenen Jahren nannte. Er erzählte uns detailliert von den Grausamkeiten, die er selbst erlitten hatte, als er von *Onkel* Paul sexuell missbraucht wurde. Er erklärte, dass er sich aufgrund seines übermäßigen Alkoholkonsums von diesem satanischen Mann hatte beherrschen lassen und dass sein Laster ihn nie von ihm loskommen ließ, bis er nach Chile reiste. Zu diesem Zeitpunkt war es jedoch bereits zu spät, um uns zu retten, und so floh er allein zurück nach Deutschland. Er gestand, dass er die Kontrolle über die Finanzen in Deutschland gehabt hatte und Millionen von Dollar von unschuldigen, getäuschten Gläubigen nach Chile geschickt hatte, um sie von *Onkel* Paul und seinen Freunden verwalten zu lassen. Außerdem sagte er, dass er die spezielle Maschine für die Behandlung mit Elektroschocks und alle Instrumente für Operationen und spezielle Behandlungen geschickt hatte, denen seine Kinder und seine Frau im Krankenhaus El Lavadero unterzogen wurden.

Nach den Worten meines Vaters, eines baptistischen Pastors, gab es immer noch den Wunsch, das Leiden als göttliches Urteil zu akzeptieren. Er verurteilte *Onkel* Paul, empfand aber keine Reue, weil er Gottes Gebote befolgt hatte, wie er sagte. Er bestand darauf zu erklären, dass er uns nach Chile geschickt hatte, weil Gott es so beschlossen hatte, und dass es daher nicht nötig war, um Vergebung zu bitten. Seine Worte erinnerten mich an das, was ich schon so oft gedacht hatte: *‚Mein Vater ist aus der Colonia Dignidad geflohen, aber die Colonia Dignidad hat ihn nie verlassen.'* Wie andere geistesgestörte Menschen war er Teil der Sekte und wird es immer sein. Wie meine Mutter und wie Angelika.

Meine Mutter war unnachgiebiger als mein Vater, wenn sie über ihre Erfahrungen sprach, und war immer noch von den Prinzipien vergiftet, die *Onkel* Paul ihr eingeimpft hatte. Zu keinem Zeitpunkt machte sie ihren Mann für unsere Vergangenheit verantwortlich. Im Gegenteil, sie war dankbar, dass er uns in die Mission nach Chile geschickt hatte. Ihr zufolge hatte mein Vater einem „allmächtigen" Auftrag gehorcht, als er beschloss, sich *Onkel* Paul anzuschließen. Er hatte 1960 in einer stürmischen Nacht in unserem kleinen Dorf Gronau eine seiner zahlreichen, gewohnten göttlichen Offenbarungen gehabt. Inmitten von Blitz und Donner kamen zwei lichtdurchflutete Hände durch das Fenster und trugen eine riesige Landkarte. Sie legten sie vor ihn hin und zeigten ihm das lange, schmale, paradiesische Land in Südamerika, eingerahmt von weißen Bergen und einem blauen Meer. Währenddessen hatte Gott ihm den Namen von Paul Schäfer und Chile ins Ohr geflüstert. Dann fügte sie hinzu:

„Dein Vater hatte keine Wahl. Dank dieser Vision und dieser göttlichen Botschaft beschloss er, in Deutschland zu bleiben und uns nach Chile zu schicken, um unschuldige Leben zu retten und die Bibel zu verbreiten."

Das waren die Worte unserer Mutter, als sie zum ersten Mal mit uns allein war. Sie wies alle Schuld von sich und versuchte mit diesen schwachen Argumenten, die ganze herzzerreißende Geschichte der Familie für uns neu zu erfinden.

Die persönliche Meinung meiner Mutter über *Onkel* Paul hatte sich noch weiter geändert, seitdem sie die Kolonie verlassen hatte. Sie hielt ihn für einen Hochstapler und Mörder. Sie räumte ein, dass er furchtbare und unverzeihliche Verbrechen begangen hatte. Aber auf der Grundlage der gleichen Prinzipien, die mein

Vater ihr beigebracht hatte, akzeptierte sie, dass nicht sie ihn verurteilen sollten, sondern Gott. Wie unser Vater akzeptierte sie, dass die Leiden, die sie und ihre Familie in der Colonia Dignidad ertragen mussten, ein göttlicher Auftrag waren, unvermeidlich und notwendig für das ewige Leben.

„Ohne Opfer gibt es keine Erlösung", wiederholte sie dutzende Male in unseren Gesprächen.

♦

Mein Vater starb kurz nach unserer Rückkehr nach Deutschland. Sein Ableben half mir bei meiner Entscheidung, nach Chile zurückzukehren. Carlos besuchte mich mit Sarah ein paar Mal, und die restliche Zeit waren wir durch lange Briefe und Telefongespräche miteinander verbunden. Meine Schwestern entschieden sich, in Deutschland zu bleiben und ein neues Leben weit weg von den Erinnerungen an die Kolonie zu beginnen. Sie konnten die Schuld des Landes und die Misshandlungen, die sie erlitten hatten, nicht voneinander trennen. *Onkel* Paul, die Führungsriege und Chile hatten sie gleichermaßen gequält. Chile war für die Kolonie verantwortlich, und die Kolonie war Chile gewesen.

Sie glaubten allerdings, dass Deutschland unschuldig sei und dass das Land ihnen irgendwie helfen würde, die Wunden zu heilen und ihnen eine Chance geben würde, etwas von dem Leben wiederzufinden, das sie verloren hatten. Für sie bestand die einzige Möglichkeit, die Traumata zu begraben und zu überleben, darin, die Misshandlungen dort in Frieden ruhen zu lassen, wo sie stattgefunden hatten.

Im Gegensatz zu dem, was meine Schwestern fühlten, erfüllte mich Deutschland mit Angst und gleichzeitig mit einer ungezügelten Wut, die sich in Hass entlud. Die Welt der Sekte hatte mich gezwungen, niemals Wut zu empfinden. Nur Angst. Aber nachdem ich meine Freiheit gefunden hatte, versuchte ich, beide Gefühle zuzulassen. Ich hatte Angst vor der Moderne und der Zivilisation des neuen Jahrhunderts in Deutschland. Vor den Autobahnen mit Höchstgeschwindigkeit und den riesigen Gebäuden. Vor den Menschen, die laut auf Deutsch in einem Ton sprachen, der mich an *Onkel* Paul erinnerte. Und ich konnte die Motoren nicht ertragen, die ohrenbetäubend durch die Straßen dröhnten, die meiner Vergangenheit fremd waren. Ich war in ein Land zurückgekehrt, das nicht mehr das Land meiner Kindheit war. Ich hatte Angst vor dieser Zivilisation der Extreme. Mehr noch als diese erlernte Angst war ich bei meiner Rückkehr nach Deutschland von einer neuen explosiven Wut besessen. Ein enormer Jähzorn auf das Land, das so vielen Menschen dabei geholfen hatte, auf die Lügen einer Sekte von Fanatikern hereinzufallen, die eine neue Art von Konzentrationslager schufen. Ein Zentrum für Folter und pädophile Handlungen, das sie nicht sehen wollten, und das ihnen egal war, weil es weit weg war.

Dieses neue Deutschland – das sich nach dem Fall der Mauer 1989 stark, wohlhabend und unbesiegbar fühlte – war genauso erbärmlich wie das andere Deutschland der Kriegszeit, das sie in meiner Kindheit erfunden hatten. Dies war das Deutschland, das seine misshandelten, missbrauchten und ermordeten Kinder in der Colonia Dignidad vergessen hatte. Vergessen seine Frauen, die auf einen anderen Kontinent gingen, um von deutschen Männern im Namen Gottes vergewaltigt und gequält zu werden. Vergessen die Hunderte von gefolterten Chileninnen und Chilenen, die ihr Leben verloren, weil sie von einem Land mit mehr Gerechtigkeit träumten. Verbrechen, die von deutschen Politikern und Behörden jahrelang mit dem Schweigen der Komplizenschaft vertuscht wurden.

Zurück in meinem Land fühlte ich mich genauso ausgelöscht wie zuvor. Deutschland half mir nicht zu vergeben, zu vergessen oder zu heilen. Im Gegenteil, es erinnerte mich täglich daran, dass die Verbrecher aus diesem Land kamen. Diese Folterer. Diese Ausbeuter. Ich sah diese Mörder in den Gesichtern der Männer, die durch die Straßen liefen. Ich erinnerte mich an sie in den Predigten der deutschen Pfarrer in den Kirchen meines Dorfes, und ich erkannte sie in den Politikern, die Erklärungen abgaben, überrascht von den Nachrichten aus Chile über die Colonia Dignidad. Jeder Einzelne von ihnen war in meinen Augen schuldig. Sie hatten mein Leben und meinen Körper seit meiner Kindheit in Besitz genommen. Jeder Fleck, den ich auf meinem Körper trage, wurde durch das Schweigen und die Mitschuld eines jeden dieser Deutschen verursacht. Die Narben desselben Körpers, der nach Jahren sprach, als sie alle noch schwiegen.

Mit dem Geld, das ich aus dem kleinen Erbe meines Vaters erhalten hatte, organisierte ich meine Rückreise nach Chile. Im Süden dieses Landes – dem ich weiterhin vergeben musste – erwarteten mich Carlos, Sarah und neue Träume. Vor meiner Abreise erfuhr ich zu meiner Überraschung, dass auch meine Mutter zurückkehren würde. Sie verkaufte das Haus und das Wenige, das sie besaß, und machte sich – nachdem sie den beiden in Deutschland verbliebenen Schwestern geholfen hatte – auf den Weg zurück an den Ort, an dem sie alles verloren hatte.

Meine Mutter und ich waren fast wie Fremde, und wir mussten anfangen, uns wieder neu kennenzulernen. Die Kolonie hatte uns seit meiner Kindheit voneinander getrennt. Wir trafen uns wieder, fast zufällig, und waren bereit, uns gemeinsam einer Vergangenheit zu stellen, die jede von uns auf unterschiedliche Weise beeinflusst hatte. Meine Mutter glaubte noch immer blind an Gott. Ich nicht. Meine Mutter wollte ein Leben der Aufopferung weiterführen. Ich wollte den Rest meines Lebens, der mir noch blieb, in Freiheit genießen. Sie glaubte immer noch an die Überlegenheit der Männer, und ich sah jene als Schuldige für meine Folterungen. Sie las jeden Tag nur in der *Bibel*, während ich in meiner Zeit in Deutschland so viele Bücher verschlang, wie ich nur konnte. Seit ich Chile verlassen hatte, trug ich keine Kleider mehr, die bis unter die Knie gingen, und meine Lieblingskleidung waren Hosen. Meine Mutter trug weiterhin nur Kleidung in dem von der Kolonie vorgeschriebenen Stil. Wie mein Vater verließ auch meine Mutter die Kolonie, aber die Kolonie verfolgte sie für den Rest ihres Lebens.

Meine Mutter und ich kamen aus zwei verschiedenen Welten, und in Chile steuerten wir auf zwei völlig entgegengesetzte Richtungen der Zukunft zu.

♦

Der Plan meiner Mutter war es, ihre Kinder davon zu überzeugen, die Kolonie zu verlassen. Sie hatte die Absicht, sie wieder zusammenführen und dann ein kleines Haus zu kaufen, um in ihren letzten noch verbleibenden Jahren mit ihnen zu leben. Aber es stellte sich heraus, dass sie das Haus kaufen konnte, lange bevor es ihr gelang, alle meine Geschwister aus der Kolonie zu holen. Von denjenigen, die die Kolonie verließen, hatte eine einen Colono geheiratet, und die andere war noch ledig. Mein Bruder wollte nie aufhören, den Rasen seiner Peiniger zu mähen, und blieb in der Kolonie wohnen.

Während meine Mutter versuchte, die 1961 getrennte Familie wieder zusammenzuführen, erreichten der chilenische Anwalt Juan Fontecilla, der Dutzende von Opfern der Kolonie vertreten hat, und ein Team der Sendung *Contacto* des chilenischen Fernsehsenders *Canal 13* zusammen mit den argentinischen Behörden das, was chilenische und deutsche Politiker mehr als vierundvierzig Jahre lang nicht erreichen wollten. Sie verkündeten in den Abendnachrichten, dass *Onkel* Paul in seinem Lager in Chivilcoy gefangen genommen worden war und so schnell wie möglich nach Chile ausgeliefert werden sollte, um dort nach chilenischem Recht verurteilt zu werden. In jenem März 2005 begann ich zu spüren, dass mein wirkliches Entkommen vom Geist von *Onkel* Paul in greifbare Nähe rückte und dass mein Leben und mein Körper wieder begannen, mir zu gehören.

Die Verhaftung von *Onkel* Paul machte dem Schatten des Schreckens ein Ende, der mich nachts in meinen Träumen und während aller Stunden mit Sonne verfolgte. Seit meiner Flucht konnte ich nie viel Zeit verbringen, ohne daran zu denken, dass seine Klauen um sich greifen und mich irgendwie wieder einfangen würden. Das habe ich sowohl in Chile als auch in Deutschland erlebt. Ich wusste, dass die Führungsriege nicht eher ruhen würden, bis sie die Gerechtigkeit erreicht hatten, die alle Frauen, diese *Schweine*, verdienten. Diese „Sünderinnen" hatten den *Onkel* verraten und sich aus ihrer Herrschaft befreit. Und das durfte nicht ungestraft bleiben. In Deutschland verfolgte mich dieselbe Schreckensvision weiter, denn die Kontakte und die Macht von *Onkel* Paul und der Führungsriege existierten dort noch immer. Ich ging nie auf die Straße, ohne die Angst vor dieser ständig drohenden Gefahr zu spüren. Der zu erwartende Schuss in den Kopf – abgefeuert aus der Pistole Walther PPK von *Onkel* Paul – und mein durch die Luft der deutschen Straßen fliegendes Gehirn war ein Albtraum, der mich ewig verfolgte. Vielleicht war meine Angst etwas, das allen Überlebenden angeboren ist. Sie können sich nie frei fühlen, solange der Täter der Verbrechen nicht gefasst ist, und zwar *für immer*.

♦

Das Gesicht von *Onkel* Paul, der mit seinem typischen Blick aus dem Glasauge der Welt trotzt, wurde in jenem unvergesslichen Jahr 2005 von allen Medien des

Landes und vieler anderer Orte der Welt veröffentlicht. Die Nachrichten erzählten schließlich die wahre Geschichte der Colonia Dignidad. Ich verfolgte den Prozess aufmerksam und gehörte zu den Überlebenden, die persönlich Zeugnis ablegten. Ich bereitete mich bis ins kleinste Detail vor, um sicher zu stellen, dass meine Erlebnisse zur Verurteilung von Paul Schäfer beitragen würden: dem Verbrecher, der uns in einem Konzentrationslager, versteckt im majestätischen Süden Chiles, das Leben geraubt hat.

Während des Prozesses, sobald ich mir die Zeugenaussagen anderer Überlebender wie mir anhörte, erlebte ich jedes Jahr in der Kolonie noch einmal. Ich erinnerte mich an den gnadenlosen und blutigen Tod von Ute. Ich dachte täglich an Angelika und wie sie nach ihrer Rückkehr in die Gemeinschaft ermordet worden wäre. Ich dachte an die Jungen, die Nacht für Nacht den kriminellen sexuellen Missbrauch durch einen Pädophilen überlebt hatten, und an diejenigen, die bei dem Versuch, sich zu retten, ihr Leben verloren hatten. An die Jungen, die ihren Eltern geraubt wurden, um vergewaltigt zu werden. Ich erinnerte mich an die Frauen, die starben, ohne die Luft der Freiheit geatmet zu haben, und an die anderen, die bei lebendigem Leib mit der Vergiftung durch die Macht der Sekte in der Kolonie weiterlebten. An die Männer, die zum Opfer gemacht wurden, weil sie ein Regime des Terrors und des Missbrauchs nicht unterstützen wollten. An die Familien, die für immer zerstört und getrennt wurden.

Mit tiefer Trauer habe ich auch an die Opfer gedacht, die von Schäfer, Vertretern der chilenischen Streitkräfte und der Führungsriege in den Räumlichkeiten desselben Konzentrationslagers ermordet wurden. Dutzende von Chileninnen und Chilenen, die es nicht verdient hatten, unter der Folter zu sterben, weil sie andere politische Ideen hatten und von einem besseren Schicksal für ihr Volk träumten.

Der Prozess kam mir unendlich lang vor, und ich verglich ihn oft mit meiner Tortur in der Kolonie. Aber ich erkannte, dass es einen großen Unterschied zwischen diesen Todeskämpfen gab. Früher, als ich noch gefoltert wurde, wusste ich, dass dies nicht das Ende war, sondern nur eine weitere Episode in einer langen Geschichte, die ich niemals aus eigener Kraft ändern konnte. Die unendliche Geschichte der Schläge. Die elektrischen Ladungen. Die Versuche, im Wasser zu ertränken. Die Gefangenschaft mit zugebundenen Augen und zugeklebtem

Mund. Der sexuelle Missbrauch. Die Folterung an Körper und Geist. All diese Erfahrungen würden sich ständig wiederholen. Aber im Gegensatz zu allem, was ich fast ein halbes Jahrhundert lang erlebt habe, hatte ich die Hoffnung – und wollte ihr unbedingt glauben –, dass der Prozess gegen Paul Schäfer mit einem rechtskräftigen Urteil enden würde, das ihn daran hindern könnte, in die Kolonie zurückzukehren, und dass er für immer in einen Kerker gesperrt würde, um für seine Schuld zu büßen.

An dem Tag, an dem das chilenische Gericht *Onkel* Paul zu zwanzig Jahren Gefängnis verurteilte (24. Mai 2006), bekam ich wieder Vertrauen. Nicht in die drei Väter, die versucht hatten, mir das Gehirn aus dem Kopf zu schlagen und die meinen Körper übernommen hatten, sondern Vertrauen in eine mächtige Kraft, die göttlich oder menschlich sein mag, bei der ich aber sicher bin, dass sie weiblich ist. Sie muss es sein. Eine kraftvolle Macht, die es schafft, eine Art von Gerechtigkeit zu finden, von der immer gedacht wird, es würde sie nicht geben.

Im März desselben Jahres hatten die Chilenen die erste weibliche Präsidentin des Landes gewählt, und das gab mir neue Hoffnung. Vielleicht würde Michelle Bachelet erreichen, wozu sieben männliche Präsidenten vor ihr „nicht willens" gewesen waren: den Frauen, Kindern und den übrigen chilenischen Opfern von Paul Schäfer und seinen Anhängern Gerechtigkeit zukommen zu lassen und ihnen ihre Würde zurückzugeben.

An jenem schönen, unvergesslichen 24. Mai im Süden Chiles, weit weg von Santiago, wo *Onkel* Paul inhaftiert war, spürte ich endlich, dass ich frei war und dass mein Körper wieder mir gehörte. Und in dem Haus auf dem Grundstück in Osorno, wo ich die letzten Jahre verbracht hatte, machte ich Carlos Schulte einen Heiratsantrag und beschloss, Sarah zu adoptieren. Ich wollte Ehefrau und Mutter sein. Ich hatte die Freiheit, zwei Träume zu verwirklichen, die mir zuvor verboten worden waren. Das Leben hatte mich verändert, und ich beschloss, den Rest meines Lebens, der mir noch blieb, selbst zu verändern. In vier Tagen, am 28. Mai 2006, würde ich sechsundfünfzig Jahre alt werden. An diesem Geburtstag schenkte ich mir eine Kamera und begann zu schreiben.

Osorno, Chile, im Frühjahr 2007

Nachwort 1

Diese Seiten sind die Fiktion der Realität und die Realität der Fiktion.

Die Colonia Dignidad wurde 1961 gegründet und existiert heute immer noch, allerdings unter dem Namen Villa Baviera.

Sie hat die letzten acht Regierungen in Chile überlebt.

Paul Schäfer starb 2010, während er im Gefängnis von Santiago de Chile für seine Verbrechen bezahlte.

Der Partner von Schäfer starb in Deutschland in Freiheit.

Die erste Ärztin der Colonia Dignidad starb ebenfalls frei von der Justiz.

Der zweite Arzt, der sie in der Colonia Dignidad ablöste, floh aus Chile und lebt ungestraft in Deutschland.

Die Memoiren von Ilse sind nicht nur von einer Frau, sondern von vielen mit der Stimme einer einzigen.

E. S. P.

Nachwort 2

DAS PREKÄRE HANDELN DER JUSTIZ*

Die Verhaftung von Paul Schäfer in Buenos Aires führte zur Ernennung des Richters Jorge Zepeda, der sich seit September 2005 auf die Untersuchung der meisten Fälle von Menschenrechtsverletzungen in der Colonia Dignidad konzentriert. In 10 Jahren Ermittlungen und dank der Urteile wurden Beweise für viele kriminelle Bereiche der Enklave erbracht: die enge Beziehung zwischen der DINA und der Colonia Dignidad bei der Entführung, Folterung und Ermordung politischer Gefangener; die Produktion und der Handel mit Waffen auf dem Gelände; die Folter und Misshandlung, die viele Colonos erlitten, waren Gegenstand einiger von Zepedas Urteilen und wurden von den höheren Gerichten bestätigt.

Betrachtet man jedoch die Details der Ermittlungen und Verurteilungen, so wird deutlich, dass diese Ermittlungen nur die Spitze des Eisbergs aller begangenen Verbrechen darstellen, von denen viele bis heute unaufgeklärt sind. Trotz zahlreicher Zeugenaussagen, Beweise und gerichtlicher Wahrheiten hat die chilenische Justiz bis heute weder die Identität eines verschwundenen Häftlings ermittelt, dessen letzter Aufenthaltsort die Colonia Dignidad war, noch die Identität eines der Täter, die an den dortigen Hinrichtungen beteiligt waren, noch wurde einer der Anführer der Colonia Dignidad – mit Ausnahme des 2010 verstorbenen Paul Schäfer – für diese Verbrechen in letzter Instanz zu einer wirklichen Haftstrafe verurteilt.

Die im Laufe der Jahrzehnte vor der deutschen Justiz geführten Ermittlungen waren sogar noch unbefriedigender. Alle von der Staatsanwaltschaft Bonn zwischen 1985 und 2010 gegen vier Anführer geführten Ermittlungen wurden ohne

---

* Evelyn Hevia/Jan Stehle, „Los derechos humanos, el talón de Aquiles de la política exterior de la RFA", in: *Colonia Dignidad: Verdad, justicia y memoria*. Fundación Rosa Luxemburgo, Nr. 6, Juli 2016. ISSN 2447-3553.

Anklageerhebung eingestellt. Auch neue Ermittlungen, die nach der Flucht von Hartmut Hopp nach Deutschland im Jahr 2011 eingeleitet wurden, blieben ergebnislos. Die Untätigkeit der deutschen Justiz – die viel früher weitere Verbrechen hätte verhindern können, wenn sie Haftbefehle gegen die beteiligten Anführer ausgestellt hätte – ermöglichte es also einer Reihe von mutmaßlichen Tätern oder von der chilenischen Justiz bereits Verurteilten, auf der Suche nach Straffreiheit nach Deutschland zu fliehen, wohl wissend, dass Deutschland seine Staatsbürger nicht ausliefert und bei der Untersuchung von Vorwürfen seine mangelnde proaktive Haltung unter Beweis gestellt hat.

Danksagung

Vor vielen, vielen Jahren las ich in der Zeitschrift *Ercilla* einen Artikel über einen jungen Deutschen, der aus der Colonia Dignidad geflohen war. Einige Zeit später las ich von einer Frau, die versucht hatte zu fliehen und es nicht geschafft hat. Diese beiden Geschichten haben mich tief beeindruckt und ich habe sie nie vergessen. Seit jener Zeit, als ich weit weg von Chile lebte, habe ich die Ereignisse an diesem makabren Ort verfolgt und Hunderte von Seiten mit Informationen über die Opfer der Colonia Dignidad (Villa Baviera), Paul Schäfer und seine Komplizen gesammelt. Während ich die Geschichte und die Auswirkungen dieser Sekte gründlich recherchierte, versprach ich mir selbst, dass ich eines Tages über dieses unheimliche Konzentrationslager in meiner geliebten und ersehnten chilenischen Heimat schreiben würde. Dieser Roman ist das Ergebnis dieses Versprechens.

Auf dem langen Weg vom Schreiben bis zur Veröffentlichung dieses Buches haben mir viele Menschen geholfen:

Ich danke Arturo Infante und Verónica Vergara, hervorragende Lektoren und Freunde im Herzen und in der Seele, dass sie das Projekt angenommen und ihm bei Editorial Catalonia ein Zuhause gegeben haben.

Dank an Drina Papic, einer Frau von großer Solidarität, für die unzähligen Stunden, die sie mit mir verbracht hat, um mir Anekdoten über Paul Schäfers Tochter in Viña del Mar zu erzählen, und dafür, dass sie mich ermutigt hat, diesen Roman zu schreiben.

An Sofía Calvo, die mir aus der chilenischen Kongressbibliothek alle Presseartikel über die Colonia Dignidad aus den Jahren 1961 bis 2020 geschickt und mich bei der Entwicklung des Themas unterstützt hat.

An meine liebe Freundin Pía Barros für die endlosen Stunden, die sie dem Manuskript gewidmet hat, und für ihre wertvollen Kommentare.

An Ana María Shua für das Lesen und für ihre Worte über den Roman.

An Dr. Carlos Basso für die Zusendung von Informationen und Referenzen von Concepción nach Nevada, USA. Seine Bücher und Artikel zu diesem Thema sind unverzichtbar für eine eingehende Untersuchung der deutschen Enklave und ihrer nationalen und internationalen Auswirkungen.

An Illana Molles für die vielen Stunden, die sie mit der Übersetzung des Manuskripts verbracht hat.

An Andrea Amosson für die Telefongespräche von Texas nach Nevada während der Pandemie.

An Jorge Barahona für seine Bemerkungen. Seine persönlichen Erfahrungen in den Jahren der Diktatur haben mir geholfen, mehrere Kapitel des Buches zu schreiben.

An Dr. Christian Sepúlveda, der mich bei meinem ersten Besuch in Colonia Dignidad-Villa Baviera begleitet hat. Danke für deine Hingabe an die Medizin und für deine unermessliche Großzügigkeit.

Und unendlichen Dank auch an J. J. Mulligan Sepúlveda, eifriger Leser, unentbehrlicher Kritiker, Begleiter in Briefen und Träumen.

Die Autorin

Als gebürtige Argentinierin, ist Chile für Emma Sepúlveda Pulvirenti die Wahlheimat, und sie ist Amerikanerin durch die Irrungen und Wirrungen des Lebens.

Sie studierte Geschichte an der Universidad de Chile und machte ihren Abschluss in den USA, wo sie mehr als vier Jahrzehnte lang lebte. Ihren Magister-Abschluss und den Doktortitel erwarb sie an der University of California in Davis. Für ihre literarische Arbeit und ihren Einsatz für die Rechte der Latinos in den USA erhielt sie zahlreiche Auszeichnungen. Im Jahr 1994 war sie die erste Latina, die für den Senat von Nevada kandidierte. Siebzehn Jahre lang gehörten ihre Kommentare zu politischen, wirtschaftlichen und sozialen Themen zur ständigen Sonntagsbeilage der Presse von Nevada. Sie hat mehr als fünfunddreißig Bücher über kreatives Schreiben und Literaturkritik sowie Bücher über die Lehre und Forschung zur spanischen Sprache veröffentlicht. Drei ihrer letzten Bücher (*Gringosincracias*, *Setenta días de noche* und *Historia de un invisible*) wurden mit dem Latino Book Award ausgezeichnet. Alle ihre bei Catalonia in Chile erschienenen Bücher wurden vom *Consejo de la Cultura* im Rahmen des Programms für den Erwerb von Büchern chilenischer Autoren für öffentliche Bibliotheken ausgewählt. Auch wurde sie unter anderem mit den folgenden Preisen ausgezeichnet: *Thorton for Peace*; *GEMS Woman of the Year* in der Sparte Literatur; *Carolyn Kizer* in der Sparte Lyrik; *Silver Pen* in der Sparte Literatur und dem *Nevada Writers Hall of Fame*, der den bedeutendsten Schriftstellern verliehen wird, wobei Emma die erste Latina war, die diese Auszeichnung erhielt. Im Jahr 2009 wurde sie von der US-Regierung in den Ausschuss zur Gründung des ersten Latino-Museums in Washington DC berufen. Präsident Barack Obama berief sie 2014 in das *Fulbright International Committee* in den USA, womit sie erneut die erste Latina war, die in diese angesehene Kommission berufen wurde.

Emma Sepúlveda Pulvirenti ist emeritierte Stiftungsprofessorin an der *University of Nevada*, Reno, wo sie das Zentrum für Latino-Studien gründete und in den mehr als 35 Jahren ihrer Tätigkeit an dieser Institution mehrere Auszeichnungen erhielt.

Derzeit schreibt sie aus Valencia, Spanien.

Der Übersetzer

Mathias Sasse, geboren in Chonju (Südkorea), kam mit vier Jahren nach Deutschland. Nach der Ankunft in Deutschland verschlug es ihn und seine Familie in das Ruhrgebiet. Nach dem Abitur und dem Zivildienst absolvierte er eine Lehre als Fachgehilfe in steuer- und wirtschaftsberatenden Berufen in Bochum. Mit dem Fachgehilfenbrief in der Tasche, zog es ihn ins Ausland, so dass er 1994 über Hamburg für dreizehn Jahre nach Mexiko ging, um dort in einer Schifffahrtsagentur zu arbeiten. In dieser Zeit hatte er die Gelegenheit, viel zu reisen und dadurch Mexiko sowie andere Länder in ganz Lateinamerika kennenzulernen. Nach kurzen Aufenthalten sowohl in der Schweiz als auch in Spanien nahm er, wieder in Deutschland, ein Studium der Romanischen Philologie auf und promovierte an der Universität zu Köln über die andere moderne mexikanische Literatur. Nach seinem Promotionsstudium arbeitet Sasse heute als freier Übersetzer und hat unter einem Pseudonym bereits drei Romane im Selbstverlag veröffentlicht. Im Jahr 2020 bekam er für die Übersetzung der Kurzerzählungen von Juan García Ponce ein Stipendium des Ministeriums für Kultur und Wissenschaft des Landes Nordrhein-Westfalen, sowie im Jahr 2021 und 2022 je ein Stipendium für die Übersetzung zweier Romane von Melacio Castro Mendoza.

Die Herausgeberin

Irmtrud Wojak ist Historikerin, Autorin und Ausstellungskuratorin, sie ist Geschäftsführerin der gemeinnützigen BUXUS STIFTUNG und der BUXUS EDITION. Ihre Forschungsschwerpunkte sind die Geschichte der Überlebenden, juristische Zeitgeschichte, Exil und politische Erinnerungskulturen. Sie kuratierte die erste große Ausstellung über den Auschwitz-Prozess und ist Autorin der ersten Biografie des Generalstaatsanwalts Fritz Bauer (1903-1968). Sie erhielt zahlreiche Stipendien, unter anderem vom DAAD, der Friedrich Ebert Stiftung, der Alfred Freiherr von Oppenheim Stiftung, der Gedenkstätte Yad Vashem (Jerusalem) und als erste deutsche Historikerin vom *Radcliffe Institute for Advanced Study at Harvard University*. Irmtrud Wojak initiierte das Fritz Bauer Forum in Bochum.